名人沉浮錄

馮澤君 著

臺灣商務印書館 發行

目　　次

經濟學泰斗馬寅初／79

核專家劉允斌／123

物理學大師葉企孫／163

附錄　美國歐本海默的一生／277

附錄　名人和他們的小腳元配／311

漫畫大師豐子愷（*1898～1975*）

豐子愷是我國著名的藝術家，漫畫宗師。中國之有「漫畫」的名稱始於 1925 年鄭振鐸主編《文學周刊》上給豐子愷的畫加上子愷「漫畫」兩字開始。豐子愷漫畫別具一格，線條簡潔明瞭。他一生創作了幾萬幅漫畫，深受國內外讀者喜愛。

豐子愷歷任中華全國文學藝術工作者大會代表、上海首屆文藝工作者大會代表、上海市人民代表大會代表、上海市文史館委員、中國美術家協會常務理事、上海美術家協會副主席、上海市政協委員、全國第三屆政協委員、上海外文學會理事，和上海中國畫院院長等職務。

文化大革命期間，被當作黑畫家首受衝擊，為上海十大批判對象之一，被批鬥、遊街、受審查、勞動改造達數年之久。1975 年因患肺癌去世，1978 年，豐子愷先生得以平冤昭雪。

口 童年的豐子愷

1898 年 11 月 9 日，豐子愷出生在浙江省崇德縣石門灣（即今天的桐鄉縣石門鎮）的一家小染坊的樓上。

祖父叫豐小康，早年病故，生有一子一女，兒子即豐子愷的父親豐鐄。祖母沈氏，能書識字，為人豪放不羈，

生性好強曠達，並酷愛看戲，鎮上演戲，她總是不放過一場，場場必到。家裡開了一間染坊，叫做「豐同裕染坊」。

豐鐄從不管理染坊的事，只是成天埋頭讀書。鎮上有一個風俗，誰家中了舉人，祖墳上就可以立一根旗杆，這是榮宗耀祖的標記。豐鐄二十六、七歲起就參加鄉試——秀才考舉人，他已經二次赴杭州應試，可一次都沒有考中。生性好強的母親對人說：「墳上沒有旗杆，太不光彩，我是不去的。」意思就是說，一定要兒子在她生前考中舉人。

1898 年，豐鐄再次到杭州應試，結果又是名落孫山。回家後成天唉聲歎氣，茶飯無心，成天只好看書寫字，繼續準備參加應試。這年妻子鍾氏已懷孕在身，她已經一連生了六個女兒。婆婆經常在樓下廚房裏敲鍋砸蓋、發牢騷，鍾氏的壓力是很大的。

在臨盆的這天，婆婆一早就在樓下等著，當沈氏等得不耐煩時，喜事終於從樓上傳下來了。「是一個男孩。」這就是豐子愷，這不僅使翹首盼望著孫兒的沈氏心裡樂開了花，就連屢試不中而憂鬱寡歡在家的父親臉上也一下子像春風度過了玉門關，喜形於色。霎時，全家上上下下都以這個小男孩為中心忙碌開了。

人逢喜事精神爽，豐鐄得子之後，讀書倍加用功，悟性也似乎好多了。1902 年秋天，三十七歲的豐鐄再次赴杭參加考試，這次考畢回家，與以往一樣，仍舊閉門謝客，茶飯不香，個性好強的母親這時已染病在床，等候兒子在她墳前樹立旗桿，兒子心焦如焚，壓力之大可想而知，平日裡也只有小兒豐子愷給他稍許沾添樂趣。過了中秋節，該發榜子，仍無音訊。這天，豐鐄正蒙頭大睡，忽然給外面的嘈雜的人聲吵醒了，報喜隊伍的船隻已開進他家的後河，鑼鼓聲敲進他家的大門，外面高喊：「豐鐄接誥封！

豐鐄接誥封！」豐鐄急忙穿衣起床，這次居然考中了第 87
名舉人。

母親聽到喜報，病也減輕了一半。大家在大廳上設立
案頭，擺上香燭。新老爺穿上了紅纓帽子外套，三跪九叩
朝北叩拜。

整天，家裡賀客盈門。然而不久母親沈氏就一病不起，
豐鐄趕忙在她壽穴上立了旗杆，沈氏也就含笑遂願去世了。

中了舉人之後，可以再到北京會試，如果中了進士，
就可以做官，然而豐鐄在服喪，不能參加會試，因而也就
沒有做官的機會。加上後來科舉廢除，豐鐄的仕途也就中
止了，只得設館授徒，寄希望於兒子。

豐子愷剛剛六歲，父親便教他讀《三字經》、《千家
詩》。繼豐子愷之後，家中又添了一女二子。不料豐子愷
九歲時，父親就因患肺結核病去世，終年僅 42 歲，遺下鍾
氏和一大堆子女，幾十畝薄田，和很不景氣的豐同裕染坊，
家庭驟然中落。所幸鍾氏治家有方，十分能幹，她一個人
挑起了這個大戶人家裏外的一切家務，並把豐子愷送進一
家私塾。母親常常教導他待人接物，求學立身的大道理，
勉勵他刻苦攻讀，將來重振家聲。

不久私塾改成為學堂，叫「溪西兩等小學堂」。後來
又改名為「崇德縣立第三高等小學」。豐子愷為該校第一
屆學生。豐子愷在校學習用功，成績屢列第一。這時學校
添置了風琴，教大家唱歌，豐子愷第一次接觸到音樂和李
叔同的作品《祖國歌》。後來進行全縣會考，由於豐子愷
成績優異，受到崇德縣督學徐芮蓀的重視，親自到石門第
三小學視察，調閱了豐子愷的文章，考查了豐子愷的學業，
他看到相貌清秀的豐子愷，深愛豐子愷的才華，便央人到
豐家說媒，將女兒徐力民許配給豐子愷。但鍾氏覺得自從

豐鎮故世之後，豐家在石門灣的地位已大不如前了，自己一個婦道人家，帶領一大群子女，難免見欺於人。而徐芮蓀為崇德世家，名門望族，但鍾氏覺得自家力薄，門第不當，深恐日後多枝節，便婉言加以謝卻。但不料徐芮蓀再次央媒說親，鍾氏感到卻之不恭，終於為徐家的誠意所感動。就這樣，十六歲的豐子愷與十八歲的徐力民定下了親事。

1914 年，豐子愷考進了浙江省立第一師範學校，從此豐子愷便在更廣闊的天地裡遨遊了。

口 豐子愷學畫

一個人日後的成就並不單憑從小立大志，有時一件偶然的事情就會決定你的一生。

牛頓看見蘋果落地，就萌發了研究的念頭，終於發現了萬有引力，成為舉世公認的偉大科學家。豐子愷也是這樣，他小時父親教他誦讀《千家詩》時，他不僅對琅琅上口的詩句愛不釋手，而且對《千家詩》上面圖畫更是喜歡得著迷。

原來當時教本上的千家詩，每頁的上端都附有一幅木板畫，畫著各種人和動物。詩歌本子第一頁上就是大舜耕田圖，圖中畫著一頭大水牛和一個耕田人。豐子愷看著一幅幅興趣盎然的畫比讀下面的詩句更有興味，但他不滿足那些單調的白底黑線白描的圖畫，他偷偷地向染坊的師傅討來了一些顏料，把書中的畫塗成一個藍人，一頭紅牛和一片紫地，他覺得這樣比單色畫好看多了。但不料因此闖了大禍。因為當時用作書本的紙是很薄的，豐子愷用的顏料太多，塗上去以後，染料滲透到下面幾層紙上去了，把

書弄成紅一塊、藍一塊、紫一塊，結果給父親發現了，於是大發脾氣，動手要打這個不長進的兒子，幸好姐姐趕到，才未受皮肉之苦。

吃一塹，長一智，年幼的豐子愷學乖了，為了避免弄髒書本，豐子愷不再用顏料直接塗在書本上，而是用比較透明的紙覆在圖畫上面先把它描下來，然後再在圖畫上著色，這樣就萬無一失了。

豐子愷把這些畫給女傭、染坊師傅們看，然後再擴大到母親、姐姐們群中傳閱，她們都說畫得不錯，這時豐子愷心裡比吃了蜜還甜。然而他始終不敢給父親看，一直到父親去世也不知道自己兒子在畫畫，更沒有想到他的兒子一生所走的道路，正是他苛責、斥訓的作畫道路，而且始料未及的竟成了當代中國的漫畫大師。

豐子愷對畫畫產生了濃厚的興趣，就處處留意圖畫。有一次，黃梅雨季過後，父親把書搬出來曬太陽，豐子愷發現了一本《芥子園人物畫譜》，裡面全是各種各樣人物畫，豐子愷真是高興得不得了，便背了父親偷偷地把書取出來，把它藏在隔板下面。晚上時，一個人偷偷躲在樓梯下面，用紙一張一張把它描下來，塗上各種顏料，成了一幅幅漂亮的人物畫。通過這些活動，在豐子愷的幼小心靈裡埋下了藝術的種子，等著生根發芽。

另一個使豐子愷萌發美術好奇心的是玩具和泥製作成的花燈。那時，江北小船常常搖到石門灣小河濱旁邊來兜賣製作泥人的塑模和黃泥。豐子愷偷偷地把它們買下來，學著自己印塑。這種塑模有的可塑造大腹便便的彌勒佛，有的可塑成救苦救難的觀世音菩薩，還有關公、張飛、白蛇精以及小貓小狗等動物和寶塔、牌樓等建築，但他最喜歡的還是尖嘴、機靈的孫悟空。他小心翼翼地把錢分許多

次把這些塑模全部買到手，但塑出的黃泥塑像顏色不免單調，就用鉛粉、膠水和從染坊弄來的各種顏料，塗上各種顏色。就這樣栩栩如生的小狗、小貓、彌勒佛、觀世音就從他手中源源不斷地出來了。

到了十二歲時，豐子愷已經把《芥子園人物畫譜》全部印了出來，而且描繪得越來越精細，他能把紅藍紫三種顏料調合成各種色彩，使人物更加美觀逼眞、鮮豔可愛。塾中同學看了都十分羨慕，很多同學向他討畫，拿回去貼在灶頭上，做爲灶君菩薩；有的貼在床前，當作新年的年畫。當老師出門坐茶館時，這時塾中便成了這群孩子的天下了，同學紛紛圍住豐子愷要畫，有的甚至拿自己製作的小玩具和他交換，豐子愷便一一爲同學們作畫。有次兩位同學爲了交換一張畫而撕打起來，結果被老師知道了，在追問之下，老師查明了吵架的原因是爲了豐子愷的畫。老師厲聲地喊著豐子愷的名字，要他過去。豐子愷心想這下一定要吃戒尺了。老師問他這些畫是不是他畫的，豐子愷嚇得魂不附體，輕聲地回答了一個「是」字，但出乎意料地老師並沒有打他，僅僅抄了他的抽屜，查出了畫譜、顏料和一些已經印好但未來得及著色的畫來。豐子愷心想，這一下完了，一定要全部沒收了，結果大出意外，老師只把他的畫譜拿了去，坐在自己的椅子上，一頁一頁地翻看，和顏悅色地看起來，直到全冊看完。當下課時，豐子愷夾著書包，戰戰慄慄小心翼翼地從老師面前走過，鞠了一躬，老師並沒有多加批評，只對他說：「這些畫明天來拿。」語調已經很和平的了，豐子愷心裡原來七上八下的十五隻吊桶這時才安定下來。

第二天一早，豐子愷到校上學，老師翻出畫譜中的孔子像問他：「你能看了這幅畫像，畫一張放大著色的嗎？」

豐子愷萬萬沒有想到老師竟也要他的畫，豐子愷真是受寵若驚，低頭輕聲地回答：「能」。其實他過去一直只是印描，從未搞過放大的，所以這一聲「能」是對老師既害怕又想恕過逼出來的。同學們個個伸長脖子，見到老師也要豐子愷畫，無不驚奇得縮不回舌頭。

豐子愷好不容易挨過了這一天，飛快地跑回家與大姐商量，在大姐的幫助下，用方格紙放大的辦法，用一張小方格子紙壓在畫上，再用描圖紙放在一張大的方格子紙上，終於一筆一劃按小方格子的筆劃畫出一張放大的孔子畫像來，然後用染坊裡的染料把畫像著色，終於完成了一幅鮮豔華麗的孔子像，家裡的佣人、姐姐、染坊的師傅和店裡的伙計看了都叫好不止。

老師把孔子像掛在私塾裡的堂上，後來學生每天上學都要先給孔子像鞠躬叩頭。從此豐子愷小畫家的名聲也因此在全鎮傳揚開來了，人人都稱讚他將來一定是個有名的大畫家。

☐ 漫畫鼻祖與兩位恩師

浙江教育一向比較發達。當年浙江劃分為十一個府，即浙西的上三府和浙東的下八府，每個府下面又轄幾個縣相當於後來的專區，每一個府都設立一所包含初中高中的省立完全中學，杭州排列第一，稱省立一中，金華排到第七，叫省立七中。筆者當年就在省立七中初中和高中畢業的。另外，每個府還設立一所師範學校，杭州師範就稱浙江一師。

浙江是人文薈萃之地，這些學校的師資都極優秀。浙江一師的前身是浙江兩江師範學堂，是當時我國最有名的

師範學校之一，我們只要回顧一下當時在這裡任教的名師，就可以知道它確實非同凡響，其中有沈鈞儒、魯迅、沈尹默、馬敘倫、張宗祥、夏丏尊、李叔同……等，後來又有陳望道、葉聖陶、朱自清、俞平伯、劉大白……等名師在這裡任過教職。

1914 年，豐子愷考上了浙江一師，依依不捨地離開了家中，第一次踏上旅途，過起了寄宿的生活。

豐子愷自幼深受母親的教誨和影響，在學習上有一股鍥而不捨的精神，勤奮苦學，所以一、二年級時每門功課都極優秀，期終考試屢獲第一，他的品行又佳，所以校長在全校大會上宣佈他是模範生。

豐子愷原來叫「豐仁」，國文老師替他取了一個字，叫「子顗」，「顗」與「愷」通，所以後來人家就索性叫他「豐子愷」。

在一師的五年，是豐子愷在人生道路上成長的一個重大轉折點。在這裡，他受到了中國近代文藝先驅者李叔同和夏丏尊兩位文學藝術大師的薰陶和指點，從而開始了他一生的藝術和文學創作的道路。

李叔同，浙江平湖人，1880 年生於天津的富殷之家，他在音樂、戲劇、美術、文學、書法、金石等方面都有天賦。他在年輕時，在上海文壇上就已初露頭角，所寫文學作品屢屢得獎，後來赴日留學，入東京上野美術專門學校西洋畫科。另方面研究鋼琴、音樂和作曲。同時又與歐陽予倩等人在東京創辦「春柳劇社」——中國第一個話劇社，親自扮演茶花女。回國以後，先後在天津工藝專門學堂、上海城東女校任教。以後又在「太平洋報」擔任文藝編輯，與柳亞子先生等創辦「文美會」，主編《文美雜誌》。他是第一個把話劇、鋼琴、音樂介紹到中國來的人。中國第

一個畫油畫的也是他。

1987 年底，在上海隆重舉行紀念中國話劇 90 周年的活動。90 年以前，李叔同等主演的《黑奴吁天錄》在上海蘭心大戲院公演，這被譽爲中國話劇的發端，李叔同、歐陽予倩、王鐘聲、洪深、田漢、夏衍這些話劇的開拓者備受稱讚。

李叔同在浙江一師任教音樂課，同時還兼任南京高等師範的圖畫課，培養了不少藝術人才，如潘天壽、吳夢非和劉質平都是他在一師的學生。

由於李叔同的關係，浙江一師對圖畫和音樂課特別重視，設備也特別好。學校有數十架風琴，還有好幾架鋼琴。李叔同自律很嚴，上一小時課，自己要備課半天。他在課堂上教學十分嚴格認眞，彈琴時即使指法上有點錯誤，也會引來一陣批評。除了課堂教學之外，李叔同還在課餘指導學生彈琴。他先做示範彈奏，然後叫學生練習，彈奏熟練以後，當場彈給他聽，由他進行指導，所以同學進步很快。當時浙江一師的音樂氣氛十分濃厚，課餘時間經常可以聽到琴聲，節假日更是弦歌不輟。

李叔同教圖畫課也是這樣。最初學生只會依樣葫蘆地描繪，自李叔同接教以後，李叔同教學生用木炭作石膏模型寫生。練習時間也在課餘。這時豐子愷才恍然大悟以前那些範本原來都是別人看了實物後畫出來的，因此他停止了臨摹，努力於寫生，結果進步很快，經常得到李叔同的表揚。

李叔同同時在南京杭州兩地學校教課。李叔同見豐子愷進步很快，有次他跟豐子愷說：「我在兩地學校教書，沒有見過像你這樣進步快的人。」接著李叔同便向他的學生提出有關今後發展前途的建議。豐子愷接受老師的指教，

從此便立下決心，一心一意潛心繪畫，把自己獻心於藝術。

豐子愷晚上還請李叔同教日語，後來豐子愷赴日留學於此也得益匪淺。

李叔同教書育人都極嚴格，但他為何又受到全體同學的普遍尊敬呢？這是因為他的人品道德高尚。他從不責罵處罰學生，然而學生對他都很尊敬。李叔同凡事以身作則，身體力行，是實行人格化的一位大教育家。當時浙江提倡愛國運動和勸用國貨，李叔同無聲地脫下西裝，穿上一身布衣，連外國貨的寬緊帶也不用。所以夏丏尊說他：「做教師，有人格力量作背景，好比佛菩薩有『後光』。所以他不威脅學生，而學生見他自生畏敬……他是實行人格化的一位大教育家，我敢說自有學校以來，自有教師以來，未有盛於李先生者也。」

李先生除了處世為人事事認真之外，還有一個獨到的特點：就是他多才多藝，他精通各門功課。他的語文，比語文先生好，他的書法，比習字先生更好，他的英語比英語先生更棒。這樣一位大師，自然受到人們的愛戴。

在浙江一師讀書時，對豐子愷影響至深的還有一位恩師，即文學大師夏丏尊先生。

夏丏尊的教育態度與李叔同不同：李叔同從來不罵人，學生犯了錯誤，他當時不說，事後和顏悅色地開示他，夏丏尊則不一樣，夏先生最初當舍監，他遇到看不順眼的事，就大聲呵斥，然而完全出於內心的善意。假日學生出門，他會跟他們大喊：「勿可吃酒！銅鈿少用些！早點回校」。

其實李叔同和夏丏尊兩位老師都同父親一樣。李叔同實行的是「爸爸的教育」，夏丏尊實行的是「媽媽的教育」。兩位老師同樣愛護學生，同樣對豐子愷以寶貴的教育。

　　夏丏尊是一個博學多才的文學大師，他後來教國文。浙江一師是江南新文化運動的重點學校，夏丏尊積極提倡新文學，是反對封建舊文學的一員勇將。他要求學生做文章，要「言之有物，不准講空話，要老實寫」。有個同學寫他自己「星夜匍伏奔喪」。夏丏尊看後，就問他：「你那天晚上真的是在地上爬著去的？」夏丏尊的教育方法，喚醒了學生因循守舊的陋習，給豐子愷以巨大的影響。

　　在浙江一師時，夏丏尊和豐子愷是師生，而到上虞白馬湖春暉中學後則成為同事。

　　豐子愷的成長，與李叔同、夏丏尊這兩位大師的啓蒙和引導是分不開的。一個培養了豐子愷的藝術才能和認真刻苦的學習精神；一個啓發了他的文學和漫畫的熱情，這便形成了豐子愷後來個性發展和為學立業的道路。

　　中國何時開始有漫畫，恐怕要算從陳師曾開始。早年陳師曾在《太平洋報》上發表的毛筆畫，用筆簡潔、題材瀟灑，但當時未有「漫畫」這個名稱。「漫畫」這兩個字之出現，實始自豐子愷發表於《文學周報》上的畫開始。

　　上面已經講過，豐子愷自小喜歡畫畫，不過那時的畫都描一些人物旳畫譜。

　　1922年，豐子愷應老師夏丏尊之邀，到浙江上虞白馬湖畔的春暉中學任教，家人也都遷去上虞。豐子愷在屋外種了一株楊柳，同時把住所取名為「小楊柳屋」。

　　春暉中學與浙江一師頗為相似，聘有一批關心祖國文學事業發展的人。除夏丏尊之外，還有朱自清、朱光潛、劉薰宇、豐子愷和劉淑琴等人。

　　有一次，春暉中學開校務會，一些同事對會議不感興趣，有的垂頭拱手，打起呼嚕，有的伏在桌上，乾脆睡著了，顯出各種厭倦的姿態。豐子愷看到這一切，覺得比會

議內容有趣得多，回家以後，就把這些回憶畫了出來。

　　從 1923 年開始，豐子愷更常常把看到的和想到的信手拈來，寥寥數筆，把個人所感描繪出來。他取材於學校的日常生活，古詩詞的感受和學生們的童趣。

　　這些畫大都畫在講義紙、包裝紙、報紙邊框以及香煙盒上。有時隨手取下，貼在牆壁上，自娛自樂，日子久了，整個房間就像幼兒園的畫室，四周牆上都掛滿了畫。

　　不久，豐子愷的所作所爲，得到了人們的賞識。第一個熱情稱讚的就是他的老師夏丏尊先生。豐子愷在《我的漫畫》一文中說：「有一次被夏丏尊發現了，連聲稱讚說『好！再畫！再畫！』受到了鼓勵，心中私下喜歡，以後畫的時候就覺得更大膽了」。

　　除掉夏丏尊先生之外，也得到了朱自清和朱光潛兩位老師的讚賞，他們事後都著文稱讚其事。他們稱讚豐子愷先生將平時所思所見的一些熟知而不注意的事，經他鮮靈活現地描繪出來，更顯得絕妙雋永，令人印象倍增，一見不忘。

　　豐子愷在他們的熱情鼓勵和肯定下，既感到意外，又感到信心倍增，於是他就更加勤奮地畫下去。

　　1924 年，朱自清與遠在北京的俞平伯合辦了一個刊物，出版了《我們的七月》、《我們的六月》，請豐子愷爲這些刊物設計封面。朱自清還把豐子愷的一幅〈人散後，一鉤新月天如水〉在《我們的七月》上首次發表，這是豐子愷的第一幅處女作問世。這幅畫後來被文學研究會的負責人，主編《文學周報》的鄭振鐸發現，對它大感興趣，就通過熟人向豐子愷索畫。豐子愷的畫每期發表在《文學周報》上，鄭振鐸把這些畫冠以「漫畫」的題頭，從此中國才有「漫畫」這個名稱。

　　後來鄭振鐸打算給豐子愷出一個畫集，便在一個星期日和葉聖陶、胡愈之一起到江灣立達學園去看豐子愷的畫。為了選畫，豐子愷的房間就成了一個小小的畫展會，吸引了許多同學和同事來參觀，結果這些畫全部都拿了去。後來鄭振鐸回憶當時的心情說：「這個小小的展覽會裡，充滿了親切、喜悅與滿足的空氣。我不曾見過比這個更有趣的展覽會，當我坐火車回家時，手裡夾著一大捆的子愷的漫畫，心裡感著一種新鮮的、如同占領了一塊新高地般的愉悅。」他回到上海後，與葉聖陶、沈雁冰共同挑選，把絕大部分畫都選進了集子。

　　1925 年 12 月，在鄭振鐸的支持下，豐子愷的第一本畫集《子愷漫畫》由《文學周報》出版了，這樣，「漫畫」就在中國的文壇開始生根立足。豐子愷的畫也從此開始以漫畫聞名。

　　所以，在中國漫畫史上，統一漫畫的稱呼是從《子愷漫畫》開始的，而這命名的功績則應歸功於鄭振鐸和《文學周報》。從此，統一了中國漫畫的含義，把中國原先的「急就畫」、「即興畫」通通統一到漫畫裡來了。

□ 豐子愷的漫畫藝術

　　《子愷漫畫》出版以後，得到許多朋友的熱情支持、鼓勵和讚揚。朱自清說：「豐子愷的一幅幅漫畫，就如同一首首的小詩──帶核的小詩，就像吃橄欖似的，回味無窮」。俞平伯說：「所謂『漫畫』，在中國實是一格，既有中國畫風的蕭疏淡遠，又不失西洋畫法的活潑酣姿，雖是一時興到之筆，而其妙正在隨意揮灑。譬如青天白雲，卷舒自如，不求工巧，而工巧殆無以過之」，「豐子愷以

藝術家的胸懷,和他在生活中的志趣,都在詩情畫意中表現得真實而感人」。

豐子愷的漫畫,大體可分為四類:即描寫兒童的;描寫社會的;描寫自然景色的和描寫古詩詞意境的。他的畫都是現實社會生活,都是生活感受的作品。

在兒童畫中,豐子愷大多以自己孩子為模特兒,豐子愷子女較多,他熱愛自己的孩子。從孩子們的一言一行、一舉一動中,他捕捉了他們的天真無邪,他認為人間最有靈氣的就是孩子。他從兒童的生活中,觀察到可愛之處,便取來用作畫材。雖然描寫的是兒童生活中的平凡小事,但由於真實和生動,所以能成為一種意味深長,能吸引讀者雋永反覆閱讀的作品。

豐子愷描寫社會的畫,題材很廣,有周圍的事物,有都市中的見聞,有親眼目睹社會不平的眾生相現象、感想。他處處留心觀察。他的畫總含有人生情味或社會問題,使一幅畫既可以看,又可以想。例如〈最後的吻〉,畫的是一個年輕母親,由於無力餵養自己初生嬰兒而不得不把他送到育嬰堂去。畫面中路邊的母狗卻能哺育著自己的小狗,兩相對照。這畫發表後,不少讀者寫信給作者說,看後流了不少眼淚。又如〈二重饑餓〉,畫了一個小乞丐坐在教室窗外求人要飯。內容描寫了小乞丐既無錢上學,又無法果腹,淪為雙重饑餓的景況。

在豐子愷漫畫中,描寫自然景象和描寫古詩詞的也占不少比例。

1983 年,人民美術出版社出版過一冊《子愷風景畫集》,共有 70 幅,其中絕大部分是描寫自然的。豐子愷的古詩畫並非純粹為了表現自然,而是蘊藏著許多可供人們思考的問題,自具一格,雅中見新意,這是豐子愷漫畫的

一大特色。

在不少山水畫中，豐子愷特別屬意松樹和楊柳。松樹清風高雅，不論寒暑，一年四季挺拔昂首，不卑不亢；他在散文《楊柳》中說：「這種植物是最賤的，剪一根枝條來插在地上，它也會活起來，後來成爲一棵大楊柳樹」。因此他認爲楊柳樹最能象徵春天，只要有楊柳的地方，就處處有春光，而每株楊柳都有這般可讚美的姿態。在豐子愷的風景色中，都不乏松樹和楊柳的身影。

極普通的農田、山川、農舍、木橋、茅屋、涼亭、村落，在豐子愷的畫筆下都畫活了起來。像〈老松半間我半間〉都屬這類作品。

豐子愷的漫畫藝術，是大眾化，現實化的，他主張藝術要和生活相聯繫，密切結合當時所處的生活環境。

豐子愷不少畫是以古詩詞爲題材的。這類「古詩新畫」，實際上是一種綜合性的藝術品。好比某人做了歌詞，另一人配上曲調一樣。古人做了有畫意的詩詞，豐子愷就配上有詩意的畫面，該詩詞寓意深刻，富有新意，他把古詩貼切地運用到現實生活中來。如他給李後主的詞：「無言獨上西樓，月如鉤」做的一幅畫，他不畫古代人，而刻劃了一個現代愁人。對此他有自己的看法：「我不做歷史畫，也不爲李後主詞做描畫，我只描寫讀了李後主詞後的所得感想。」又如〈雨霖霖〉一詞的後半闋：「今宵酒醒何處？楊柳岸，曉風殘月！此去經年，應是良辰好景虛度。便縱有千種風情，更與何人說！」這闋詞原來寫一對戀人將要分別的留戀情景。豐子愷覺得「楊柳岸，曉風殘月」甚有詩情畫意，就取之爲題，畫了一幅農民在「曉風殘月」中在水田勞動的畫，把古詩詞很好地運用到現代生活中去。

豐子愷繪的社會眾生相，亦諷刺時弊，極富人情、幽

默味道。

上海《新聞報》上刊登了一篇題為〈豐子愷畫畫不要臉〉的文章，分析了他的繪畫技巧與特點。豐子愷的漫畫人物的臉部，大都沒有眼睛、鼻子，甚至連臉部輪廓也沒有，但人物表情形態仍然躍然紙上，唯妙唯肖。

例如〈阿寶赤膊〉一畫，那個三、四歲的小女孩的頭部只有一簇頭髮和雙臂交叉的身軀，小臉全部空著，連臉部的輪廓也沒有一條，可是看上去仍然有一張天真無邪的小臉躍然紙上。

在〈鑼鼓響〉一畫上，祖孫二代人也沒有畫臉，小孩臉上只畫一張嘴，可是二人的形象都十分逼真、傳神。

印度著名詩人，獲得諾貝爾獎的泰戈爾十分欣賞豐子愷的漫畫。他評價說：「豐子愷的漫畫，用寥寥幾筆寫出人物的個性。臉上沒有眼睛，我們可以看出他在看什麼；沒有耳朵，可以看出他在聽什麼，高度藝術的表現境地就是這樣」。

□ 護生畫集與弘一法師

在豐子愷一生從事的藝術生活中，《護生畫集》是其中濃重的一筆。

李叔同對豐子愷的一生影響至深。豐子愷和劉質平是李叔同在浙江一師時的二個最得意門生，他們經常侍奉左右，一方面接受李叔同的音樂和美術的薰陶，一方面接受李叔同的人生教育。李叔同後來漸漸看透人生，研究起宗教來了，最後乾脆辭俗為僧；李叔同出家到虎跑寺時，還是豐子愷陪他去的。李叔同是豐子愷無限崇敬的老師，他的遁入空門，出家為僧，對豐子愷產生很大的影響。

　　豐子愷本來就有嗜素、戒殺生的習慣，此時羨慕佛教徒的生活，更連一切葷腥都不吃了，並且還戒了酒。

　　1927 年，出家後的弘一法師雲遊到上海，住在豐子愷家中，兩人在聊談中商定，為弘揚善行，由豐子愷作畫，弘一法師配詩，一畫一詩，開始作「護生畫」。畫的主旨均為勸世人愛惜生命，戒除殺機。

　　1930 年，弘一法師過 50 歲生日那年，豐子愷畫滿 50幅畫後就拿去出版，以配合弘一法師五十大壽。

　　1939 年，日寇大舉進攻我國，侵佔大片領土。豐子愷顛沛流離，避居內地，但他時刻不忘恩師。其時弘一法師住在福建泉州，豐子愷為配合法師 60 壽辰，繼續創作護生畫集 60 幅，完成後，由夏丏尊、李圓淨作序，寄給弘一法師，請他配上詩文。弘一法師回信說：「朽人七十歲時，請仁者做護生畫第三集，共七十幅；八十歲時，做第四集，共八十幅；九十歲時，做第五集，共九十幅；百歲時，做第六集，共百幅；護生畫功德於此圓滿」。

　　豐子愷接信後，自思當時日寇窮兵黷武，疲於奔命，生死渺茫，接到法師的重託後，十分惶恐，自思即使在和平年代，如果法師高壽百年，自己也已 82 歲，屆時能否不辱使命，也難預料，所以給法師寫了回信，說：「世壽所許，定當遵囑」。

　　1942 年 10 月 13 日，豐子愷逃難到遵義，準備轉途到重慶，正在收拾行李時，得知弘一法師在泉州圓寂，享年 63 歲，豐子愷即時在房內靜坐數十分鐘，發誓要完成護生畫集，並為法師造像 100 尊。

　　1948 年，豐子愷赴泉州弘一法師圓寂處，看到了自己當年所寫的許諾信。第二年，恰好是法師七十歲，子弟誓言不能失信，到了廈門以後，豐子愷便閉門為法師作畫，

畫成《護生畫集第三集》共七十幅，由葉恭綽配詩文。1949年，帶回上海由大法輪書局出版。豐子愷在自序中做了詳細說明：

「護生者，護心也。初集中馬一浮先生序文中語，去除殘忍心，長養慈悲心，然後拿此心來待人處世——這是護生的主要目的……。詳言之：護生是護自己的心，……」

1960年，豐子愷爲護生畫第四集畫了80幅，可是在當時形勢下，國內沒有可能出版，在新加坡的廣洽法師表示可以在海外募捐出版。

1965年時，在海外還出版了《護生畫集第五集》。

在文化大革命中，護生畫集當然成了豐子愷的重要罪狀之一，但即使危難如此，豐子愷仍未忘記對弘一法師的許諾。1973年，他以極度保密的方式提前完成了100幅《護生畫集第六集》。

1978年，廣洽法師來到上海，他從朱幼蘭那裡了解到護生畫第六集的情況，大爲感動，帶回畫稿後，連同多年前豐子愷尋到的所有前五集，併交廣洽法師保存的畫稿一起付梓出版，出全，護生畫於此功德圓滿，成了佛學界的一段佳話。

1975年9月，豐子愷因病去世。他未能親眼看到第六集《護生畫》的出世，但他終究完成了弘一法師的囑託，爲弘揚佛法勸善做了一件前無古人的好事。《護生畫集》前後費時46年。

在1985年，石門灣豐子愷故居重建「緣緣堂」落成時，廣洽法師專程前來祝賀，並帶來一至六集全部450幅護生畫原稿及所有題字原稿，捐獻給浙江省博物館收藏，這樣，豐子愷近50年的辛勤成果有了一個完滿的歸宿。

豐子愷和李叔同的關係非同一般，先是師生，再是師

徒，後來則是志同道合的「同道」。李叔同的言行在很大
程度上影響豐子愷的人生。豐子愷不但在藝術上是李叔同
的忠實追隨者，而且在信仰上也是個忠誠的信徒。

　　李叔同處世為人確實有很多值得學習和尊敬的地方。
李叔同做事極其認真，而且學一門，專一門，精一門。「認
真」兩字可說是李叔同的一大特點。

　　1916 年，李先生應浙江一師之聘任音樂教師。同學們
第一次上他的課，仍按老規矩以為老師必定遲到，嘴裡吹
著口哨，哼著小調，嘻嘻哈哈地推門進去，不料李先生早
已端坐在鋼琴前面，桌子上放著點名冊，以及他上課的教
案、備課本。琴衣已經解開，琴蓋開著，樂譜架在旁邊，
鋼琴一端放著一只閃閃發光的錶。黑板已經擦過，並寫好
本節要上的、應寫的東西，李叔同端坐著，上課鈴一響，
他站起來向學生一鞠躬，就開始上課。

　　有一次，一個同學不唱歌，在下面看別的書。有人則
把痰吐在地板上，他們以為老師沒有看見。不料下課以後，
他請他們兩人留下，用輕而嚴肅的聲音向這兩個同學指出。
說過以後，他微微一鞠躬表示「完了，可以出去了」。同
學們覺得上音樂課比上其他課更嚴肅，但是對他比對其他
老師更為尊敬。和現在差不多，那時學校風氣注重英、國
（文）、算，在其他學校，這三門課的老師最有權威。在
一師最有權威的是音樂教師。這是李叔同先生本人的高尚
品質和學問打造出來的。李先生不但學問好，音樂好，他
為人處世的態度更好，他對每件事情，不做則已，要做就
非做徹底不可。

　　在日本留學時，他與歐陽予倩等組織成立了「春柳劇
社」，他演名劇《茶花女》的女主角，他把自己腰束得很
細，捲了髮，白的長裙拖著地板，雙手托在頭的後面，向

右歪斜，雙眉緊蹙，眼波斜睇，襯托出茶花女自歎紅顏命薄的情景，演得極其逼眞。

李叔同在日本讀書，平時是一位徹頭徹尾的留學生，高高的禮服，硬襯領、硬袖口、燕尾服、尖頭皮鞋，加上他頎長的身材、高鼻梁，一付沒有腳的眼鏡夾在鼻梁上，手提「史的克」（手杖），活像一位西方人士。他做留學生時就徹底地西化，要求自己要做一個純粹的留學生。

李叔同回國以後，先在天津工藝專門學校，後在南京高等師範教圖畫、音樂課，後來又應聘擔任浙江一師教席，同時兼任兩校的課，半個月在南京，半個月在杭州，他不在時由助教代課。這時李叔同身爲教師，漂亮的洋裝不見了，換上灰色布袍，黑布馬掛，布底鞋，甚至金絲眼鏡也換成了黑的鋼絲邊眼鏡，外表非常整潔，自然，史的克也離他而去了。這時他已由留學生變爲普通教師了。

李叔同精通藝術各個領域，後來漸漸產生脫離塵俗的念頭，不再熱心世事，關起門來研究道學，案頭常常放著道藏，而且日常生活也日漸收歛起來，像要動身去遠方不歸的樣子，此外把音樂、圖畫的書籍也全部送給豐子愷和其他人，把他過去的照片、畫稿交給豐子愷收藏。豐子愷特地從故鄉雇了一條船到杭州，把這些東西運回老家去珍藏，這些東西對豐子愷來講是比甚麼都珍貴的紀念品。

不久，李叔同到大慈山去斷食，數日後，豐子愷去看望他，他躺在床上，面容清瘦，但精神很好，講話同平時差不多；他斷食共十七日，後由人扶起，拍了一張照，這張照片後來製成明信片分贈朋友。像的下面用鉛字印著：「入大慈山斷食十七日，身心靈化，歡樂健康——欣欣道人記」。

李叔同學道的時間不長，後來改爲學佛。1918 年，他

在即將入山修行時，穿上了和尚僧衣，與平日最親近的兩個學生豐子愷、劉質平合拍了一張照片留念，然後到杭州虎跑定慧寺出家為僧，這時他已由一個教師徹底地變成僧人——名揚四海的弘一法師了。

李叔同的裝束，隨著自己身份、社會角色的轉變而改變，轉換得非常徹底，他的裝著表現出一個時代的思想與生活。

穿戴絲絨碗帽、花緞袍子、曲襟背心的李叔同，與西裝筆挺革履的李先生，布衣布鞋長袍馬掛的李先生，以及光著頭、穿著僧衣的李先生判若四人。他好像是一個全能的演員，做一個角色像一個角色。做青衣像青衣，做老生像老生，做花臉像花臉，這都是他認真的結果。

李叔同處世待人也極認真。有次他妻子來看他，把傘忘記丟在他房內，李叔同發現後，追了好幾哩路，把傘交還給她。

豐子愷也碰到這種尷尬事，有一次豐子愷寄去一卷畫紙，請他題詞，但畫紙多了一些，李叔同就寫信詢問：多餘的畫紙如何處理。寄去回件的郵票多了幾分，李叔同把多餘的郵票寄了回來。

1928 年秋，弘一法師第三次來到上海江灣永義里豐子愷的住所。弘一法師是當年豐子愷在藝術上引路人的尊師，弘一法師出家以後，一言一行，也給豐子愷以極大的影響。那時，豐子愷人生閱歷漸深，他飽覽了人間冷暖辛酸苦辣，深感世事艱難、飄渺無常，便要求繼續追隨老師，皈依佛門。弘一法師欣然接受，於是豐子愷在 1928 年 9 月 26 日 30 國歲生日那天在永義里 121 號「緣緣堂」樓下正式舉行儀式，從弘一法師皈依佛門。

豐子愷的一生，從漫畫到做人到宗教信仰，處處都有

李叔同的影子。

弘一法師大部分時間住在閩南。夏丏尊、劉質平、經享頤（校長）、豐子愷等人，徵得弘一法師的同意，在上虞白馬湖畔覓地造屋數間，弘一法師便於 1929 年從閩南搬回浙江居住，並給所住房子命名爲「晚清山房」。

1930 年春，豐子愷的母親鍾氏病逝，給他帶來極大的悲傷和痛苦。父親早年去世，他自小與母親同甘共苦，母親既當嚴父又兼慈母，寄希望於豐子愷，想把他養育成人。豐子愷爲了紀念這位含辛茹苦把自己撫養長大的母親的去世，他無心上理髮店，留下鬍子，從此以後，豐子愷就以長鬚的形象留給人們。

⬚ 豐子愷的散文與緣緣堂

豐子愷的一生與故居「緣緣堂」有著密不可分的情結。他的不少作品都在這裡產生，不少著作都以「緣緣堂」名字命名，如《緣緣堂隨筆》、《緣緣堂再筆》，……，散文更有《辭緣緣堂》、《告緣緣堂在天之靈》、〈讀《讀緣緣堂隨筆》〉（註：《讀緣緣堂隨筆》係日本人谷崎潤一郎所作）。「緣緣堂」這個名字是怎樣來的呢？這裡還有一個小故事。

1924 年，豐子愷離開了春暉中學，賣掉了在上虞白馬湖畔的「小楊柳屋」，得七百餘元，加上幾個志同道合的同志，如朱光潛等，湊合一點錢，於 1924 年至 1925 年冬，在上海虹口老靶子路租了兩幢房子，籌建「立達中學」，所謂中學者也，只不過有幾張桌子和幾條長凳，不久遷到南市區小西門黃家闕路，並進行開學。

後來「立達中學」改爲「立達學園」。後來立達的同

仁有朱光潛、夏丏尊、豐子愷、劉薰宇、劉叔群、方光燾、陶元慶、夏衍、陳望道、許杰、夏承法、黃涵秋……等，師資陣容相當強大。

1928 年，立達學園在上海江灣建築了新校舍，並在附近永義里造了宿舍，豐子愷一家隨之遷入。

那年秋天，弘一法師雲遊經過上海，來到永義里豐子愷家中，豐子愷與弘一法師商量要為自己的寓所命名。法師叫他在小方紙上寫了許多自己喜歡，又可以搭配的字，捻成小紙團，撒在神桌前，結果兩次抓鬮，拆開來都是「緣」字，於是就將寓所取名為「緣緣堂」，並請弘一法師寫了一條橫幅，裝裱掛在寓所裡，這便是「緣緣堂」的由來。其實，當時豐子愷在永義里的宿舍根本沒有堂，也沒有廳，只是象徵性而已。

從此以後，豐子愷無論搬到哪里，即使後來避難到了西南各地，都把弘一法師寫的橫批掛起，那裡也就成了「緣緣堂」。而且所寫的許多散文、散文集也取名為「緣緣堂隨筆」。

1933 年春天，豐子愷在老家石門灣故居籌建正式的「緣緣堂」。

石門灣處在運河大轉彎的地方，這裡有一條支流，支流的岸旁就是豐子愷老家豐同裕染坊。店後有一所老屋，叫敦德堂，緣緣堂在敦德堂的後面。緣緣堂的後面，是市梢，一條後街。市梢後面遍地桑麻，中間穿過一座小橋，兩旁有大樹、涼亭，緣緣堂就建在這富有詩情畫意而得天獨厚的環境中。

石門灣新居建成後，是一幢三開間的朝南樓房，樓前為一水泥地的大天井，後面隔一個院落是三間平房。平房後面又有一個小天井，小天井有一個邊門，通向後面的後

街。

緣緣堂樓下是廳堂，廳堂正中，掛著馬一浮先生題的堂額「緣緣堂」三個字。堂額兩邊掛著弘一法師寫的《十喻贊》大屏。下面中間掛著吳昌碩畫的老梅中堂。中堂旁邊也是弘一法師寫的一副大對聯：

　　「欲為諸法本，

　　　心如工畫師。」

大對聯旁邊掛著豐子愷自己寫的杜詩對聯：

　　「暫止飛鳥才數子，

　　　頻來語燕定新巢。」

東室掛的是沈子培的墨跡和幾幅古畫，西面書房裡風琴上掛的也是弘一法師寫的長聯：

　　「真觀清淨觀，廣大智慧觀。

　　　梵音海潮音，勝彼世間音。」

對面掛著豐子愷自己寫的王荊公為其妹長安縣君所作的詩句：

　　「草草杯盤供語笑，

　　　昏昏燈火話平生。」

樓上一共六間，一間做盥洗室，五間作臥室，皆有門可通中間的走廊。後面平房是柴草間、廚房、閣樓和幫工的房間。

廳堂前方的大天井裡，南邊有一半圓形花壇，豐子愷自植了楊柳、薔薇、鳳仙花、雞冠花和牽牛花等等花卉。西南邊也有一個扇形花壇，種了櫻桃和芭蕉，取其「紅了櫻桃，綠了芭蕉」之意。後面院落有一副鞦韆架，上面搭的是葡萄棚。鞦韆前方，種著一排多青樹和桂花樹。大門口的三角地兩邊種了幾樹重瓣桃花。大門的門額上題有「欣及舊栖」四個字。

　　豐子愷的臥室兼做書房，除了書架之外，還有書箱。
藏有各種西洋畫冊、中國畫譜、音樂、美術等書籍，還有
古代詩詞，古典小說，現代文學等圖書近二萬冊。其中還
包含歷史文獻、宗教書籍、兒童讀物、社會科學和自然科
學……等等。

　　「緣緣堂」是豐子愷親自設計佈置的得意之作，在他
的感覺上，緣緣堂是他生活、工作、學習的最理想的場所。
你看他在《告緣緣堂在天之靈》一文中是如何讚美他的新
居緣緣堂的：

　　春天，兩株重瓣桃樹戴了滿頭的花，在門前站著。門
內朱欄映著粉牆，薔薇襯著綠葉。院中的鞦韆亭亭玉立。
檐下的鐵鳥叮咚作響，唱著歌。堂前有呢喃的燕子，窗中
傳出弄剪的聲音，這一片和平幸福的光景，使我永遠不忘。

　　夏天，紅了的櫻桃與綠了的芭蕉在堂前形成強烈的對
比，向人暗示「無常」的至理。葡萄棚上的新葉把室中的
人物映成青色，添上了一層畫意。垂帘外面，時見參差的
人影，鞦韆架上常有和樂的笑語。門前剛才挑過一擔「新
市水蜜桃」，又挑來了一擔「桐鄉醉李」。堂前喊一聲「開
西瓜了」！霎時間樓上樓下走出來許多兄弟姐妹。傍晚來
一個客人，芭蕉蔭下立刻擺起小酌的座位。這一種歡喜暢
快的生活，使我永遠不忘。

　　秋天，芭蕉長大的葉子高出牆外，又在堂前蓋造一個
重疊的綠幕。葡萄棚下的梯子，不斷有孩子爬上爬下。窗
前的几上不斷地供著一盆盆本家產的葡萄。夜間明月照著
高樓，樓下的水門汀好像一片湖光。四壁的秋蟲齊聲合奏，
在枕上聽來渾似管弦樂合奏。這種安閑舒適的情況，使我
永遠不忘。

　　冬天，南向的高樓一天到晚曬著太陽，溫暖的炭爐裡

不斷地煮著茶湯。我們全家一桌人坐在太陽光下吃冬春米飯，吃到後來出汗解開衣裳。廊下堆著許多曬乾的芋頭，屋角裡擺著兩三缸新米酒，菜廚裡還有自製的臭豆腐干和霉千張。星期六晚上，孩子們陪著我寫作到深夜，常在火爐裡煨些年糕，洋灶上煮些雞蛋來補充多夜的飢腸。這種溫暖安逸的趣味，使我永遠不忘。

緣緣堂，四時景色常新，美侖美奐。好像一幅幅美不勝收的畫卷。加上豐子愷子女眾多，樓上堂下，左穿右插，像堂前的小燕子，圍繞其間，童趣無限。緣緣堂是豐子愷親自設計、佈置的得意之作，在他的感覺上，緣緣堂是他終生生活、工作和學習的理想之所。

在石門灣緣緣堂落成之前，豐子愷一直為生活忙碌奔波。緣緣堂建成以後，豐子愷才有了一個安樂的住所，過了幾年無憂無慮、明窗淨几的清淨生活，是豐子愷心情最為舒暢的時期，無論在生活上、創作上都可以說是豐子愷的「黃金時期」。在 1933 年到 1937 年的五年中，豐子愷完成了二十多部著作，並為《東方雜誌》、《新中華》、《現代》、《文學》、《前途》、《中學生》、《宇宙風》、《創作》、《論語》、《新少年》、……等幾十家雜誌撰稿，或聘為特約撰稿人，還開始從事翻譯工作。這段時間，是他一生中作品的多產期。

1937 年，八一三事變以後，日寇進迫浙江，杭州被炸，豐子愷避難，先到桐廬投奔馬一浮先生，後來又經衢州、上饒、南昌到了萍鄉。1938 年 7 月深夜，聞報石門灣緣緣堂已全部被毀，豐子愷幾年辛苦經營的結果被毀於一旦。為此豐子愷曾做《還我緣緣堂》一文，以記其事。

豐子愷在文學藝術方面的成就，可以概括為漫畫、詩歌和散文這三個方面。

　　豐子愷的漫畫畫風質樸，且極簡練、極富人情味。他善於觀察人間諸相，從某一角度描劃出人間善惡美醜，雖只寥寥數筆，看似簡單，信手拈來，卻蘊藏著無限禪機。他的多數漫畫，皆附有詩詞，這些詩詞要不是利用古詩詞演繹，使之賦有新意，要不就是他自己的創作。

　　人們常說：「白居易的詩，以語言平易通俗著稱，婦孺都能讀懂」。據說白居易詩寫好以後，先讀給老百姓聽，如果他們聽不懂，他就重寫。所以白居易的詩「婦孺皆懂」。我說豐子愷先生的詩正是如此。他的詩文字生動，琅琅上口，易讀易懂，內容含蓄，富有哲理，且有深度，既為畫點睛，又使讀者在讀書的同時，得到古典之「涵詠」。細細頌讀，好像在品茶、在茶香之後，有一種齒頰留香的感覺。漫畫所表達的意境，在讀者眼中產生一種「舊時燕子」，似曾相識之感，雋味無窮。這是豐子愷詩的藝術特點。

　　豐子愷先生善於散文寫作，他是一位卓有成就的散文作家。他的散文和他的漫畫一樣，都是用他平易的手法，通過現實生活觀察到的平凡題材來詮釋人生哲理。趙景深在《文人印象》一書中對豐子愷散文評價中說：「他只是平易地寫來，自然就有一種美，文字乾淨流利漂亮，恐怕只有朱自清可以和他媲美。」郁達夫在《中國新文學大系・散文二集・導言》中說：「人家只曉得他的漫畫入神，殊不知他的散文清幽玄妙，靈達處反遠出他的畫筆之上。」，「對於小孩子的愛，與冰心女士不同的一種體貼入微的愛，尤其是他的散文裡的特色」。

　　豐子愷在〈讀《讀緣緣堂隨筆》〉一文中說：「吉川（按即《讀緣緣堂隨筆》的日文譯者吉川幸次郎）和谷崎（按即日本作家谷崎潤一郎《讀「緣緣堂隨筆」》一文的

作者）二君對我的習性的批評，我倒覺得可以接受，而且可以讓我自己來補充表白一番。吉川君說我『真率』，『對於萬物有豐富的愛』，谷崎說我愛寫『沒有什麼實用的、不深奧的、瑣屑的、輕微的事物』。又說我是『非常喜歡孩子的人』，難得這兩位異國知己！他們好像神奇的算命先生，從文字裡頭，把我的習性都推算出來了」。

吉川幸次郎以為豐子愷是「中國最像藝術家的藝術家」，谷崎潤一郎則說豐子愷的文章是「藝術家的著作」。

豐子愷一生沒有寫過專門的文字評論自己的散文。1963年《豐子愷畫集》出版時，他寫了幾首詩代自序，其中一首詩說：

「泥龍竹馬眼前情，瑣屑平凡總不論。

　最喜小中能見大，還求弦外有餘音。」

這首詩雖然講的是他的漫畫的特點，但我認為它也同時講了他散文的特點。

豐子愷的散文，可以抗日戰爭前後做為一個分水嶺。抗日戰爭以前，他受弘一法師的影響，有些消極的思想。在他初期的散文作品裡，時時有所流露，但在抗日戰爭開始以後，打碎了他的平靜、安居樂業的思想，迫使他脫離過去狹小天地，走上更為廣闊的現實世界。從〈辭緣緣堂〉一文，就可以看出在作者的人生經歷和寫作歷史上居有特別重要的意義，從這篇文章也可以看出豐子愷後來的作品和處世態度的轉變。

豐子愷的散文常常寫一些看似平凡、瑣屑的事物，實則寄託重要的或暗示人類社會存在比較大的問題。

豐子愷在〈楊柳〉這篇文章中說：「他喜歡楊柳，因為楊柳的美與別的花木都不同，他覺得楊柳的美在於其下垂。花木大都是向上發展的，枝葉花果蒸蒸日上，似乎忘

記了下面的根，對養活他們的根不理睬。而楊柳則長得越高，垂得越低，條條不忘根本，在春風中向著泥土飛舞，和它親吻。」顯然〈楊柳〉這篇散文並不是單單歌頌楊柳，而是有含蓄、暗示的，作者只不過借楊柳為題，抒發心中的感觸，做巧妙的諷刺。

在〈伍元的話〉一文中，豐子愷通過一張伍元紙幣的命運，不斷跌價的經歷，從原來可以買一擔白米開始，到後來只能買一個雞蛋，再到後來只能用來墊桌子的腳。非常巧妙地諷刺了當時政府統治下通貨膨脹的慘狀。此後，作者還寫過很多暴露性的文章，憎恨戰爭、憎恨社會的腐敗與黑暗。

熟悉豐子愷的人，都知道他是一個非常正直誠懇，處世嚴謹、待人和藹的人。讀豐子愷先生的作品，使你時時感到自己面對的是一位心地異常善良而坦率的長者，聽他既無保留、也無顧忌的傾吐肺腑之言。他用最平易的語調娓娓而談，簡直「事無不可對人言」。他曾把自己一個散文集取名為《率真集》，他在序言裡寫道：「此等文稿，毫無足觀，但皆出於『率真』，情況確實如此」。

〈華瞻的日記〉一文就說明了這點。豐子愷替三歲的孩子寫日記，他用一個三歲兒童的眼光來看成人世界的一些不合理現象。題材原極平凡，但豐子愷能把平凡的事情變為不平凡，讓讀者看到我們眼前的世界中沒有看到的東西。這在今天仍有現實意義。

筆者曾看到過豐子愷寫的一篇散文，甚為奇妙。題目好像是「啼笑皆非」，還是什麼的，已經記不起來了。文章說：

「抗日戰爭時，豐子愷避難後方，有次朋友請他吃飯，席間，朋友示意叫他留神店裡的兩位老闆，一位是二十剛

出頭的小伙子，另一位是徐娘半老的女子，出了店，朋友
給他講了一段辛酸的故事。

　　日寇佔領上海時，一對母女被沖散了，母親逃到後方，
在一家餐館打工，附帶照顧店主的小孩。上海母親手腳勤
快，做事乾淨俐落，深得店主的歡迎。可是不久，女主人
得了重病，彌留之際，跟丈夫說：『小孩對上海母親很親
切，日後如果你和她結合，一家仍可團團圓圓，我也放心
了』。說罷女主人就去世了。男主人聽從妻子的重託，就
和上海母親結為夫妻，大家相敬如賓。

　　再說上海母親也在日夜思念女兒，但打聽不到一點消
息。

　　其實女兒仍在上海，進了一家紗廠。一天深夜，被兩
名日本鬼子挾持，要行非禮，這時來了一位救命恩人，他
用流利的日語狠狠斥訓他們一頓，日軍摸不清他是那方來
客，就抱頭鼠竄逃走了。弱女子感激之餘，覺得自己孑然
一人很難在上海灘生活，就自願跟了這位四十出頭的男子。

　　後來，日寇日漸瘋狂，燒殺擄掠，無惡不作，他們也
難在上海生活下去，就雙雙來到後方。

　　有天，餐館來了一對『老夫小妻』，四雙眼睛相對，
大家驚得目瞪口呆，半晌講不出話來。原來『老夫』就是
餐店主的父親，『小妻』就是女店主的女兒。大家弄清怎
麼一回事以後，相抱痛哭了一番。」

　　豐子愷在文章的最後寫道，日本軍國主義在侵略我國
期間，除攻城略地，屠殺我國同胞的滔天罪行之外，還留
下許多惡果、痛苦不堪的心酸事，以激發廣大人民對軍國
主義的仇恨。可見豐子愷先生寫這篇文章是有感而發的。

　　這件事後來怎樣結局？「老夫小妻」和「老妻小夫」
都是患難之交，有了深厚的感情，已經難捨難分，不願拆

開，又不能重新組合，他們只好分開居住，一在城東，一在城西，平時則經常走動。

當時我曾描畫過如下的一張草圖：他們相互間的稱呼倒真的成了問題。我們不妨來試試看：

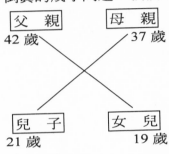

1. 從父親的角度來看：
   (1)母親既是父親的媳婦（兒子的妻子），又是父親的岳母（妻子的母親）。
   (2)女兒是父親的妻子，又是父親的孫女（媳婦的女兒）。
   (3)兒子是父親的岳父（父親岳母的丈夫），又是女兒的父親（母親的丈夫）。

2. 從母親的角度來看：
   (1)女兒除是母親的女兒之外還是母親的婆婆（母親丈夫的娘）。
   (2)兒子既是母親的丈夫，又是母親的外甥（母親女兒的兒子）。
   (3)父親既是母親的公公（丈夫的父親），又是女婿（女兒的丈夫）。

3. 從兒子的角度來看：
   父親既是兒子的父母，又是兒子的女婿（女兒的丈夫）。
   母親既是兒子的妻子，又是兒子的外祖母（娘的母親）。
   女兒既是兒子的母親，又是兒子的女兒。（兒子和妻子的女兒）。

4. 從女兒的角度來看：
   父親既是女兒的丈夫，又是母親的公公。
   母親是女兒的娘，又是女兒的媳婦。
   兒子既是女兒的父親（母親的丈夫），又是兒子（丈

夫的兒子）。

因為時間已經過去半個世紀，為了進行核實，我查找了許多《豐子愷散文集》，也查找了七卷本的《豐子愷文集》，都沒有找到這篇文章，不知是否在結集時把它遺漏或抽掉了。如果我記憶有誤，那當然是我的責任。

豐子愷是一個多產的作家，先後發表的漫畫作品有幾萬幅之多，散文集亦有數十種。精略的統計有：

1931 年由上海開明書店出版的《緣緣堂隨筆》，該書後由豐子愷自己重新編選，收錄了 1925 年至 1948 年的 59 篇舊作，仍以原來的書名交人民文學出版社於 1959 年重新出版。

1934 年，由上海天馬書店出版了《隨筆二十篇》。

1935 年，出版了《年廟社會》。

1936 年，上海仿古書店出版了《豐子愷創作選》。

1937 年，開明書店出版了《緣緣堂再筆》。

1940 年，上海開華書店出版了《甘美的回味》。

1941 年，成都普益圖書館出版了《子愷近代散文集》。

1946 年，萬葉書店出版了《率真集》。

1976 年，香港向學社出版了《緣緣堂集外遺文》。

1981 年，出版了《豐子愷散文選集》。

以上所列並不完全。此外豐子愷還有不少翻譯作品和藝術理論著作，涉足範圍很廣，共有一百多種，著、譯甚豐，豐子愷在國內外有著較大影響。

口 教育家與文革浩劫

豐子愷素以漫畫聞名於世，然而他的一生有相當多的時間在教育崗位上，中學和大學都教過。

　　1919 年初，豐子愷與徐力民女士結婚。7 月，豐子愷畢業於浙江第一師範學校，他本想繼續深造，可是他已是一個有家室的人了，只得暫且作罷。

　　同年暑假，弘一法師在俗時的兩位學生——劉質平和吳夢非在上海共同籌辦上海專科師範學校，邀豐子愷前去任教美術，並與歐陽予倩、劉質平、吳夢非等人發起成立「中華美育會」，吸收各地師範學校有關教師參加，還出版了會刊《美育》。豐子愷在《美育》上發表了〈忠實之寫作〉與〈普通教育上圖畫教材之研究〉等文章，這是我國早期的美術教學論文。

　　後來豐子愷覺得自己以一個初級師範畢業生，教專科師範的課有點力不從心，心有餘而力不足，感到很吃力，因此決定東渡日本求學以充實自己。

　　由於經濟困難，豐子愷僅在東京待了十個月，錢盡不得不回國。

　　然而，雖只短短十個月，豐子愷卻以一當十，充分利用時間：上午到「洋畫研究會」去學畫，下午讀日文，並到「獨立音樂研究所」學提琴，還在「英語補習學校」從日本教師學英語，抽時間到西京、橫濱……參觀畫展、音樂會、歌劇，他覺得看看聽聽也是學習。為了節省每分鐘的時間，他想出了一個絕招：到一個英語學校去學英語，聽老師用日語教英語。他的目的就是要聽這位老師怎樣用日語講解他已經學過的英語，這是他迅速學會日語的訣竅。

　　在美術、音樂方面，他更是努力，畫了 10 個月的木炭畫，拉完了三本《霍曼》，常常拉滿五十遍，直到指頭充血為止。

　　在美術方面，他增長了不少見識，看到了日本美術界的現狀。他特別對竹久夢二的畫難以忘懷。

竹久夢二的一幅幅小畫，只有寥寥數筆，就畫出感情豐富、造型優美，富有特殊韻味的畫來。這對後來豐子愷的漫畫發展影響很大。

豐子愷從日本回來，繼續在上海專科師範學校任教，其時陳望道在該校任美學教師。同時豐子愷又在吳淞中國公學中學部兼課，同事中有舒新城、朱光潛、張作人……等。

1922 年，由夏丏尊介紹去浙江上虞白馬湖任春暉中學教員，教音樂、美術，命其居爲「楊柳小屋」。就在這時，豐子愷開始用毛筆做畫，即興將學校、社會、兒童、學生生活、古詩詞意境寓意於畫中，深得任教春暉中學的夏丏尊、朱自清等同事的讚賞。

1924 年，匡互生和豐子愷等在上海老靶子租屋籌辦立達中學。「立達」者，即取「己欲立而立人，己欲達而達人」之意。

豐子愷白天在上海專科師範上課，晚上趕到江灣籌辦立達中學，不久，「立達學會」成立，不少上海知名人士如茅盾、陳望道、葉聖陶、鄭振鐸、胡愈之、夏丏尊、劉大白、朱自清、朱光潛、夏衍、許杰、周予同等紛紛參加。立達學會辦有會刊《一般》，該刊美術裝幀設計等等，均由豐子愷擔任。豐子愷還經常爲該刊作文作畫。

這年夏天，江灣校舍落成，改名「立達學園」，豐子愷任教務委員，西洋畫科負責人。

1926 年，上海專科師範學校與上海東方藝術專科學校合併，改名爲「上海藝術大學」，仍聘豐子愷兼任教職。

1927 年，豐子愷除任立達學園教師外，更兼上海澄實中學教職，任該校藝術教師。

1929 年，應松江女子中學之聘，兼任該校圖畫及藝術

論兩課，每周上四、五節課，往返於上海松江兩地之間。

1938 年，豐子愷逃難到江西，廣西桂林師範聘請他前往任職。於是豐子愷舉家由贛入桂，任桂林師範圖畫、國文兩科教員，並爲桂林師範學院及桂林中學作校歌。

同年年底，浙江大學老友鄭曉滄先生傳言：竺可楨校長誠請豐子愷到浙江大學任藝術指導，講藝術教育。講課時，聽眾之多，出乎他的意料，不少聽眾係逃避其他課程而來的，僅能容四、五十人的教室，竟擠滿了一百多人，連後面空處也站滿了人，以後每堂課也莫不如此。聽眾對象原爲師範學院學生，但工學院、理學院、文學院學生也競相參加，甚至一些老教師也每課必到。

1939 年，日寇攻南寧。1940 年，豐子愷隨浙大遷校到遵義，兼任全校藝術指導。第二年升任副教授，除講授藝術論外，還講授新文學。課餘還輔導浙大學生和青年教師作畫。

1942 年 11 月，應老友陳佛之先生之邀，舉家去重慶，任國立藝術專科學校教授兼教務主任。舉行個人畫展，這是豐子愷第一次單獨展出自己的作品。

1943 年，在重慶時與豐子愷爲鄰的有雕刻家劉開渠。當時認爲抗日戰爭可能會曠日持久，豐子愷便做長住打算，將畫展所得在沙坪壩廟灣地方租地建屋，稱「沙坪小屋」，不久便辭去藝專教職，以賣畫爲生，這時經常來往的文人有葉聖陶、傅彬然等人。其後常在四川長壽、涪陵、酆都、南充、閬中等地旅行並舉行個人畫展。

1945 年 6 月去隆昌參加立達學園成立二十周年紀念會。1945 年 8 月日寇投降，應陳望道之約，去重慶北碚復旦大學講演。同年 9 月，復員回到上海。

1947 年，爲立達學園籌募復校基金，去南京開個人畫

展。同時又爲故鄉石門小學重建舉行漫畫義賣。

1948 年 11 月，應廈門大學邀請，發表題爲《藝術精神》的講演。

1966 年 5 月，「文化大革命」開始了，老一代文化人，包括三○年代以來的文藝家普遍受到衝擊、迫害，不少人被批判、寄查、遊鬥、關牛棚、勞改……，被搞得妻離子散、家破人亡，被迫害自殺的不計其數。據有案可查的受迫害的群眾就有五十五萬之多，這還是一個大大縮小的數字，實際受牽連的數倍於此。

豐子愷一生護生、戒殺生，是一名國內外知名的文化人，但亦難倖免。

從 1949 年到 1966 年的十多年時間裡，豐子愷做了些什麼工作，我們必須回顧一下。

1949 年初，解放大軍即將橫渡長江，4 月，上海郊區已經炮聲隆隆。豐子愷家屬離開廈門北上，豐子愷因在香港舉行畫展，便於 4 月底乘機回到上海。7 月，豐子愷被選爲「中華全國文學藝術工作者代表大會」代表。

1950 年 7 月，豐子愷出席「上海市首次文藝工作者代表大會」，被聘爲「上海市文史館」委員。

1954 年，任「中國美術家協會」常務理事，及「上海美術家協會」副主席，1956 年並當選上海市人民代表，並出席大會。

1957年，任「上海市政協」委員，及「上海外文學會」理事。

1958 年，當選第三屆「全國政協」委員。

1960 年 6 月，開始任「上海中國畫院」院長。7 月，任「上海市對外文協會」副會長。

1962 年 5 月，當選爲「上海市美協」主席、「上海文

學藝術界聯合會」副主席。

　　從以上簡歷來看，豐子愷雖不是共產黨員，但亦不是國民黨殘結餘孽。在他履歷中也找不到夠得上「叛徒」、「特務」、「地主」、「資本家」……之類的「頭銜」。可是當時的形勢，要從他大量的書畫作品中牽強附會地拉扯在一起，尋找所謂「影射」的「反革命」材料出來，那絕不是難事。「捨得一身剮，敢叫皇帝拉下馬」的「文革」小將，自有他們的「眞功夫」。

　　工作組進駐畫院以後，按照上面的調子，把他定爲「反動學術權威」，除掉這頂帽子之外，還有什麼「黑畫家」、「反共老手」、「漏網大右派」等等稱號，隨著運動的步步深入，一浪高過一浪，豐子愷終於被推上「上海市市級十大重點批鬥對象」之一，進行重點批判。

　　批鬥家往往斷章取義，斬頭去尾，把一篇文章中的句子斬前棄後孤立起來，不分前因後果，進行批判。例如：1953 年，中國少年兒童出版社請豐子愷畫一冊《聽我唱歌難上難》的兒童讀物，文字是出版社提供的，爲了讓幼兒從小學會辨別是非，內容分爲正確和錯誤的兩部分，如正確的一頁上畫了「東方出了個紅太陽，爸爸抱我去買糖」。錯誤的一頁便畫「西方出了一個綠太陽，我抱爸爸去買糖。」把正確的一頁去掉，單取錯誤的一頁來看，當然不得了。「西方出了個綠太陽」，這豈不是有意和「紅太陽」唱反調嗎？儘管本書 1975 年出版時還沒有提出「紅太陽」這個詞，到了文化大革命時才叫開的，但不管這些，造反派、紅衛兵照樣照套不誤把帽子給你套上，這又成爲最毒最毒的大毒草。

　　又如畫〈昨日豆花棚下過，忽然迎面好風吹，獨自立多時〉，原是幅描摹古人詞意，表現清閑舒適的寫意畫，

但是因時間不巧，時運不濟，適逢 1962 年美、蔣、蘇反共反華的陰風甚囂塵上的時期，「忽然迎面好風吹」，這又成了暗合反攻大陸的陰風嗎？如此這般，豐子愷成了「反革命畫家」鐵打的事實。

就這樣，批判豐子愷的大字報鋪天蓋地，從單位貼到家裡，又從家裡貼到街上，接著抄家，關「牛棚」、「掃地出門」，下鄉勞動，隔離審查、掛牌、遊鬥、剋扣工資……一樁樁、一件件，天天花樣翻新，寫不完的撿查交代，備受精神上和肉體上的侮辱摧殘和折磨、痛苦不堪。

說實在，豐子愷雖然皈依佛門、宣傳護生，但他一片愛國之心是人所共見的。

多年前，我曾看到豐子愷畫的一幅漫畫：一個母親背著小孩逃警報，彈片把小孩的頭削了，鮮血直冒。看後掩卷沉思：日本鬼子太猖狂了，實在令人髮指。

這次為了尋找資料，又看到豐子愷的另一幅叫〈轟炸〉的漫畫，更是淒慘。畫中一個無頭的婦女懷抱一個吃奶的嬰兒，畫中寫著「嘉興所見」。是寫抗日戰爭期間的事。其實這並非豐子愷親眼所見，而是他聽人說的。在〈辭緣緣堂〉一文中，豐子愷這樣記述此事：「……我們一個本家從嘉興逃回來，他說有一次轟炸，他躲在東門的鐵路橋下。看見一個婦人抱著一個嬰孩，躲在牆腳邊餵奶。忽然車站附近落下一個炸彈。彈片飛來，恰好把那婦人的頭削去。……這無頭的婦人依舊抱著嬰兒危坐著，並不倒下；嬰兒也依舊吃奶。……」。好慘的情景。豐子愷聽了非常難過，此事一直銘記在心。在逃難途中，他做了一首〈望江南〉，寫的就是這件事：

「空襲也，

炸彈向誰投？

懷裡嬌兒猶索乳，

眼前慈母已無頭，

血淚相和流」。

豐子愷的拳拳愛國之心，豈不躍然紙上！豐子愷眾多漫畫中不乏類似這樣的作品，怎麼能說他是反動、反革命份子呢？豐子愷看待自己歷數十年心血結晶而成的漫畫，詩詞和散文比生命還重要，要他承認這一切作品都是反黨、反社會主義怎麼可能呢？

他對家裡人說：「他們逼我承認反黨反社會主義，說如果不承認，就要開更大規模的群眾大會來批鬥我……。我實在是熱愛黨、熱愛新中國、熱愛社會主義的啊！可是他們不讓我愛……」。

他橫下一條心，讓他們批鬥，把批鬥看成演戲，把坐牛棚當做坐禪，被喚去訓話，當做去上廁所。有次夜間把他揪到浦東遊鬥，他譬喻為浦江夜遊，回來後照舊與同事們談笑風生。

有次豐子愷被揪去批鬥，被押上車時，和他並肩站著的就是那個以畫《三毛流浪記》而譽滿全國的漫畫家張樂平。張樂平說：「豐老，托您的福，我才有機會一起乘車參觀遊覽市容」。

豐子愷心裡明白，張樂平的話雖幽默，可他心裡感到悲涼得很。

豐子愷是「上海美術家協會」的主席，是畫院頭號「當權派」、「走資派」。張樂平是「上海美術家協會」的副主席。那次批判會使豐子愷感到納悶的是：「紅衛兵」小將一個勁揪鬥張樂平，而把豐子愷晾在一邊。事後他才知道：原來「紅衛兵」忙中出差錯，把牌子掛錯了，造成張冠李戴，把張樂平錯看成豐子愷，害得張樂平吃了不少苦

頭，代人受過。

後來工宣隊令他到上海郊區去勞動，實則是勞動改造。冬天睡的是鋪稻草的泥地，屋頂縫隙飄下小雪花散落了一床。年老多病的豐子愷早上親自到河邊打洗臉水，他滿不在乎，反而風趣地說：「地當床、天當被，還有一河洗臉水，取之不盡，用之不竭，是造物者無盡之藏也」。在隔離室裡、牛棚裡，他與周圍難友論古說今，談笑自若，互相勉勵得到安慰。

豐子愷蓄鬚，是為紀念辛勞的母親去世時開始留著的，但在文革批鬥時，被當做復古懷舊的象徵而被造反派剪掉了。豐子愷強忍悲痛，解嘲說：「野火燒不盡，春風吹又生」。

在文革中，豐子愷工資被扣，家中缺錢用，夫人徐力民去銀行取錢，被銀行凍結了，沒有取到。造反派反映到張春橋那裡，張春橋知道了，立刻在一次會上叫囂說：「要有階級鬥爭觀念，要提高警惕性！譬如反共老手豐子愷就很不老實，叫他老婆去銀行取款。……要注意階級新動向」。

1974 年，四人幫借批大儒為名，炮製了所謂「黑畫展」。豐子愷自然不能倖免。他畫的一幅〈滿山紅葉女郎樵〉原是蘇曼殊的詩句。畫中樹上飄下三片紅葉。不得了，批判者認為這是影射三面紅旗落地，要批判。〈賣花人去路還香〉，這原是一幅以賣花姑娘為題材的畫，批判者認為豐子愷自詡為賣花姑娘，被打倒後還不臭，有復辟思想。

生病本是人人所怕，然而對豐子愷來說倒是求之不得的天大好事。生病可以憑醫生病假單在家休息，無需到牛棚或去參加勞動。那時，他寫過一首詩說：

「歲晚命運惡，病肺又病足。

　　日夜臥病榻，食麵或食粥。

　　切勿訴苦悶，寂寞便是福。」

　　盼「解放」、盼「解放」，1972 年總算有了消息，審查結論怎麼說呢？「不戴資產階級反動學術權威的帽子，酌情發給生活費。」

　　既然不戴帽子，那就是說屬「人民內部矛盾」，但為何又像對待反革命份子一樣，只發給生活費而不恢復原薪呢？「反正市革委會怎麼定就怎麼定」。豐子愷不去多想它。李叔同先生當年的教誨時刻猶在耳邊，恩師超脫的精神境界，正好用來度過這險惡的環境。

　　「欲加之罪何患無辭　豆腐裡尋骨頭」

　　文革中批判豐子愷的漫畫是很多的，除掉上面已經提到的幾幅以外，還有幾幅是重點受到批判的：

　　〈城中好高髻〉就是其中之一。

　　　豐子愷〈城中好高髻〉一畫發表於 1956 年 11 月 25 日的上海《新聞日報》上，畫上畫著三個女子：一個梳高髻，一個畫廣眉，一個穿大袖，畫上題《後漢書》〈長安城中謠〉：「城中好高髻，四方高一尺；城中好廣眉，四方且半額；城中好大袖，四方全匹帛。」後面還題上：「改政移風，必有其本，上之所好，下必甚焉。」

　　　1957 年，豐子愷在上海《文匯報》上寫了一篇〈元旦小感〉，對此畫加以引申，文章不長，今抄錄如下：

　　　「1957 年元旦到了。想起了某古人的一首小詞的開頭三句：『春日宴，綠酒一巵歌一遍，再拜陳三願……』，我也在元旦陳願，但是沒有酒，沒有歌，只能陳一願：

　　　1956 年 11 月 25 日，我曾經在新聞日報上發表一張小畫。畫中描著三個奇形怪狀的女人：一個女人頭上梳一個髻，有一尺多高。第二個女人的眉毛畫得很闊，占據了半個額骨。第三個女人的衣服的袖子非常大，拖在地上約有七八尺，又轉一個彎堆在地上。這幅畫寫著一個畫題：『城中好高髻，四方高一尺。城中好廣眉，四

方且半額。城中好大袖，四方全匹帛』。畫題下面還有
小字：『後漢書·長安城中謠。注云：改政移風，必有
其本。上之所好，下必甚焉。1954年深秋子愷畫。』

　　近來有些號召提出之後，我似乎看見社會上有許多
同這三個女人一樣奇形怪狀，變本加厲的情況，因此畫
這幅畫。

　　我但願1957年以後不再有這種奇形怪狀、變本加厲
的情況出現。

　　這幅漫畫針砭時弊的諷刺意味是很明顯的。豐子愷
在題中也已點明。但是僥倖，1957年時，豐子愷未戴上
右派份子的帽子。可是「文革」就不一樣了，「漏網大
右派」是豐子愷當初罪狀中被叫得最響的一個。

　　文革運動開始不久，這幅漫畫就首當其衝。大字報
批判他說：「當時正是匈牙利反革命事件爆發不久，國
內外反動派蠢蠢欲動的時刻，正處在右派份子猖狂向黨
進攻的前夕，一貫反共的老手豐子愷，立刻跳出來，配
合了這股反革命的氣焰。

　　豐子愷借古諷今，說明如果城中（指上面）提倡梳
高髻，那麼下面的人就會把頭髻梳得越高越好，甚至一
尺多高。如果上面提倡寬的眉毛，那麼下面的人一定會
把眉畫到半個額頭寬。如果上面要提倡大袖子的話，下
面的人就會用整匹布做袖子。以此來影射當中央決定政
策，下面地方上的各級黨政領導就會變本加厲地盲目執
行，不切實際的浮誇風，弄得『奇形怪狀』。豐子愷還
唯恐人家看不懂，又加上解釋。畫上題：『改政移風，
必有其本。上之所好，下必甚焉』。他就是借此來製造
反革命復辟輿論。這是豐子愷1956年向黨、向社會主義
射出的一支毒箭，含沙射影的攻擊黨、攻擊黨的各項方
針政策。豐子愷早就是一個陰險毒辣的漏網大右派。」

（摘自「文革檔案」）

　　還有一幅〈剪冬青聯想〉的漫畫，作於1959年，此畫
將剪冬青樹比為砍頭一樣令人難以接受，以此來告誡人們，
要讓生物自由地生長。豐子愷對此畫也曾十分得意過，並
將畫意比擬於文藝現象。他在1962年上海市第二次文代會

上的發言中，特別對此畫加以說明。他說：

> 「關於『百花齊放、百家爭鳴』我還有一點意見。百花齊放已經號召了多年，並且確已放了許多花。但過去放的，大都是大花、名花，大多含有意義。例如梅花象徵純潔，蘭花是王者之香，竹有君子之節，菊花有凌霜耐寒。還有許多小花、無名花，卻沒有好好地放。『花不知名份外嬌』，在小花無名花中，也有很香很美的，也都應該放，這才是真正的『百花齊放』。再說：既然承認它是香花，是應該放的花，那麼最好讓它自己生長，不要『幫』它生長，不要干涉它。曾見有些盆景，人們把花枝彎轉來，用繩繫住，使它生長得奇形怪狀，半身不遂。這種矯揉造作，難看極了。種冬青做籬笆，本來是很好的。株株冬青，或高或矮，原是它們的自然姿態，很好看的。但有人用一把大剪刀，把冬青剪齊，彷彿砍頭，弄得株株冬青一樣高低，千篇一律，有什麼好看呢？倘使這些花和冬青會說話，會暢所欲言，我想它們一定會提出抗議。」
>
> 　　文化大革命批判豐子愷者說：豐子愷的漫畫〈剪冬青聯想〉和文代會上的發言，是惡毒攻擊黨對文藝工作的領導，狂熱鼓吹資產階級自由化，主張讓資產階級文藝「自由成長」，占領社會主義文化陣地。豐子愷還污蔑黨對文藝事業的領導是「干涉」，是「把花枝彎轉來，用繩繫住，使它長得奇形怪狀，半身不遂」，是「用一把大剪刀，把冬青剪齊，彷彿砍頭，弄得株株冬青一樣高低，千篇一律，有什麼好看呢」，甚至要文藝界向黨「提出抗議」，真是猖狂到極點！
>
> 　　　　　　　　　　　　　　　　（摘自「文革檔案」）

　　尤其令人不可思議的是豐子愷的一些風景畫和古詩畫，也被捕風捉影地、繪聲繪影地成了大毒草。

　　豐子愷漫畫〈船裡看春景〉，本是一幅寫生畫。畫面上畫著一只船，坐著許多遊客，游行在農村的河面上。河岸邊種著桃花樹、垂柳，這是一幅歌頌農村生活安寧和諧的畫面。這是豐子愷 1960 年在江南旅遊時的寫生畫。畫面

上題著：

「船裡看春景，春景像畫圖。

臨水種桃花，一株當兩株。」

可是到了文化大革命時，這幅畫又成了豐子愷惡毒攻擊人民公社的黑畫。

批判者說：「人民公社是我國人民由集體所有制逐步過渡到全民所有制、由社會主義過渡到共產主義的最好的社會組織形式，這是一個偉大變革，是我國人民群眾在毛澤東思想照耀下的偉大光輝的創舉。人民公社的巨大成就必然遭到國內外反動派的攻擊誣衊，他們拼命地狂吠：『人民公社辦糟了……。』豐子愷也迫不及待地對人民公社進行大肆攻擊。」

「畫中的牆上寫著『人民公社好』五個字，村頭臨水種了一枝桃花，倒影映在水裡，而畫中題了詩。豐子愷誣衊人民公社的光輝景象就像坐在船上看春景，只不過像圖畫一樣，是虛假的，諷刺人民公社是『鏡中之花』、『水中之月』，就像臨水種的桃花一樣一枝當二枝罷了，是浮誇的。

「豐子愷明目張膽地公開咒罵人民公社，其反黨反社會主義的反革命猙獰面目不是昭然若揭了嗎？」

（摘自「文革檔案」）

文化大革命以前，（63年）豐子愷畫過一幅「大兒鋤豆溪東，中兒正織雞籠。最喜小兒無事，溪頭看剝蓮蓬」的詩意畫，這是首宋辛棄疾寫的名篇。原詞為：「茅簷低小，溪上青青草。醉裡吳音相媚好，白髮誰家翁媼？大兒鋤豆溪東，中兒正織雞籠。最喜小兒無賴，溪頭臥剝蓮蓬。」詞的意景非常美。

茅屋，座落在溪水邊上，那裡長著綠絨毯般的青草。酒有點喝醉了（指辛棄疾自己），迷糊中聽見茅屋中有人講著柔和的南方話（吳音，吳語），非常悅耳。定睛一看，原來是滿頭白髮的老倆口在敘家常。屋外，他們的大兒子

在小溪東邊的地裡鋤豆除草；老二正在屋簷下編織雞籠；
最空閑有趣的是小兒子，他採摘了一大把蓮蓬，躺在溪邊
草地上剝蓮子，正吃得歡暢。

　　這闋詞寫出農村小景，江南農村的環境美、老小兩代
人的淳樸、勤勞有趣。由於抓住了淳樸、勤勞這些農民身
上較為本質的特徵，雖然只有寥寥幾句，卻給人以美的享
受。在畫裡，豐子愷把原詞抽出了四句，並把第三句：「最
喜小兒無賴」改成為「最喜小兒無事」，使字更為通俗好
懂，透露出豐子愷對農村、勞動人民的好感。

　　可是這幅畫，到了文革時的造反派手裏，卻變成了大
黑畫。你看：剝蓮蓬、織雞籠、種自留地，這不是都在鼓
吹單幹，宣揚個人發達致富的小農經濟思想嗎？這不是與
當時的集體經濟、人民公社唱反詞？讓貧下中農再吃二遍
苦，當然是反黨反社會主義的大黑畫了。所以當時大字報
批判他說：

　　「1962年，正當國內外階級敵人向黨向社會主義猖
　狂進攻之際，當時中國的赫魯曉夫誣蔑大躍進是『一轟
　而起』、『使群眾的熱情和幹勁受了挫折』，胡說什麼
　『人民公社辦早了』、『辦糟了』，於是社會上便刮起
　了『三自一包』的陰風，什麼『包產到戶』、『責任
　田』、『自由市場』和毛主席唱對台戲，惡毒攻擊三面
　紅旗。
　　　豐子愷這個老混蛋，緊跟他的黑主子，配合當時的
　形勢拋出了這幅黑畫〈辛稼軒（即辛棄疾）詞意圖〉。
　宣揚單幹的『優越』、個體的『樂趣』，在他眼裏，剝
　剝蓮蓬、織織雞籠、種種自留田這種生活是最適意的，
　正是『吃飯靠自留地』、『用錢靠老母雞』的謬論。豐
　子愷大力宣揚個人發家致富的小農經濟思想，鼓吹單幹，
　就是想把歷史重新顛倒過來。」

　　　　　　　　　　　　　　　　（摘自「文革檔案」）
儘管豐子愷受到種種批判和迫害，但是熱愛這位畫家

作品的人都時刻懷著不安的心情關心著他的處境。有次他在上海靜安寺一帶被遊鬥時，有個青年看到他掛的牌子，知道他就是老畫家豐子愷，便一直追隨左右，一直暗中保護他；遊街結束時，他對豐子愷耳語說：「豐老先生，我很尊敬你，望多保重。」

還有一次，豐子愷被強迫勞動，要這位七十多歲的老畫家在上海市汾陽路北口爬上幾十尺高的竹梯，去貼一張張批判自己的「大批判專欄」，路過的和圍觀的人群無不為這位年邁的老畫家擔心。下面圍成了「人墊」。

朱光潛先生在〈緬懷豐子愷老友〉一文中說：「他老是那樣揮然本色，與世無爭，既好靜，又好動，沒有一點世故氣。……豐子愷從頂至踵渾身都是個藝術家。他的胸襟、他的言談、笑貌、待人接物，無一不是藝術的，無一不是至愛深情的流露……。」

□ 瀟灑風流永憶渠

經歷文化大革命以後，豐子愷的健康日漸衰弱。1970年，豐子愷在鄉下勞動時受了風寒，後來轉變為中毒性肺炎。

1975年開始，發現右手手指麻木，高溫發燒，熱度一直不退。後來麻木部位逐漸上移，使整個右手都不能動彈。後來到上海醫科大學附屬華山醫院治療，經拍片檢查，診斷為右葉尖肺癌，而且已經轉移到腦部。由於腦神經的壓迫，所以右手甚至右半部身體都無法動彈了。後來更連舌部也不靈活了，話也訥訥的講不清楚。

1975年9月15日，一代傑出的藝術家、漫畫大師豐子愷終於在華山醫院的觀察室裡安祥地閉上了雙眼。

　　1975 年 9 月 19 日，由上海畫院牽頭，在龍華火葬場大廳爲這位前院長舉行了追悼會，畫院的畫師們差不多都來參加了。

　　1978 年，豐子愷終於徹底得到平反昭雪。中共上海市委批准：堅決推倒林彪、「四人幫」強加給豐子愷的一切誣陷不實之詞，爲豐子愷徹底恢復名譽。

　　1979 年 6 月 28 日，由上海市文化局，上海市文學藝術界聯合會、上海畫院等三個單位在龍華革命公墓大廳聯合舉行骨灰安放儀式。在悼詞中肯定了豐子愷數十年來在藝術教育和創作活動中對我國新文藝運動起了重要的作用，又在晚年時，爲我國社會主義美術和文學事業做出了新的貢獻。北京、上海、廣州等大城市的報刊雜誌先後發表了有關骨灰安放儀式的消息。

　　藝術是豐子愷的生命。豐子愷的作品在祖國的天南地北和海外發芽開花，他與讀者同在，人們永遠不會忘記他。正如他的老友葉聖陶先生在悼詞中所說的：

　　「瀟灑風流永憶渠」

數學奇才陸家羲（*1935～1983*）

～擷取世界數學皇冠明珠的數學奇才～

說他是位小人物，可以！他普普通通大學畢業，分配在中學裡教物理，是普普通通的一名中學教師。

說他是位大人物，也是！他含辛茹苦，獨坐寒窗，鑽研數學，拼搏了二十多年，攻克了世界數學難題「寇克曼系列」和「斯坦納系列」，擷取了數學皇冠上的一顆顆明珠。這是一項轟動全國、震驚世界的科學成就。在世界數學王國的無數分支中，他是一路冠軍呢！

國際組合數學界的一些權威人士認為：「這是國際近20年來組合數學中的最重大成就」。國內專家學者認為：「他的科學成就不在陳景潤之下」。若問這一成就有什麼實際意  義，它將廣泛地應用於空間技術、原子能技術、計算機、通訊網絡、遺傳工程、人工智能、信息編碼、概率統計，以及物理、化學、生物……等現代化高新科技技術中。他的成就震驚了國際數學界，他把中國組合數學一舉推向了世界的前列。

可是他不等金牌掛在胸前，就一聲不吭地離開了人世，沒有留下一句遺言。他是中外數學界的著名人物，是名人就值得我們把他的事蹟、經歷好好地介紹介紹。

□ 陸家羲與陳景潤

在漫長的數學歷史長河中，近幾百年來，世界上留下

不少數學難題，這些數學難題，看似簡單，但長期以來無人能證明。例如「哥德巴赫猜想」，就困惑了多少代數學家。

十八世紀過去了。

十九世紀過去了。

兩百多年來，「哥德巴赫猜想」引無數英雄竟折腰。世界上多少數學家想給這個猜想做出證明，但都沒有成功。歷史又帶著這道數學難題進入了二十世紀。

在二十世紀六〇年代，我國數學家陳景潤為了攻克這道數學難題，把自己關在只有六平方米、不規則的一個陰暗的小房間裡，通宵達旦，廢寢忘食地為攀登這一高峰而奮鬥不息。歷時數年，草稿紙裝了幾大麻袋，硬是用手工演算，寫出了長達二百多頁的論文。1966 年 5 月，終於摘下了數學皇冠上的一顆明珠，在「哥德巴赫猜想」的馬拉松長跑中，他在國際上一直處於遙遙領先的地位而名揚於世。

遺憾的是，正當陳景潤如日中天，在數學王國裡遨遊，大有作為的時候，不幸發生了車禍。1984 年 3 月，陳景潤從書店買書出來，被一輛飛駛而來的自行車撞倒在地，昏迷了好幾分鐘，不省人事，結果腿被摔傷。

真是禍不單行，僅距上次車禍一年左右時間，他仍到書店買書出來，這次車禍更慘，下車時，人們爭先恐後地擁擠，竟把文弱的陳景潤擠踩到車子底下，差一點送命。這位把生命畢生獻給科學事業的數學家，大腿股骨發現嚴重裂痕。儘管醫院為他採取措施，竭盡全力進行搶救，從此陳景潤就一直臥床不起，一天不如一天，終於在 1996 年 3 月 10 日走完了他的一生，終年僅六十三歲，讓世人無不感到痛惜。

　　有人說：如果陳景潤有輛汽車就好了，那就不必步行，那麼那輛自行車也就不會撞倒他了。難道世界著名的數學大師比不上一個十品芝麻官——鄉長或鎮長，不夠資格派一輛汽車嗎？可是陳景潤沒有，陳景潤確實不幸。

　　無獨有偶，陳景潤固然不幸，可是比他不幸的還有人在！本文要介紹的就是一位含辛茹苦、獨坐寒窗，花了二十幾年的時間攻克了世界數學難題「斯坦納系列」，摘取了數學皇冠上的另一顆明珠。這是一項轟動全國、震撼世界的科學成就，在數學王國的無數分支裡，他是一路冠軍。由於錯綜複雜的社會因素，積習和偏見，長期以來國內很少有人理解他、支持他，一直到他名揚國外時，國內才發現了他，可惜他不待榮譽加身，金牌掛在胸前，就一聲不吭地離開了人世，終年才四十八歲，英年早逝，實在可惜、可悲、可泣。

　　他就是我們的傳主陸家羲。

☐ 他在數學王國裏遨遊

　　陸家羲，1935 年 6 月 10 日出生在上海的一家貧苦家庭裡，靠父親陸寶祥擺攤做小生意過日子，由於生活的艱難，母親也不得不出去幫人家漿燙縫補衣服以補貼家用。一家人省吃儉用，送陸家羲上學讀書，把全部希望寄託在兒子的身上。

　　陸家羲從小喜歡讀書，五歲進了學校，十歲就考進了中學，成績還名列前茅。老師對班級中這位最小年紀的學生誇讚不已。但好事多磨，陸家羲初中剛剛畢業，父親就因勞累過度一病不起，去世了。為了照顧家庭的生活，陸家羲只好停學到一家汽車五金材料商行做學徒，一個年僅

十四歲的小孩就用自己稚嫩的雙肩挑起了養家糊口的重擔。

1951 年，陸家羲經過考試，進入東北電器工業管理局統計訓練班學習，三個月以後，就分配到哈爾濱電機廠生產科搞統計。然而他好學成性，不僅在業餘時間補習高中文化，而且還參加俄語學習班的學習，他對天文、地理、文學、哲學都很有興趣。

1957 年，陸家羲考入東北師範大學物理系，除物理學之外，他對數學更是情有獨鍾。

和陳景潤一樣，陸家羲在上中學時就酷愛數學。

人的思想有時很怪，有的往事，如過眼煙雲，來無影、去無蹤，不留一點痕跡，有時一件小事，倒會使你刻骨銘心，歷歷在目，讓你永記不忘，甚至影響你的一生。

抗日戰爭年代，許多大學從大城市搬遷到內地或者山區，西南聯大就是由著名的北京大學、清華大學和南開大學從當時的北平、天津搬到雲南昆明去的。那時物價飛漲、工資遠遠跟不上物價，所以大學裡的教授也到本地中學來兼課，給跟他們一道流亡到內地的家庭多少增加一些生活補貼，改善一些生活。日本鬼子剛剛投降那年，陳景潤到福州英華中學唸高中，碰上一位很有學問的數學老師，名叫沈元，他原來是國立清華大學工學院航空系的系主任，後來成為北京航空學院的院長，全國航空學會理事長。

沈老師知識淵博，誨人不倦，他上數學課時給同學講了不少有趣的數學故事，不少原來不喜歡數學的學生開始愛上了數學，而原來喜歡數學的學生就更不用說了。他給學生講了中國古代數學的光輝歷史，如《孫子算經》，其中有條餘弦定理是首創的，後來傳到西方，稱之為《孫子定理》，是數論中的一條著名定理，明代以前中國在數論方面對人類有過很大的貢獻。還說，南宋數學家秦九韶著

有《數書九章》，他的聯立一次方程式的解法比瑞士大數學家歐拉的解法早出了五百多年。元代大數學家朱世杰所著的《四元玉鑑》中，他的多元高次方程的解法，也比法國大數學家畢朱早出四百多年。只是明清以後，中國才落後了。陳景潤聽得像著了迷一樣。「哥德巴赫猜想」也是沈元老師在課堂上給他們介紹的。沈老師說：「自然科學的皇后是數學，數學的皇冠是數論，『哥德巴赫猜想』是皇冠上的一顆明珠。」

陳景潤聽了驚訝得眼睛瞪得大大的：要是能摘下這些明珠該多好，從此就立下愚公移山走向數學拚搏的決心。

陸家羲也和陳景潤一樣，他在中學時就很喜歡數學。當時他買到一本孫振瀛先生編著的介紹組合數學的小冊子《數學方法趣引》，在這本書裡孫先生介紹了許多趣味數學和科學故事。孫先生介紹說：西方大數學家寇克曼在1850年提出一個數學問題：「某寄宿學校有 15 名女生，她們經常每天 3 人一行散步，問怎樣安排，才能使每個女生同其他一個女生同一行中散步恰好每週一次？」孫先生介紹說：這個問題看上去似乎很簡單，但實際上是個非常深奧的數學難題，這就是後來人所稱的著名的「寇克曼女生問題」，是一百多年來世界上無人能解的數學難題。

此外，書中還介紹了「斯坦納系列問題」也是著名的世界數學難題……等等。這一連串引人入勝的數學難題，對剛剛步入數學科學殿堂的陸家羲來說，這些難題深深地、磁力般地吸引住他，情不自禁地投入了它的懷抱。

陸家羲在大學裡把全部精力傾注在學習上，每門功課成績都十分優秀，除物理以外，他對數學更是情有獨鍾，一有空就鑽研數學，手不釋卷，埋頭攻讀，幾乎達到如醉如癡的程度：自修室、圖書館、閱覽室成了他遨遊數學的

廣闊天地。他是圖書館裡的常客，圖書館管理員不用問，就知道他要借的是什麼書。在大學裡，他度過了 1400 多個廢寢忘食的日日夜夜。

1961 年，陸家羲從東北師範大學物理系畢業了，那年他 26 歲，在盛暑還未退盡、熱浪還發著餘威的時候，他被分配到內蒙古包頭鋼鐵學院任教。這時他唯一親愛的母親已經去世，他成了一個無依無靠、無根無蒂、孤苦伶仃的人。現在他獨自一人踽踽而行，開始走向生活，他穿著母親生前為他做的布鞋，身上穿的是他母親親手織的，用土布製的、臨行時密密縫的打滿補丁的衣服，臉上架著一付深度的近視眼鏡，身子略高，清瘦而有點彎腰弓背，臉色蠟黃，很明顯是由於營養不良和用功過度造成的。

那時的包頭正在建設之中，大道上載重卡車川流不息，你來我往，塵土飛揚，路上行人卻不多，舉目四望，四周似乎有點蕭索。陸家羲風塵僕僕地來到這裡，他不時把背包從左肩換到右肩，深怕有人搶走似地，可誰能知道他的黃色布包裡正裝著世界數學皇冠上的一顆明珠呢？

現在他即將踏上工作崗位，走向生活，在舉目無親的地方，開始走自己獨立的人生之路。他不知前途如何，是平坦？是坎坷？眼前一片迷茫……。

陸家羲尋尋覓覓，終於找到了包頭鋼鐵學院。這是一所專為包頭鋼鐵公司培養幹部的學校。傳達室同志接過遞上去的介紹信，從眼鏡片後面透露出瞇成一條細縫的眼睛，對他瞅了一陣，然後露出一絲笑意，啊！來了一個書呆子。

確實，陸家羲在現實生活中磨練成一個神情淡漠，行動沉著，鬱悒寡歡，寡言少語的人。

他沒有料到在包頭他會碰到那麼多的不幸。

在同事們的眼中，他是一個迂腐的人，既「怪」又

「呆」，除非工作上有什麼聯繫，或繞不開的交往，誰都
不願意和他打交道或接近，他自己也許還沒有覺得呢！陸
家羲也樂得把自己關在小房間裡，任憑自己思想自由馳奔，
只有上課或吃飯才離開房間。一日三餐他幾乎都忘記了時
間，只當他聽到門外自來水嘩嘩作響的洗碗聲音時，他才
想起該是吃飯的時間了，他匆忙端起飯盒奔到食堂，胡亂
買上一些。有時人家老遠看到他來了，就「拍」地一聲把
窗口關上，他愣了一陣，悵然地拿著飯盒回到房間，他有
沒有為自己弄點吃的，誰也沒有注意。

這一年的 12 月 30 日，大家高高興興地都在準備過新
年了，有家可歸的老師也都相繼走了。陸家羲把他嘔心瀝
血寫成的論文《寇克曼系列》和《斯坦納系列製作方法》
寄給北京「中國科學院數學研究所」。中國科學院數學研
究所是中國數學界最高的學術研究機構，他想他們一定會
對自己的論文做出評價，所以他滿懷希望地期待。一個月
過去了，半年過去了，一年又過去了，論文原封不動地退
了回來，附來一張模稜兩可的回信。陸家羲手捧回信，哭
笑不得，不知該說甚麼好。

陸家羲沒有失望，他繼續修改補充，完善他的論文。
可是包頭鋼鐵學院和包頭市圖書館都找不到有關組合學方
面的參考資料，更不要說國外有關的期刊了。

陸家羲利用假期舉債乘車來到北京圖書館，晚上住進
小店，後來錢不夠了，就在火車站同一些旅客一樣躺在地
上過夜。在這座知識的海洋裡，他經過反覆查證，證明自
己論文的結論準確無誤，他已經解決了「寇克曼系列」問
題。

1963 年春天，僅距上次寄出論文一年半的時間，他把
修改過的論文投寄到《中國數學通報》。《中國數學通報》

和《數學學報》這兩家刊物是最具權威的數學雜誌，它們是中國科學院直屬的學術刊物。然而，又蹉跎了一年，才回信叫他另投其他雜誌。

對每個人來說，自己的勞動不被人家承認是最傷心的事，然而陸家羲並不氣餒，再次把論文進行修改，他把「寇克曼系列」推廣到四元組，於 1965 年冬，他把論文寄給《數學學報》，1966 年 2 月，他收到了這家學報的退稿信，編輯部這次很乾脆，明確表示論文「沒有參考價值」。

☐ 在「文革」中

1966 年，文化大革命開始了，起初很少有人意識到這是一場曠日持久、歷時十年浩劫剛剛拉升的序幕。包頭雖地處塞北邊關，但這場風暴就像瘟疫一樣迅速蔓延開來，波及全市、全院，廣大師生滿懷激情地投入這場運動，青年學生更是找到發洩多餘精力的機會。

運動初期，還僅僅限於貼一些零零星星的大字報，內容廣泛而空洞。到後來，大字報的數量越來越多，校內所有佈告欄、報刊閱覽處、黑板報……以及露天的牆壁都已不敷應用，大字報逐漸蔓延到大樓的內部！走廊兩旁、教室和飯廳四周也都是鋪天蓋地的大字報。這些地方仍然不夠用，於是一大批蓆棚被搭建了起來，專供貼大字報用。早期的大字報只有一、二張，三、四張紙，後來變成了幾十張、上百張的長篇大論，像拉麵條一樣，越拉越長。大字報內容除批判資產階級思想、批判當權派、走資派之外，還有宣佈成立紅衛兵組織、戰鬥隊、造反隊等的成立通告。最後蓆棚也不夠用了，於是大家就動手搶佔地盤，搞覆蓋。你貼我蓋，你蓋我撕，上千人的大行動，全校沸沸揚揚，

十分熱鬧。

不久，全市的工廠、學校、機關、衛生部門⋯⋯甚至某些部隊紅衛兵，打著破四舊、立四新、打倒封、資、修的標語，上街掃蕩「污泥濁水」，凡與四舊有點沾邊的東西一律在清除之列。地、富、反、壞、右更是倒霉，一天數次輪番來家裡抄家、要砸就砸，要拿就拿，搞得你家徒四壁、傾家蕩產，家中所有書籍、字畫統統沒收，一大卡車一大卡車拉到造紙廠去。

最初，陸家羲對外面發生的一切，採取不聞不問的態度，大有像桃花源記中所說的：「乃不知有漢，無論魏晉」。然而樹欲靜，而風不止，文革旋風席捲全國，不容你躲在小房子裡搞「自留地」。

各造反派、紅衛兵組織後來分成幾派，互相指責、打內戰、唯我獨革、唯我獨左，把對方當成反革命。陸家羲出身貧苦、歷史清白，為人正派老實，各造反派的紅衛兵，都想把他拉進自己的組織，藉以壯大自己的聲勢，點綴點綴門面。可他哪派也不願參加，後來迫得沒有辦法，為了減少矛盾，他自己成立了一個戰鬥隊，名曰：「海燕戰鬥隊」，把它貼在門上，他成了光桿司令，弄得別人丈二和尚摸不到頭腦，但這一招倒真靈，弄得他們不知這個戰鬥隊有多少人馬，於是不敢輕易上門，再來動員他。他既不寫大字報，也不搞批鬥會，更不搞打、砸、搶，只把自己關在小房間裡，在數學王國裡遨遊，怡然自得。

高校是文革的重災區，教師很快就成了學生批鬥的對象，首當其衝的是學校的當權派，地、富、反、壞、右份子，然後是那些有一些業務水平，而人緣不好又無靠山的教師。陸家羲就屬於這後面一類。他被指責為走白專道路，有成名成家思想，想出風頭的典型。在批判會、鬥爭會中，

他被拉去陪鬥，後來則變成單獨批鬥。最後是這一派批、那一派鬥，像走馬燈似地，沒完沒了。一些別有用心的壞人還從中挑動紅衛兵抄他的小房間，尋找他寫的論文。幸而他寫的草稿很多，紅衛兵分不清楚哪些是論文哪些是草稿，亂翻了一陣之後，不得要領地統統拋在地上，用腳亂踏亂踢一陣，然後揚長而去。

陸家羲看到自己數年心血毀於一旦，不禁全身發抖，雙淚直流。他趴在地上把稿紙一張一張地攤開，一張一張地尋找，最後終於找回論文的一大部分，趁紅衛兵精疲力盡、打著哈欠，偃旗息鼓休息的時候，他把殘缺的部分重新補上，一聽到門外腳步聲，就趕快把稿子塞在席子下面，就像捉迷藏一樣。結果他整整花了好幾個星期的時間才把論文補齊。

在那段時間，他什麼苦頭都吃過，批判會只能算做「小品」或「小菜一碟」。脖子上掛上大木牌子，立在搖搖晃晃的長木凳上，雙手反綁，坐噴氣式也是家常便飯。他根紅苗正，有什麼可以交代呢？造反派自知抓不到他的小辮子，撈不到什麼油水，只好把他送進幹校，名為勞動，實際上是勞改，他成了重點改造的對象。

陸家羲是一絲不苟的老實人，在勞動中也是循規蹈矩，從不弄虛作假，敷衍了事。他每天五點起床，按時報到，到點出工，一分一秒也不延誤。別人怕髒怕累的活，他從不計較，一個人默默地幹。勞動的內容幾乎天天改變，一天一個花樣：拔草、鋤地、挑水、播種、除蟲……樣樣都幹過，還不時參加批判會，寫自我檢查，交代……。這樣搞了一陣，最後怎麼定性處理他呢？這倒頗使造反派頭頭躊躇。他既不是當權派、又不是走資派，當然談不上打倒，平時他獨自一人，獨進獨出，不與別人來往。買書、看書、

寫文章，跟誰也不接近，所以也稱不上小爬蟲。

當時陸家羲以「怪」，以「呆」聞名學校，身上穿的百褶衣，破舊不堪，一雙翻毛的皮鞋春去夏來，秋盡冬到，一年四季穿在腳上，一有空就朝書店跑，一大捆一大捆地把書抱回來，寫呀！畫呀！比比劃劃呀！弄個不停；有時兩眼直瞪著天花板，一瞪就一、二個小時，人們常說；他中邪了。面對這樣一個「怪人」，唯一處理的辦法就是把他攆出去，調到別的單位，於是他從包頭鋼鐵學院調到中學，從大學教師變爲中學教員。對一般人來說，這是奇恥大辱，是可忍、孰不可忍，但對陸家羲來說，只要那裡太平，那裡沒有是非，就是求之不得的天大好事。

就這樣，陸家羲先調到包頭市教育局教研室，不久又調他去包頭八中、五中，後來又調到包頭 24 中學。

可是 24 中學不需要這樣迂腐的人，所以過不了多久，又把他踢到包頭九中，九中正缺少物理教員，最後他就在九中落腳生根了。

□ 「怪人」成家

1972 年，陸家羲 38 歲了，他從不考慮自己的個人問題、張羅成家。他自理能力很差，一日三餐不能定時安排，宿舍亂得不成樣子，簡直像個垃圾間。破的衣服東一堆、西一堆，毛巾、襪子「張燈結彩」地掛得滿房間都是。好心的人都爲他著急，一個男子漢怎麼能一輩子做光棍呢？於是有心人就爲他牽線搭橋。

第一個女同志，打扮得花枝招展，十分時髦，他覺得不行，怎麼辦呢？照直講吧，怕傷了人家的心。於是他轉彎抹角地談自己的工作、學習，隨手抽出一本書遞給她，

人家一看就嚇跑了，說他是個書呆子、蛀米蟲。

第二個是慕名而來的，陸家羲是大學裡的教師，風光過一陣。對方一進門，看見陸家羲又髒又亂的房間，用手捂著鼻子，把陸家羲從頭到腳打量了一番。她給介紹人丟下一句話：我以爲是什麼大知識份子，原來是個窩囊廢。

第三個就是後來和她成家的張淑琴，她是醫科大學畢業的內科醫生。張淑琴不愧爲醫務工作者，她性格文靜，外秀內聰、善解人意，比陸家羲少五歲。她過去受過心靈上的創傷，希望找個誠實，有事業心的人爲伴侶。她和陸家羲初次見面時，這位聰慧過人的女子，一眼就看出陸家羲內在的優秀品質。她摒棄人們對陸家羲的一些偏見，憑她自己的直覺，認定陸家羲是個正直，處事穩健，不隨波逐浪，不尚浮誇的人，她認爲陸家羲何怪之有，只是人們沒有看準他罷了。

人們常說隔行如隔山。不同的專業、不同的職業，兩者之間有時會隔著一條鴻溝。然而張淑琴和陸家羲並不這樣，他們互相尊重，勤勤懇懇地工作，遇事相互支持，生活上相互關心、體貼、愛護。儘管張淑琴聽不懂陸家羲所說的「寇克曼系列」和「斯坦納系列」，但她被陸家羲執著的追求深深感動，她理解他，眞情地支持他，願爲他付出自己的畢生精力，幫助他成功。

他們是在 1972 年下半年結婚的，新房就在陸家羲原來住的地方，全部家當就是一張床、一雙白坯的舊木箱和十幾箱書，沒有舉行婚禮。從此陸家羲有了一個溫馨的小家庭，有了賢慧的妻子，他無後顧之憂了。

數學明珠得而復失

　　由於文革動亂的影響，我國經濟處於崩潰的邊緣，科學研究更是停滯不前，而世界科學技術仍然一日千里地在發展、前進著。

　　對陸家羲來講，他白白丟失了幾年大好時間。

　　1971 年意大利的兩位數學家 R.查德哈里和 R.威爾遜，宣佈他們已經解答了「寇克曼系列」問題，聞名世界的數學雜誌《組合論》還全文刊登了他們的論文，他們向全世界宣佈他們已經擷取了數學皇冠上的這顆明珠。

　　這時陸家羲已經調入包頭 24 中學教書，教物理課。在封閉的包頭，他一無所知。陸家羲把自己關閉在一個小房子裡，一口窩窩頭，一口開水，他繼續在進行研究，陸家羲被蒙在鼓裡，他以為自己在 10 年前已經攻克了「寇克曼系列」。這顆數學明珠仍然捧在他的手裡。

　　1978 年 5 月 6 日，他把「寇克曼問題」和「構造寇克曼系列的組合方法」寄給《數學學報》。

　　1979 年 3 月 16 日，他又寄去「寇克曼四元組合系列」。

　　1979 年 4 月，他從北京圖書館借來 1974 年出版的《組合論》雜誌，他一打開書，不禁使他目瞪口呆，淚流滿面。《組合論》雜誌密密麻麻的英文字告訴陸家羲：「寇克曼女生問題」1971 年在國外已經解決了，而推廣到四元組的成果也於 1972 年發表了。

　　這對陸家羲來說，無異是當頭霹靂，這是多麼沉重的打擊呀！

　　「寇克曼系列」的科研成果，從 1961 年起到 1978 年，在陸家羲的身邊整整陪伴他 18 年。意大利數學家的論文比陸家羲的證明晚十年，但比陸家羲的論文早八年發表，在這場世界性的數學競賽中，冠軍本來應該屬於中國，但現

在卻落在意大利人手中，可想而知，陸家羲的心裡有多麼的難受，你說可悲不可悲。然而更可悲的是在這八年時間裡，陸家羲一直不知道國外情況，無法得到有關消息，他一直被蒙在鼓裡。

唉！這難道僅僅是陸家羲一個人的損失麼？

□ 向另一顆數學明珠進軍

陸家羲沒有被這一打擊所擊倒，他重新振作精神，繼續向另一座數學高峰攀登，他又開始向「斯坦納系列」進軍。

這一年，他被調到包頭第九中學，這是自治區的一所重點中學，他擔任高三年級的物理教師。在重點中學裡，為了保持學校的聲譽，教學工作的繁重是可想而知的，尤其面臨即將畢業的高三學生，升學率這根大棒時時在任課老師頭上揮舞。每周一次檢查，半個月一次測驗，一個月一次考試，平時還有摸底測試、聯考、模擬考試等等。每天三節正課，再加上輔導、批改卷子、作業本，他面對一百幾十名學生，他還時不時被指派去給他們補課。陸家羲還有什麼業餘時間呢？他的工作量被排得滿滿的，時間被擠得沒有一點空隙，他縱有數學才能和苦幹精神，但他缺少時間，他不得不熬夜，加班到深夜兩三點鐘，甚至通宵達旦，他的眼睛因經常熬夜而布滿血絲，臉消瘦了，而且過早的開始謝頂。

前事不忘後事之師，他時時記掛著「斯坦納系列」，他彷彿聽到國外同行在和他競賽的急促腳步聲，他緊鎖眉頭，不斷唉聲歎氣，他的妻子看到他喪魂落魄的樣子，看在眼裡，急在心頭，可是愛莫能助，一籌莫展。她把老母

送回原處，不讓小孩打擾他，她把家中一切重活輕活全部攬在自己身上，搶先把他們做完，以免他分心。

然而巧婦難為無米之炊。時間啊時間，陸家羲最需要的是時間，他覺得目前形勢就像一場把他手腳捆綁起來與外國同行進行的拳擊比賽。他面對一百多名像嗷嗷待哺的嬰兒一樣的高三畢業生，他又能有什麼作為呢？

他變得越來越「癡」，越來越「呆」了。當時學校內外流傳這這樣一些笑話：

陸家羲走路時，碰到人行道樹，他一個勁地向大樹道歉。

他給愛人送雨衣，雨衣拿在手裡，自己卻被撥瓢大雨淋成了落湯雞。

……。

古人說：「智者千慮必有一失」，說的是才智過人的人，有時也難免會有閃失。愛因斯坦是二十世紀公認的最偉大的科學家。據說他養過兩隻貓，一大一小，為了貓的進出，愛因斯坦開了大小二個洞，來客見了，很是奇怪：開一個大洞不是就可以了嗎？愛因斯坦才恍然大悟。

古人又說：「心不二用」，陸家羲滿腦子考慮的全都是數學公式，他經常處在「物我兩忘」的境地，忘掉周圍的一切事物，以物當人，這正是他全神貫注，醉心於數學的表現。

現在有所謂「白癡天才」，恐怕也是如此。其實他們一點也不「癡」，一點也不「呆」，其實他們是專注某一事物而不願分心的人。

由於身體健康原因，他患了牙周病，一累就痛，一痛就是幾天，一痛就去拔牙。結果沒有多久，他的一口牙齒就全部拔光了。

　　他狠下決心向學校要求不教畢業班，學校自然沒有同意。他又向教育局要求調到非重點中學任教，也沒有結果。

　　在這樣的條件下，陸家羲居然在 1980 年春天完成了「斯坦納系列」的前六篇論文的初稿，而最後一篇論文的六個特殊條件也已考慮成熟，歷時一百多年沒有人能夠解決的世界數學難題他基本上解決了，現在他的雙手已經快觸摸到數學皇冠上的這顆明珠，離開明珠只有一步之遙了。

　　這一年是陸家羲最幸福的一年，你看：陸家羲端端正正的坐在打字機前，雙手按動打字機，飛快地來回移動，一行行清晰美麗的文字像山泉一樣潺潺地流淌著。岳母、妻子、女兒全部發動，做飯的做飯、裁紙的裁紙，印刷的印刷……，溫馨和諧的小家庭，給他增添了巨大的安慰藉和樂趣。

　　他把論文寄到了北京。根據以往的經驗，他的論文要被人家承認、賞識，不是件輕而易舉的事情，可能要比他攀登這座科學高峰還要困難。

　　1980 年冬天，中國數學會內蒙古分會在包頭召開學術討論會，這次在自己家門口召開的學術會議對他來講真是機會難得，經一位了解他的同志的推荐介紹，陸家羲終於第一次走上講台，向與會代表宣讀他的論文：〈論不相交的斯坦納三元系大集〉，然而出乎意料的是，陸家羲在講台上侃侃而談，而台下聽眾神情淡漠，聽眾如霧裡看花，不知陸家羲所談何事。

　　這樣一個較高層次的學術討論會，反應竟會如此冷淡，真令人啼笑皆非。其實這不足怪，因為在科學王國裡，數學猶如一顆參天大樹，枝杈紛呈。〈組合論〉是一門新興的學科分支，只是繁花似錦的花叢中一顆含苞待放的蓓蕾。世界上除了少數數學家之外，不知〈組合論〉是何物的大

有人在。即使在我國的著名學府和最高科研單位也還沒有設置這樣的專業哩！

　　當然，這次學術會議給陸家羲的打擊是很大的，就像一個不被理解的小孩子受到別人的委屈一樣，心裡確實有點不好受。

□ 陸家羲的伯樂－朱烈教授

　　當年陳景潤從廈門大學畢業後，分配到北京的一所中學裏教書，陳景潤站在講台前面對幾十雙機靈而又狡黠的眼睛，有時還要弄點惡作劇的學生，陳景潤嚇得直打哆嗦。他是完全不適合當老師的。那所中學的校長正好碰到來北京開會的廈門大學王亞南校長，談起陳景潤，很是不滿意，提出一大堆意見，末了還加了一句：「你們怎麼培養出這樣的高材生？」

　　王亞南聽後大吃一驚，他一直認為陳景潤是他們學校裡最好的學生，他不同意那位校長的看法，他認為是分配工作中的失誤，他同意把陳景潤調回廈門大學。在廈大，陳景潤寫出了數論方面質量很高的論文，寄給了中國科學院數學研究所，華羅庚慧眼識英才，他看出氣勢磅礡的論文論證的嚴密性和結論的獨到之處，提議把陳景潤調到數學研究所來。

　　眾所周知：當年清華大學數學系系主任熊慶來教授睿目識華羅庚，今天華羅庚又慧眼識陳景潤，成為科學界的一段佳話。

　　那年正沉浸在不幸中的陸家羲這時也碰到一位伯樂。

　　陸家羲寄到北京去的論文，幾經周轉，最後轉到了蘇州大學朱烈教授的手中，朱烈教授仔細地看完論文以後，

他看出這篇論文質量的奇光異彩，光彩照人之處，正是這位伯樂，他成為中國第一個承認陸家羲論文有科學價值的人。朱烈教授深知國內錯綜複雜的社會因素，他建議把論文寄給西方幾個國家聯合創辦，由美國哥倫比亞大學出版的《組合論》雜誌。

這樣陸家羲不得不向美國《組合論》雜誌寫了第一封信，信中介紹了他已基本上解決了「斯坦納系列」問題。

回信很快來了，信中言簡意賅地告訴陸家羲：「如果是真的，那將是一個重要的信息。」信中又補充告訴他：「這個問題世界上許多數學家在進行研究，但離完全解決還十分遙遠。」

這封信給陸家羲帶來極大的鼓舞。信中關鍵的地方是向他傳遞了世界科學家這方面的真實消息；另方面也坦率地對陸家羲的研究工作流露出懷疑。因為瞭如指掌的「組合論」數學專家從來沒有聽說過中國有這方面的研究，更不相信一個中學的物理教師能夠在條件極端困難的情況下單槍匹馬解決「斯坦納系列」。

陸家羲接到這封信真是大喜過望，如大旱之望雲霓，不管美國人對自己有多大懷疑，他深信自己的論點是正確的，他不惜背水一戰。

陸家羲加班加點地再次修改了自己的論文，重新加以打印，他把六篇論文一股腦兒寄往美國。

不出一個月，美國復信來了，他們對論文的評語是這樣寫的：「這是世界上近 20 年來組合設計方面重大的成果之一。」

從這裡我們可以看到：美國科學家的工作效率是如何的高，態度是如何的認真。我們只要把陸家羲論文的旅行路程排一下就會發現：中國包頭→美國→加拿大→美國→

中國包頭，行程上萬公里。論文幾經閱讀、研究、討論、美、加聯繫、復信、傳遞……，僅僅只有一個月的時間。說句老實話，如果這種事情發生在中國，非得一年半載，甚至更長的時間不可。筆者最近就碰到這樣一件事：從鄭州寄到上海的一份樣稿，從 7 月 20 日付郵寄出，直到 8 月 5 日才收到，路上花了整整十六天的時間。我查閱了列車時刻表，從鄭州到上海的 1568 次普通列車，全程也不過 14 個小時。真難為了沿途的有關方面，竟「義務」幫我保管了這麼長的時間，沒有向我收取保管費。

1982 年 5 月，陸家羲接到美國哥倫比亞大學接受發表的通知書。

陸家羲也曾想到：論文最好在國內發表，他並為此做了二十多年的努力，結果雙手捧了十八年的一顆數學皇冠上的明珠被遲到十年的外國人奪了過去。

前事不忘，後事之師。陸家羲下定決心，在版權簽約書上簽了字。至少他要為中國人爭氣，不能讓「寇克曼系列」那樣的悲劇重新上演。

☐ 1983 —— 陸家羲年

1983 年是陸家羲短短一生中的黃金時期，是陸家羲被世界發現並承認的一年。

1 月份，美國《組合論》雜誌的編輯給他寄來了論文出版的通知，告訴他：他的頭三篇論文將全部在 3 月號的《組合論》雜誌上發表。在信中，雜誌的編輯對他的論文質量給予高度評價。

3 月份，陸家羲的三篇論文如期在《組合論》雜誌上發表了，他收到雜誌出版社給他寄來的 50 本樣書。

4月份，《組合論》編輯部又一次函告陸家羲：決定一併發表他的另外三篇論文。

此後不久，中國數學研究部門發函邀請原先審查陸家羲六篇論文的加拿大多倫多大學國際組合論數學權威門德爾松教授和滑鐵盧大學組合論專家郝迪教授來中國講學，並參加7月份在大連舉辦的中國首屆組合數學學術討論會。

門德爾松教授和郝迪教授接到邀請信以後，都感到奇怪，門德爾松教授驚訝地問道：請我去講學，講組合數學，你們中國不是有個陸家羲博士嗎？

門德爾松的一句話，馬上使陸家羲浮出水面。

7月初，陸家羲接到中國數學會的通知，請他在7月25日到大連參加中國組合數學學術會議。

同時通知他8月5日參加在合肥舉行的組合學講學會，並告訴他：門德爾松教授和郝迪教授要會見他。至此，被自己祖國埋沒了二十多年的一顆明珠終於出土了，發出熠麗光輝，陸家羲被推進了世界組合數學的前沿了。

有意思的是陸家羲在國內外名聲鵲起，越來越響亮的時候，包頭市教育局和包頭第九中學都不知道，不知道陸家羲在幹什麼，更不會知道陸家羲論文的科學意義和科學價值。陸家羲要參加大連會議，沒有他們頭點首肯是不行的。要參加大連會議，就必須向學校領導請示、領取旅差費。

下面一段對話很有意思：

「中國組合數學會議，和我們九中的教學工作有什麼關係？」

……陸家羲被問住了。

「你走之後上課呢？由誰來上？」

陸家羲怎麼解釋呢？組合數學不但和九中沒有關係，

就連中國的大學也還沒有開設這樣的課程呢？

事後，有記者爲陸家羲抱不平，他們說：「陸家羲應該這樣回答：組合數學與中學教學沒有關係，但和祖國科學前途密切相關，這是代表中國的學術水平呀！」

可是陸家羲沒有這個膽量，他愣了半天，方呑呑吐吐地迸出了一句：「那好吧！反正會議在假期裡召開，我利用假期去。」

「好！好！可是旅差費呢？那可緊哩，平均每人每年才 20 元錢。當然，首先是會議與學校教學無關。」

「……。」陸家羲又語塞了。他無以爲對，默默地退出了辦公室。

陸家羲可能不知道，學校每招收一個落榜的復讀生收取多少高額的費用，他教的幾個班級中有多少落榜生，他爲這些學生付出了多大的心血和勞動，爲學校創造了多少財富。

陸家羲不懂錢的哲學：「錢不是萬能的，但沒有錢是萬萬不能的。」古人有言：「水能載舟，也能覆舟」。陸家羲沒有理財的經驗。錢這個東西就像是個魔鬼，是洪水猛獸。陸家羲這位能解開世界數學難題的科學家，今天就被錢卡住了脖子，一籌莫展，動彈不得。

眼下這四、五百元錢該如何解決？

他跑到市裏，跑到科委，科委和九中聯繫，九中還是這句話：「我們沒錢」。

陸家羲四處碰壁之餘，感歎錢這東西眞會找弄人。

幸而天無絕人之路，學校儲金會的同志向他伸出援助之手，解救他燃眉之急，借給他四百元錢。他的妻子張淑琴也爲他張羅到 150 元。

7 月 24 日，中國首屆組合數學學術會議如期在大連召

開。第二天一早，加拿大多倫多大學門德爾松教授和郝迪教授會見了陸家羲，並向陸家羲提出邀請：請他到多倫多大學講課。

陸家羲彬彬有禮地向這兩位憐才、惜才的外國教授解釋說：「我國組合數學還不發達，我願意留在祖國繼續為組合數學做些有益的工作」。門德爾松教授對陸家羲的愛國之心非常理解，他用欽佩的目光望著陸家羲，隨手取下佩在自己身上的多倫多大學的校徽別在陸家羲的胸前。

隨後陸家羲以特邀代表的身份走上講台，向中國和世界同行鄭重宣佈：自己已經證明了「斯坦納系列」，然後開始宣讀他的論文。宣讀一結束，會場上出現了一陣躁動，繼而爆發出一陣雷鳴般的掌聲，水銀燈從四面八方向他投射過來，照相機卡嚓卡嚓地響個不停。認識陸家羲的人，和不認識陸家羲的人，以及了解陸家羲工作條件和困難處境的人，一齊向他歡呼，向他伸出崇敬的手。

中國應用數學研究所副所長徐利治教授代表大會以及自己研究所的名義邀請陸家羲到合肥講學。

而蘭州大學、內蒙古大學、哈爾濱工業大學、黑龍江大學、大連工學院、華中師範大學、華南師範大學……等高等學校紛紛邀請陸家羲到他們大學任教。

特別是內蒙古大學的代表，更是情真意切地對陸家羲說：「你還是留在內蒙古吧！你妻子是北方人，還是到內蒙古大學合適。」

會議結束時，徐利治教授應大家之託，特地從大連打電話給內蒙古數學分會、內蒙古大學數學教授陳杰先生，通報了陸家羲的情況，並要求他們今後對陸家羲的工作給予大力支持。

門德爾松教授和郝迪教授則表示，他們即將向加拿大

科學基金會申請一筆基金，以著名學者的身份和禮遇邀請陸家羲去加拿大講學。

□ 數學奇才的坎坷命運

陸家羲這個數學奇才在中國就像蒙塵的金子，今天終於拂去沾在金面上的塵埃，還它本來的面目，開始閃閃發光，發出奇光異彩，光彩照人，鮮豔奪目。

8月中旬，陸家羲從合肥返回包頭市。

9月，包頭市第九中學的校長收到了加拿大多倫多大學校長 D.W.斯特蘭格威博士的一封信，信的內容如下：

親愛的先生：

　　埃立克·門德爾松教授轉告我說，包頭九中的陸家羲是聞名西方的從事組合理論的數學家，並且說，有必要應同意把他調到大學的崗位，他要我轉告你們，這樣的調動對中國的數學具有重要作用，而且期望所表達的意願，能獲得許可。

您的真誠的

D.W.斯特蘭格威校長

原來門德爾松教授和郝迪教授返回加拿大以後，立即向多倫多大學校長介紹了陸家羲的情況，校長認為應該提請中國有關方面注意，及時把陸家羲調到最能發揮其特長的大學裡工作，這對中國的數學發展是有利的。

門德爾松教授、郝迪教授和 D.W.斯特蘭格威校長重視人才的精神是很令人感動的，他們不因國籍不同，隔著萬水千山、隔著重重的大洋，不厭其煩地親自寫信關心著中國一個普通中學教師的命運，其愛才、惜才、憐才的精神躍然紙上。

然而多倫多大學校長不了解中國的人事制度，不了解中國的國情，也不了解中國某些領導的責任心，不了解包

頭第九中學校長的內心世界。

對包頭教育局來說，陸家羲只不過是他們人事本上的一名普通教員。

對包頭市九中來說，陸家羲只是他們學校裡的一名普通物理教師，只要陸家羲完成教學任務，提高高考升學率，為九中爭得榮譽，保住九中這塊重點中學的「金字招牌」，不使降級為普通中學，他們就心滿意足，就高枕無憂萬事大吉了。

所以 D.W.斯特蘭格威校長不會收到包頭市第九中學校長的回信，那是意料中的事。

1983 年是陸家羲最勞累的一年。

這年 10 月，陸家羲接到通知，叫他到武漢參加在那裡召開的中國數學第四次全國代表大會。「中國數學會」是集全國數學精英於一堂的團體，那裡薈集著全國最有威望的數學家。大會邀請陸家羲做組合論的學術報告，這說明他將得到承認，從而成為中國數學界組合論的權威人物之一。

然而參加會議仍然必須跟學校領導商量。

「學術會議與九中何干？有什麼關係？」校長舊調重彈。

「……」。

「而且開會要請假，你走了，課由誰來上？」

校長極不情願地向他歎起苦經。

陸家羲仍然無言以對。

他只得另想辦法，請在本校一起教物理的老師幫他代課。

在武漢的會議中，人們對陸家羲所取得的研究成就驚歎不已。

那些睿智過人又深深了解國內錯綜複雜因素的大數學家們，只要把包頭九中、物理教員、教三個班級的畢業生、寇克曼系列、斯坦約系列……這些參數加在一起就算出陸家羲的智商多麼驚人！

一位數學家說：「陸家羲的成就不在陳景潤之下。」

陸家羲是位惜時如金、分秒必爭的人，在會議的間隙時間中，他抽空整理會議的筆記和講稿，同時盤算著完成他「斯坦納系列」那 6 個特殊值的第七篇論文。

會議結束以後，人家三三兩兩抽空參觀風光旖旎的東湖和林木蔥蘢的珞珈山、磨山風景區，雄偉壯麗的長江大橋，以及聞名於世的黃鶴樓……借以調節一下會議緊張的疲勞。有的則蹓躂蹓躂漢口繁華的商業街市，逛巨大的百貨公司，採購一些名土特產。可是陸家羲沒有，他歸心似箭，因為他想的是求人家代課，人家也有難處，應該早日讓他卸下負擔，所以他不待大會服務組為大家統一購買的臥舖，就急急忙忙地登上北上的列車。

會議期間他沒有片刻休息，火車上又是一天一夜沒有合眼。當他蹌蹌踉踉地走出北京火車站大廳的時候，他真想就地倒頭美美地睡上一覺，可他沒有，他想到趁這個機會到北京圖書館去調研調研。

陸家羲回到包頭是 10 月 30 日下午 5 時，正碰上職工下班的高峰，車站來了一輛車子，人群就像潮水一樣湧過去。車一停，大家就爭先恐後地擁擠著上車，你爭我擠。陸家羲沒有這個能耐，眼睜睜地看著一輛接一輛滿載乘客的車子開走了，他仍舊留在原來的地方未能上去。

他是個與世無爭的人，不要說要和人家爭車擠車，他在包頭工作了二十多年，被人家像皮球一樣地踢來踢去，從包頭鋼鐵學院踢到第二十四中學，又從二十四中踢到九

中，踢來踢去，他沒有爭過。

在九中，他帶三個班級，上 15 節物理課，還是畢業班，要加班加點補課、輔導，要批改一百九十本作業本和整捆整捆的卷子，每天熬到深夜，他沒有爭過。

他苦心孤詣寫成的論文，東投西寄，多少年來無人賞識，甚至轉來轉去弄得無影無蹤，杳如黃鶴，不知下落，致使「寇克曼系列」這顆明珠在他手裡熱呼呼地捧了十八年而被外國人搶走，他只有歎息悲傷，也沒有爭過。

每次參加學術會議、討論會，他的旅差費和時間都沒有著落，他也沒有爭過。

……。

陸家羲廢寢忘食，要爭的是時間，是祖國的榮譽，為了這，他嘔心瀝血，甚至賠上自己的生命。

等陸家羲擠上車，到達家中已經是晚上七點多了，這時他心裡很踏實，畢竟回到自己的家了，使他高興的是大會發給每人一小袋用以路上解渴的桔子，他一直捨不得吃，放在背包裡，掛在肩上，沒有被擠碎。這時他取出來，給岳母一只、愛人一只，女兒一只，唯獨他自己沒有吃。

陸家羲的住房很簡陋，一間房子，用一人多高的土牆一隔，一分為二，就算一間半了。岳母是個明白人，把外孫女兒領到外間，他們夫妻多時沒親熱了，應該讓他們說說知心話。

妻子張淑琴是個聰明賢慧的人，他們相互慰問幾句之後。

妻子問：

「看到陳景潤沒有？」

「看到了，但身體不大好，走路時拖著一條腿。」

妻子說：

「身體是根本，以後你要多注意。」

陸家羲一邊回答，一邊用手捂著嘴直打哈欠。

到底張淑琴是醫生，一眼看出陸家羲臉色有些不對勁，於是忙問：

「你感到身體怎麼樣？」

「沒什麼，只感到有些累。」

「那你去歇一會，床上躺一下，等會我叫你起來吃飯。」

「我只要靠一下就行，等會和孩子們玩。」

「玩的日子以後長著呢，睡吧！睡吧！」

誰能料到，陸家羲這一睡，就再也沒有醒過來。

他實在太累了，他是累死的。長期的勞苦勞累，損傷了他的肌體，加上長期營養不良，他的體力已全部耗光了，長年累月的超負荷工作，超過了他生理能承受的極限，像繃得緊緊的琴弦終於繃斷了。

陸家羲從武漢回到家中，僅僅只有幾個小時就長辭人世。

陸家羲走了！他走得太早了，走時他才 48 歲，多好的年華呀！

陸家羲走了！他走得太寒磣了，他走時依舊穿著來不及換下的那身風塵僕僕、沾滿塵土的、妻子為他縫製的中山裝，腳上仍然穿著那雙在武漢時沒有捨得丟掉去買一雙的、斷了鞋底線、張著大嘴的寬口布鞋。躺在陰暗潮溼的土坑上。

陸家羲走了！他走得太匆忙了，走時沒有給妻子和女兒留下一言半句遺言，沒有給她們留下半點遺產，只留下用十五只大木箱裝著的沉甸甸的書。背包裡留下了他最後一篇尚未來得及完成的「斯坦納系列」第七篇論文的草稿，

和兜裡還藏著沒有報銷著落的旅差費單據及 550 元的欠債單據。

陸家羲之死震驚了全國。

開追悼會的那天，北京有關單位的領導、包頭市的負責同志、包頭鋼鐵學院黨委和行政部門的領導、二十四中、九中的領導……，中國數學會內蒙分會主席陳杰教授、堅持邀請陸家羲到他們學校去工作的內古蒙古大學數學系系主任齊國政教授……以及陸家羲生前同事和他的學生，號啕痛哭地從四面八方一起向他走來。

陸家羲的死也震驚了國外學者，國外數學家的唁電和慰問信如數九寒天塞外飛舞的雪花，紛至沓來，遺體四周擺滿了潔白素淨的鮮花……。

那位熱心關注中國科學事業寫信給九中校長、建議安排陸家羲到大學去工作的多倫多大學校長斯特蘭格威發來了唁電，他代表門德爾松教授、郝迪教授和自己，對陸家羲之死感到非常沉痛，說這對中國的數學研究事業無疑是個重大損失。

國內各大報紙包括：《人民日報》、《光明日報》、《文匯報》、《內蒙古日報》都同時發表了陸家羲逝世的消息和他生前取得成就的報導。《人民日報》報導的標題是「拚搏 20 多年，耗盡畢生心血，中學教師陸家羲攻克世界難題斯坦納系列」。標題的含義概括了陸家羲艱苦奮鬥，攀登科學高峰的一生。這是黨和國家對陸家羲做出的最後結論。

☐ 一道錯綜複雜的社會難題

陸家羲死時，年僅四十八歲，正是人生的大好時期，

他的英年早逝，給我們留下了一道值得思考的難題。

一、不久前，中國科學院對全國 72000 名在職人員進行過一次調查，發現過去 6 年中，因病去世的科學家平均年齡只有 52 歲，而中國人的平均壽命是 72 歲。由於科學家的工作壓力和環境因素使中國科學家比普通人少活 20 年左右。

記得數學家張廣厚英年早逝時，他的老同學、當時的中國科學院數學研究所所長楊樂先生曾說過這樣一番話：張廣厚上有老，下有小，每月工資五十多元，平時省吃儉用，克勤克儉、精打細算，只求溫飽，不問營養。他長期奮戰在科研的第一線，在體力入不敷出的情況下他倒下了。

陸家羲又何嘗不是如此呢？

陸家羲在成家之前，他孑然一身，沒有人關心他，照應他，工資也只有五六十元。參加工作以後，工作負擔很重、工作量還不時層層加碼。他酷愛數學，並樂此不疲地忘我鑽研。一個超負荷工作又不善於照顧自己、保護自己的數學家，哪有不倒之理。

這裡我們要大聲疾呼，呼籲一些部門的領導同志應該像關心自己的子女那樣多方面關心你們身邊的知識份子，既關心他們的工作，也關心他的生活。我認為一個像保姆或護士那樣關心愛護職工的領導才是好領導。如果「琴弦已斷」才感到惋惜感歎，那是多餘的。

二、陸家羲的死不能不說是一大悲劇。悲劇的形成因素是多方面的。關鍵之一是我們缺乏一種尊重知識份子、尊重人才，讓他們充分發揮專長，施展他們聰明才智的機制和環境。我們國家對老一代科學家、老專家尚有尊重他們的傳統，但對年輕的後起之秀，也應同樣加以愛護，尊重獎掖，其中包括尊重他們的創造性勞動，創造性獨立見

解。人才，尤其是尖端人才，是國之瑰寶。古人尚能求賢若渴，三顧茅廬，認識到人才在富國強民中的作用。在科技興邦的新時期，我們更應該把發現人才，扶持後俊做為一件戰略大事來抓，各級領導要有識才之眼、用才之道、護才之膽。陸家羲悲劇的形成，對某些部門的領導著實敲了一記響亮的警鐘。

三、我們科研系統內部還有一種作繭自縛、妄自菲薄的作風。自己國家的人才，為什麼要等外國人來發現、推荐才能算數、才能引起重視？這樣的例子是很多的，中國科學院原子核研究所王之昌的發現也是一例。某些科研單位的領導人不願充分發動群眾，組織大家認真討論這些新秀的科研成果，就信口雌黃地加以否定。等到「牆內開花牆外香」，當國外發現之後才如夢初醒、恍然大悟、變成「外轉內銷」。

四、還有一種論資排輩的作風，凡小字輩，不問科學價值如何，動輒壓抑後起之秀，先來三斧頭，一律加以歧視。陸家羲是一名中學物理教員，辛勤鑽研二十二年，論文寄給好多有關部門，都沒有結果，僅僅只有蘇州大學朱烈教授一人細心地閱讀了他的論文，得出論文有科學價值的結論。可能朱烈教授深知國內一些錯綜複雜的社會因素，孤掌難鳴，才建議陸家羲把論文寄到國外去，豈不可悲？

唉！願今後國內有更好的人才成長環境，不再讓這類悲劇重演。

經濟學泰斗馬寅初（1882～1982）
～批錯一人，多生四億～

我國自 1979 年實行計劃生育以來，全國累計少出生了三億多人，它相當於一個多美國的人口。或者說：比英國、法國、德國、意大利、比利時、西班牙、葡萄牙等國人口總和還要多。有人說，如果早幾年推行計劃生育，那麼我國的人口豈不是可以更少生很多，譬如少生四億或五億，無疑我們現在的生活就會好過得多。

唉！偌大一個中國，怎麼就沒有人出這個「金點子」呢？

其實，有！不但有，而且早在五〇年代他就一直為計劃生育奔走、呼籲。他這一高瞻遠矚的建議，最初也得到了中央最高層的首肯。

然而天有不測風雲，人有旦夕禍福，他這一良好的願望最後被一些人視為「馬爾薩斯的人口說」。那時，我國流行的是「人多好辦事，人多熱氣高」，無論是戰爭年代的百萬雄師下江南或當時的抗美援朝和後來的大煉鋼鐵、工業學大慶、農業學大寨……等等，無一不是搞人海戰，動輒幾十萬、幾百萬，甚至上千萬，大家一哄而上。所以他的計劃生育就成了和主流派唱反調的「對台戲」。因而受到批判。大會批、小會鬥、全國上下一齊向他圍攻。然而他並不氣餒，他一直堅持自己正確的意見，他單槍匹馬、孤軍作戰，對不同意見他進行解釋，對惡意的攻擊，他進行反駁，可是他單身隻影，孤掌難鳴，加上輿論一律，有理無處申辯，最後還動用行政命令，撤他的職，罷他的官，

削職為民，剝奪他發表言論的權利。在高壓政策下，他被戴上了一項「資產階級反動學術權威」的帽子，單方面鳴金收兵。

到七〇年代，我國發現人口這匹脫韁的野馬，吞噬了我國大部分增產的糧食和資源，龐大的人口壓力阻礙了我們實現社會主義的步伐，這時方大夢初醒，才認識到計劃生育的重要性，到1979年，我國人口已經超過9億，計劃生育已為時過晚。如果當初就能採取建議，中國人口至少可以減少四億、五億，甚至更多，這絕不是聳人聽聞之言。

他是誰？

他就是我國聞名中外的經濟學泰斗，著名人口學家、教育家馬寅初先生。

□ 馬寅初其人

四五十歲以下的人，對馬寅初這個人恐怕不大熟悉。在上世紀的二、三〇年代，馬寅初以其經濟學的突出成就聞名於世。他是世界級的經濟學權威。他秉性耿直，剛正不阿，不徇私情，不屈不撓，對當時一些貪贓枉法等不良現象，深惡痛絕，特別對蔣、宋、孔、陳四大家族發國難財更是痛心疾首，恨之入骨。他經常奔走呼籲，寫文章、發表演說，痛斥時政弊端。蔣介石對他恨之入骨，但又礙於他是中外知名、享有崇高聲譽的經濟學家，只好採取軟硬兼施的政策，許他任財政部長，馬寅初不就，宴請他，他不去，蔣介石對他毫無辦法，最後只得把他軟禁起來，先是關在貴州息烽，後來移到江西上饒集中營，最後是四川重慶歌樂山。即便如此，他仍然不斷對當時政府進行抨擊，因此當時大家送他一個雅號：「一馬當先」，「唯馬首是瞻」。

馬寅初1882年出生於浙江嵊縣浦口，他排行第五，他

一生下來，哭聲就非常宏亮。人稱「五馬之子」，這五馬就是他姓馬，又是馬年、馬月、馬日、馬時出生，鄉下人盛傳「五馬齊全」，將來定是個前途遠大的人。

馬寅初的父親馬棣生是位配酒能手，在鄉下開了一爿賣酒的「馬樹記」夫妻老婆店，生意頗爲興隆。但是他五個兒子，除老大在外做買賣繭生意之外，其餘老二、老三、老四身體都不大好，只有馬寅初生得肥頭大耳，虎背熊腰，胖墩墩的非常結實，因此父母一心想要他接管門庭，把酒店傳給他，希望他在自己的酒店裏做一名賬房先生。

可是馬寅初性格倔強，酷愛學習，對家庭的安排表示不滿，他堅決表示不願意在家裏管理賬目，他要讀書，並以種種方式進行反抗。馬棣生不得不用大棒進行規勸，可是馬寅初抵死不願做生意。

馬寅初眼看進學堂讀書已無望了，就想用死來反抗，他竟一人跑到江邊，一頭跳進江水。

經人打撈，馬寅初大難不死，馬寅初這才在義父——父親的好友張江聲的幫助下帶到上海，進入上海虹口的一座教會學校——英華書館學習。馬寅初對來之不易的讀書機會非常珍惜，特別刻苦用功學習。這是馬寅初邁上人生的重要一步，他像一頭久困在籠裏的雄鷹，現在開始在廣闊的藍天裏展翅飛翔了。

馬寅初在上海讀書十分艱苦，一切費用由義父負擔，但義父張江聲在上海開的瑞綸絲織廠因受外商的欺榨，生意日趨凋零，除學費、住宿費之外，每日只有四毛零用錢。爲了節省開支，節約電費，他買來一盞油燈，代替電燈，而且只添一根燈草。

生活的艱辛，更磨練了他的意志。功夫不負有心人，經勤學苦讀，終於換來學習上的豐碩成果。1901 年，馬寅

初以優異成績考取了著名的北洋大學礦冶系，他想工業報
國，經過四年的刻苦學習，1905年，他又以北洋大學優秀
生的身份考取清政府選派赴美國的公費留學生，進入耶魯
大學學習，這時馬寅初認識到要富國強民，振興中國，必
須首先發展經濟，因此他第二年就轉讀經濟。在獲得碩士
學位以後，又考取了哥倫比亞大學的博士生。1914年馬寅
初用英文完成了轟動美國的〈紐約的財政〉的博士論文，
這篇論文被選入美國大學的教科書，這在中國和美國歷史
上都是沒有先例的。

第二年，馬寅初謝絕美國哥倫比亞大學的挽留，就動
身回國。

離開美國之前，他的導師美國著名的財政學家賈利格
曼教授對他依依惜別，正直的賈利格曼對他這位中國學生
說：「聽說中國財政搞得很糟，你回國以後，希望能在研
究改革中國財政方面做出貢獻」。

馬寅初一踏上祖國的本土，就有不少達官貴人前來迎
接，他們向他遊說，發出誘人的邀請。有的希望他進入政
府部門工作，並對他封官許願。馬寅初未為所動。後來應
同鄉蔡元培校長的邀請，到北京大學擔任經濟系教授，為
中國培養重要的經濟建設人才。

□ 馬寅初其事

馬寅初在北大時，寫了《中國何以如此之窮》和《中
國經濟之分析》等書，分析了中國窮的根本原因：認為除
了生產落後，產量少之外，最重要的是官僚和軍閥的腐敗，
帝國主義列強對中國之欺榨，列強強加給中國的不平等條
約對中國經濟造成極大為害，因此他呼籲全國奮起反抗。

另外他不時著文揭露四大家族、官僚資本大發國難財的卑劣行徑。

1927 年，他辭去北大教職，應他的好友，浙江省主席張靜江的三番四次的邀請，南下杭州，開始了他人生的新旅程。

在杭州，馬寅初擔任了浙江省政府委員、省財政委員會主席，同時還兼任杭州財務學校的教學工作。

他目睹當時浙江不少人染上了抽鴉片的惡習。他認為吸鴉片不僅毒化了人民的意志，摧毀國民體質，弄得妻離子散，家破人亡，更使國家經濟蒙受重大損失。於是他在省政府的一次會議上提出了禁煙的主張和計劃。此後，他積極奔走呼喊、大力宣傳，四處演講、寫文章，向廣大社會呼籲禁煙。在杭州各界禁煙大會上，他大聲疾呼：「欲求中國國富民強，必先強中國民族，欲求民族強盛，必須要銷禁鴉片。」會後參加聲勢浩大的大遊行，馬寅初站在隊伍的前列，與廣大群眾徒步幾十里。終使杭州和全省禁煙成為一種風氣。

1929 年，馬寅初出任立法院經濟委員會兼任委員長，並在南京中央大學經濟系任教授兼系主任。

1937 年 7 月 7 日，日本帝國主義發動全面侵華，抗日戰爭爆發了。不久日軍攻陷北平和天津。9 月 1 日上海失守。12 月 13 日，南京陷落。國民政府一遷武漢，再遷重慶，中國人民在鐵蹄下呻吟。

其時馬寅初在廬山講學，江浙的陷落，弄得他有家難歸。經過長期的奔波徙遷，才於 1938 年攜妻帶女逃到重慶。重慶大學聘請他為商學院院長。他在授課之餘，對中國的戰時經濟進行考察，目睹統治集團趁著當時經濟混亂和困難，巧取豪奪，大發國難財。馬寅初對此無比忿恨，

進行公開揭露，他形象地概括爲「前方吃緊，後方緊吃」，生動地描繪了中國這批蛀蟲的醜惡嘴臉，眞是入木三分。蔣介石爲了堵住他的嘴巴，就設法派他到美國去考察。馬寅初認爲「國家興亡，匹夫有責」，故絕不在國難當頭的時候離開祖國。

第二年春天，馬寅初到陸軍大學給軍官講〈戰時財政問題〉，這些軍人很多是從前方調來集訓的。馬寅初面對幾百名軍官，一連講了兩個多小時。他說：抗日戰爭是中華民族生死存亡的嚴重關頭，全國上下應該有錢出錢，有力出力，同心同德，一致對敵。可是現在情況是「下等人出力、賣命」、「中等人出錢」、「上等人既不出力，又不出錢，投機倒耙，囤積居奇，大發國難財」，「還有一種上上等人，利用國家內部經濟機密，從事外匯投機，大發超級國難財」。他公開點名指出：「這種豬狗不如的『上上等』人就是孔祥熙和宋子文之流。必須把孔祥熙和宋子文撤職查辦。將他們收歛的不義之財拿出來充作抗戰經費！」聽講的軍官們聽了馬寅初的精彩講課，不時爆發出一陣又一陣熱烈的掌聲。這使兼任陸軍大學校長的蔣介石和兼任教務長的陳果夫大爲震怒。

馬寅初多次去北京師大、山西大學、重慶實驗劇院發表慷慨激昂的演說，揭發前線戰士在浴血奮戰，後方達官貴人卻在燈紅酒綠下，紙醉金迷地混水摸魚，趁機大發國難財，眞是人不像人，鬼不像鬼。馬寅初正是這樣不畏強權，大力抨擊四大家族，擊中了他們的要害，引起四大家族對他的極大仇恨。

馬寅初有次爲重慶大學廣大師生講演時，他收到了一封夾有兩顆子彈的匿名信，他絲毫沒有退縮，反而帶著他的妻子女兒昂首挺胸步入大禮堂，發表了慷慨激昂的演講。

他在歷數了統治集團罄竹難書的種種罪惡和卑鄙無恥的下流手段之後，他怒不可遏地對著台下說：「我知道人群裡有特務走狗，他們的槍口也許正對著我呢，要開槍，你們儘管朝著我的胸膛開槍！我已快60歲了，今天我倒下，也不算短命了……。」

馬寅初熾熱的愛國熱情的講演，搏得台下雷鳴般的歡呼和掌聲。

有一次，蔣介石派人送來名片，用委員長的名義，請他赴宴。馬寅初對來客說：「委員長是軍事長官，我是個文職，文職不去拜見軍方！再說我給委員長講過課，他是我的學生，學生不來拜見老師，倒叫先生去拜見學生，豈有此理！他如真有話要說，叫他來見我！」

蔣介石又一次派人來遊說：「委員長說了，您是他的老師，是他的老前輩，又是浙江同鄉，委員長推薦您任財政部長，或者中央銀行行長。」

馬寅初笑了。「你們想弄個官把我嘴巴封住，辦不到！」

馬寅初有次在痛斥當權派用高壓手段壓制民主的獨裁統治，在痛斥四大家屬大發國難財後，他提出要向他們徵收「戰時財產稅」，制約那批暴發戶。馬寅初還要蔣介石大義滅親，嚴懲孔祥熙、宋子文。馬寅初說：「我今天把女兒也帶來了，我要讓她們知道我的主張是什麼，我馬寅初不怕死，怕死就不來了。我今天的演講就是我給她們的**遺囑，讓她們永遠記住。**」

蔣介石遂祕密下令把馬寅初禁閉起來。

1940年10月6日，一輛黑色汽車開進重慶大學商學院馬寅初住宅的外面。這時，馬寅初正在和家人共進早餐。車上下來一位重慶憲兵六團團長和另一位憲兵，他們走到

馬寅初跟前，偽裝畢恭畢敬的樣子，說：

「本人奉最高當局的命令，請馬院長過去談話。」

「蔣介石現在已不是我的學生，我和他沒有什麼好談的。」

「我是軍人，必須執行上級的命令，馬先生你必須同我們一起去見委員長。」

「逮捕就逮捕，何必遮遮掩掩。」

就這樣，馬寅初在三百餘名荷槍實彈的憲兵的押送下離開了家。

不久，馬寅初被捕的消息傳遍了山城。

6日晚上，重大全校師生群情激憤，於7日早上召開全校師生援馬大會，山城掀起了一個營救運動。鄒韜奮、黃炎培、沈鈞儒、張冶中等人都積極為此事奔走，但均告失敗。

8日上午，馬寅初在憲兵「陪同」下，被一群便衣特務簇擁著回重慶大學商學院辦理卸任手續。師生們得到馬寅初回校的消息，一致要求馬寅初對廣大師生做一次臨別講演。馬寅初仍然語重心長地講述了蔣宋孔陳四大家族傷天害理，禍國殃民的事情，師生們望著愈講愈激動的馬寅初，眼裡充滿了淚水。憲兵團長凶神惡煞般地制止了馬寅初慷慨激昂的講話。

全校二千多名師生排成了長長的隊伍，目送馬寅初緩緩地步出大會堂。

馬寅初最初被幽禁在貴州息烽集中營。在那裏，他望著四周山巒起伏的山崗，心裏久久不能平靜，山河日益破碎，同胞在斷垣殘壁下呻吟，愛國者卻有罪。馬寅初把在社會中的講演搬進了集中營，對看管他的四個副官進行演講。講他對當前的戰時經濟政策的主張，講他反對的通貨

膨脹，以及開徵戰時財產稅的想法，他娓娓生動的講介，令四個副官聽得入神。馬寅初還講了蔣宋孔陳四大家族的腐敗和大發國難財的行徑和自己被關押的眞正原因。馬寅初以自己赤誠之心，和藹的態度，淵博的知識，贏得了四位副官的尊敬和同情。此後馬寅初在息烽集中營度過了八個月的時光，又跋山涉水轉移到江西上饒集中營。

1941 年，馬寅初六十歲了，這時馬寅初仍被關在上饒集中營。

就在這年的 3 月 22 日，重慶《新民報》和《大公報》上刊登了一則爲馬寅初祝壽的啓事，標題是〈重慶大學全體學生爲遙祝馬院長寅初六十壽辰啓事〉。

啓事是這樣寫的：

「本年欣逢馬院長寅初先生六十大慶，我全體學生爲崇德報功，敬老尊賢起見，除將建亭購書以資紀念外，並訂於 3 月 30 日午後二時，在本大學禮堂開會慶祝，當晚舉行遊藝會，凡馬院長親戚友好，屆時敬祈光臨指導。恐柬不周，特此奉告。賜教處：重慶大學商學院辦公室」。

蔣介石得知後，勃然大怒，要陳布雷責成重大制止這一活動。制止不成，又要教育部出面，停止祝壽會舉行。祝壽那天，將全校所有教室會議室門窗全部關閉，並停止供電。

然而重大師生依舊衝破重重阻力，祝壽會如期舉行。

3 月 30 日，重慶大學大禮堂樓上的一間大教室裏，張燈結彩，明燭高燒，壽堂的正面高高地懸掛著「明師永壽」的大橫幅，四周掛滿了各界人士送來的賀聯、壽幛和書畫。最引人注目的是周恩來、董必武、劉穎超聯名送來的寓意深刻的賀聯，上面寫著：「桃李爭華，坐帳無鶴；琴書作伴，支床有龜。」坐帳無鶴，意指祝壽會壽翁不能親臨現

場，支床有龜，意爲祝願馬老健康長壽。

在祝壽會中，各界來賓紛紛發言，熱情讚揚馬寅初敢想、敢怒、敢言、一心爲國爲民的高貴氣質。鄒韜奮、沈鈞儒等以及重大教授也都先後發表了熱情洋溢的講話。祝壽會開得十分熱烈成功。

祝壽會的第二天，重慶各報都刊登了有關慶祝馬寅初六十壽辰的報導，但報紙全被當局沒收。只有《新華日報》利用「此地無銀三百兩」的手法，在報紙頭版頭條顯著的位置登出了一個〈重要聲明〉：「紀念馬寅初六十壽辰稿二篇，奉命免登。」巧妙地向全市人民通報了祝壽會的消息。

在祝壽會上爲頌揚馬寅初高度憂國憂民的精神而創議修建「寅初亭」時，受到與會來賓一致贊同，紛紛解囊捐助，馮玉祥揮毫爲「寅初亭」寫了三個蒼勁有力的匾額。

重大當局聽說要在校內修建「寅初亭」，三番四次找學生談話，要他們「迷途知返」，並威脅學生不要與政府作對，說「沒有好下場」。然而一切都是徒勞的，不久在重慶大學風光旖旎的「梅嶺」，在四周濃蔭蔽日的嶺頂上聳立起一座紅漆的八角茅亭，亭子裏面懸著黃炎培先生親手寫的頌詞：

　　茅龍經歲困泥中，
　　忙煞驚曹斗草童。
　　報導先生今去也，
　　一亭冷對夕陽紅。

馬寅初在身陷囹圄之際，廣大人民群眾竟敢「冒天下之大不韙」爲他開慶祝會、修建紀念亭，恐怕古往今來絕無僅有的吧！

1942 年，日本侵略軍沿浙贛線向西進犯。在周恩來和

一些愛國人士的積極營救，加上馬寅初在美國的老師和同窗摯友羅斯福總統的特使與蔣介石的全力周旋之下，馬寅初才沒有轉移到福建集中營囚禁，經人護送回到重慶歌樂山家中，但規定不能離開歌樂山，要離開必須事先通知歌樂山警察局。實際上馬寅初還在監禁之中，只不過換了一個地方，能和家人團聚，活動範圍擴大了一些而已。

馬寅初在歌樂山利用天然的環境積極鍛鍊身體，每天沿著雲霧繚繞的山路小跑登上六、七百米高的主峰雲頂寺。與此同時，他還專心致志地著書立說，於 1943 年出版了《經濟學概論》，1944 年又出版了《通貨新論》，深刻地分析了物價飛漲，民不聊生的社會經濟現狀與根本原因。

在 1944 年冬舉行的一次國民參政會上，終於宣佈恢復「政治犯」馬寅初的人身自由，但拖了一條「尾巴」，規定三不准：不准任公職、不准演講，不准發表文章。

然而，火山總是要爆發的。

1945 年 3 月 4 日，重慶伊斯蘭青年會邀請馬寅初在中國回教協會演講。雖然《新民報》僅在不明顯的角落裏刊登了這則通知，但重慶各界人士還是發現了，一傳十，十傳百，到開會的那天，原定的教室容納不下，只好臨時改在露天廣場舉行。馬寅初健步登上主席台，用他那特有的宏亮聲音開始發表演說。他的每一句話，都激勵著每一個要求抗戰，要求掃清貪官污吏，要民主、要自由的人們。在馬寅初講演完畢時，群眾報以雷鳴般的掌聲，向這位憂國憂民的民主戰士致以崇高的敬意。

1945 年，毛澤東飛赴重慶，經過和蔣介石針鋒相對地進行鬥爭、談判，終於簽訂了《重慶談判紀要》。蔣介石答應於 1946 年 1 月 10 日至 30 日在重慶召開中國政治協商會議，並取得圓滿成功。

1946 年 2 月 10 日，重慶各界，各人民團體、民主黨派爲慶祝政治協商會議圓滿成功，舉行慶祝大會。馬寅初第一個走上主席台，隨後大會總指揮李公仆和沈鈞儒、李德全、章乃器、施復亮、梁漱溟、羅隆基、史良……等陸續走上主席台。出席政協的無黨派代表郭沫若也攜帶夫人于立群和三個孩子一道前來參加大會。

然而大會剛剛開始，就有一群不明身份的人衝上主席台搶話筒，強行要主持會議。馬寅初、沈鈞儒、章乃器等立即上前阻止。大會總指揮李公仆準備發言，台下竄出一夥彪形大漢，蜂擁而上，並大打出手，李公仆的鬍子被扯掉一半，施復亮急上前評理，又被拖到台下拳打腳踢。爲了保護李公仆，馬寅初和郭沫若等人又遭一頓毒打，郭沫若的眼鏡甚至被打碎，左額被打腫，馬寅初則胳膊和前額嚴重受傷，長衫被撕，新馬褂被搶。同時被打傷的還有沈鈞儒和一些報社的記者，這就是震驚中外的「較場口血案」。

1946 年初，當年國民政府立法院經過各方面人士的鬥爭，擬訂下來的旨在興利除弊，限制官僚資本的「新公司法」，遭到一部份官僚的抵制和破壞。他們用卑鄙的伎倆操縱了當時的「國際最高委員會」取消了有關條文。馬寅初得知後非常氣憤，他利用一切機會和場合進行揭露和批評，他直截了當地提出：「必須打倒官僚資本」。他說：有些官僚利用職權，中飽私囊，在八年抗戰中，人民流汗流血，生活非常艱難，而他們卻大發國難財，天天笙歌鶯舞，大吃大喝，養得肥頭大耳，富甲天下。

1946 年 6 月，馬寅初又被一條蔣介石集團出賣祖國利益的消息激怒了。原來當時行政院要「開放內河航道權」，讓美國軍艦直達內河，可以到處橫衝直撞，幫助蔣介石運

載軍火打內戰。馬寅初說：想不到八年浴血奮戰爭取回來的國家主權，又重新雙手奉送給人家。是可忍、孰不可忍。一場反對內戰、反對賣國賊的群眾愛國運動又如火如荼地燃燒起來了。

　　1946 年 6 月 13 日下午，杭州 20 多所大中學校近上萬名學生集合開會。馬寅初突然出現在主席台上，會場頓時報以熱烈的掌聲。杭州保安司令部事先發過通告，不准馬寅初參加這個集會。然而他還是來了，並且精神抖擻地走到台前，用宏鐘般的聲音發表了令人鼓舞的講話。他說：中國為什麼這樣窮，弄得民不聊生，一句話，官僚只知你爭我搶，乘機發財，他們的財富都是建築在百姓的痛苦和血汗上的呀！現在大家浴血奮鬥奪回來的航行權，又要拱手送給外人。過去我們是以戰敗國身份被迫開放內河碼頭的，難道現在我們以戰勝國的身份還要開放口岸，開門揖盜，這是恥辱啊！

　　遊行的人群就像奔騰的滾滾長江水衝到街上，杭州城幾乎萬人空巷。馬寅初神采奕奕地走在隊伍的最前頭。

　　事後報紙報導，形容馬寅初在遊行中的情景是「一馬當先」。

　　上海各界人士為表達他們對馬寅初的無限敬意，曾聯合贈送這位「民主鬥士」一面寫有「馬首是瞻」的飾旗。「一馬當先」、「馬首是瞻」，對為中國經濟改革呼籲的炎黃子孫來說，馬寅初確是當之無愧的。

　　抗日勝利，國民政府復員南京，中國與美國簽訂了一個「中美通商條約」。條約規定雙方開放口岸、減低關稅、商品自由流通。當時國民黨的一些御用文人在報紙上大肆宣揚，為國民黨臉上貼金。認為：「美國以平等待我國」。「中國已進入世界五強之林。」馬寅初則不以為然，他一

針見血地指出：「中美通商條約是個不平等條約，雖然字裏行間處處標榜平等，實際上是心懷禍胎，暗藏殺機，是極不平等的，是一個喪權辱國的條約。」他做了一個生動的比喻：說中美通商條約就像大人與小孩子打架，每人各打一拳，表面上看，似乎平等，一對一，實際上極不平等。因為小孩子打大人一拳，大人毫不損傷，一點也沒有關係。而大人打小孩一拳，小孩子輕則傷筋損骨，重則斃命。中美通商條約不正是如此嗎？從表面上看，雙方彼此開放口岸，降低關稅，商品可以互相直接流通。但我國戰後工業不振，百業凋零，百廢待興，中國有什麼商品可以出口，銷往美國？而美國有大量商品傾銷中國市場，使我國工商業進一步滑坡、破產或倒閉，無法復甦，使我國進一步淪為殖民地。由於馬寅初慷慨激昂的呼籲、演說，使我國各界人士更看清了美國廬山真面目。

當時我還在初中唸書，也深感馬寅初先生講得有理，從而積極參加了聲勢浩大的抗議遊行。

1948 年，共產黨為了保護這批民族精英，於 8 月份安排馬寅初和其他已經被國民黨列入黑名單的愛國人士，祕密離開上海，轉道香港，然後分批進入解放區。

1949 年 3 月，馬寅初做為中國出席世界保護和平大會代表團的副團長，到布拉格參加大會，火車途經當時蘇聯，俄羅斯人民沿途為中國客人舉行盛大儀式。4 月中旬，抵達捷克斯洛伐克國土以後，捷克人民以極大熱情歡迎中國的和平使者。火車每經一地，都有樂隊迎接，送上鮮花。到達布拉格的那天，捷克人民在火車站為遠道而來的東方客人鋪上了紅地毯。

最使馬寅初這位年近古稀老人終生難忘的是：4 月 23 日那天，馬寅初正在大會上做熱情的發言。忽然大會主席，

諾貝爾獎獲得者——約里奧・居里先生彬彬有禮地打斷了他的發言，向大會宣佈了中國人民解放軍百萬雄師橫渡長江解放了南京的消息。宣布之後，約里奧・居里和馬寅初及中國代表團其他成員一一握手，表示祝賀。這時整個會場頓時沸騰起來，代表們全體起立，熱烈的掌聲經久不息，並高呼中國萬歲。馬寅初無法控制自己激動的心情，流下了滾滾的熱淚。

　　杭州是 1949 年 5 月初馬寅初在國外時解放的，馬寅初自國外歸來，一聽到家鄉解放的喜訊，眞是喜出望外。

　　劍外忽傳收薊北，

　　初聞涕淚滿衣裳。

　　‥‥‥‥‥‥‥‥‥‥，

　　漫卷詩書喜欲狂。

　　他立即提出回浙江去看看！

　　1949 年 8 月，馬寅初被任命爲浙江大學校長。26 日這天，浙大於子三廣場紅旗招展，校園裡貼滿了鮮豔的標語和「歡迎馬校長」的大橫幅。在歡迎會上，浙江省政府主席譚震林首先發言，他向浙大師生說：「我爲浙大推薦來一位好校長、好師長。」譚震林稱頌馬寅初在解放前敢怒、敢言、威武不屈的精神和勤奮治學、熱愛教育事業的美德。

　　馬寅初在致答辭時說：47 年、48 年竺可楨校長二次來寒舍請我到浙大任教，但都因國民黨當局的阻絆，未能成行，當時當個教授如此之難，今天接任校長，今後浙大要在人民民主的總方針之下，培養切合實際的專門人才，同心協辦，建設新浙大、新浙江。他要求全校師生員工團結一致，以主人翁精神，做到知無不言、言無不盡！人人想辦法，個個提方案。發揚民主，運用代表會議形式，通過民主協商，走群眾路線來辦校。這是浙大校史上的新創舉。

　　馬寅初在浙大時，處處以身作則，身體力行，接近師生，民主治校。他每次演講，既不帶講稿，也不用麥克風，他把麥克風搬到一旁，用他那特有的、洪鐘般的聲音，揮舞雙手發表講話，令全校師生印象十分深刻。

　　馬寅初任浙大校長期間，還兼任中央人民政府委員，中央財政經濟委員會副主任，和華東軍政委員會副主席等職。學校工作、社會工作十分忙碌。但他心繫學生，仍親自給同學講課，備課十分認真，一絲不苟。他嘗說：「誤人子弟是最大的罪過。」

　　可惜馬寅初在浙大只有一年半時間，就接到中央通知調他到北京大學擔任校長。浙大師生感到非常意外，他們捨不得為浙大建設做出如此卓越貢獻的好校長離開，浙大師生聯名向北京發電挽留馬寅初繼續在浙大主持工作。經北京回電解釋調馬寅初進京的主要原因，大家才懷著難捨難分、依依惜別心情，排起長隊將自己敬愛的校長、師長送出校門。

　　這是他二進北大了。35年前，馬寅初從美國回來，即應蔡元培先生邀請進入北京大學任教，而且成為北京大學的教務長。35年以後，他又重新邁著赳健的步伐再次進入北大。他雖已是70高齡，但仍然紅光滿面。當他滿臉春風跨步登上主席台時，會場上幾千名北大師生立刻響起暴風雨般的掌聲。這是北京大學為歡迎建國以後第一任校長而舉行的隆重盛會，一條寬大的橫幅寫著「熱烈歡迎馬校長」，高高地聳立在民主廣場上空。

　　隨後不久，馬寅初當選為中國科學院哲學社會科學學部首批學部委員，後改稱院士。

　　為了把北京大學辦成一流學府，隨時吸收新知識，馬寅初特地向毛澤東請求：批准北京大學隨時隨地邀請名人

到北京大學為全體師生做報告，毛澤東親自批准同意。於是不少社會名流、政府要人、學者到北大做過報告。

有次北大請當時中央財經委員會副主任薄一波來校做報告，薄一波風趣地說：「我今天是被點名來北大的，我的辦公桌和馬老擺在一起，馬老抬頭就看得見我，所以我很快就被點卯了。」馬寅初除任北大校長外，還兼任中央財政經濟委員會副主任。

中國人民銀行行長南漢宸來北大做報告時，馬寅初半開玩笑地向北大師生介紹說：「這是我們國家銀行總行的行長，他的手裡有很多鈔票，今後我們北大的智力投資，有許多事情就要找南行長了。」南漢宸很有禮貌地笑著說：「馬老是我唸大學時的老師，馬老的四本演講集給我們的印象很深。我也是北大的畢業生，胳膊怎敢向外彎。」幾句話說得台上台下都哄堂大笑起來。

馬寅初講課，內容新穎，生動活潑，理論聯繫實際。他鼓勵學經濟的學生創辦學生儲蓄銀行，發行股票，經營存、放款和匯兌業務，以取得實踐經驗。這個學生儲蓄銀行就設在北河沿北大第三院的門樓上面，他親自兼任這個學生銀行的顧問。他還促進成立消費合作社，創導理論聯繫實際的學風。

馬寅初從不擺架子，一向平易近人，與師生親密無間，他跑遍了每一幢教師和學生宿舍，和他們促膝談心。還到教室裡聽課，到食堂看望學生的伙食。他徒步校園，幾乎無處不到，即使教職員工結婚，他也會到場祝賀。

有次國慶節前夕，同學們在排練隊形，馬寅初鼓勵他們說：好好排練，明天遊行。你們走進天安門時，我一定親自指給毛主席看，這是我們北京大學的隊伍。可惜第二天陰雲密佈，而且下起了濛濛秋雨，但北京大學隊伍依然

精神抖擻，邁著整齊的步伐通過天安門，馬寅初果然向毛
主席做了介紹，毛主席在城樓上向北大師生揮手致意。事
後馬寅初急忙走下天安門城樓，給學校打電話，讓食堂預
備好紅糖薑湯，好讓冒雨回校的同學驅寒。觀禮後，馬寅
初立刻驅車返校看望同學，看看是否有同學因雨淋而感冒。
同學們都爲馬寅初慈父般的愛心感動得熱淚盈眶。

🔲 馬寅初提出控制人口

　　每當北大校園萬籟無聲，大家都已沉沉入睡的時候，
北大辦公樓 201 房間的燈光仍然亮著。馬寅初在一天工作
之餘，又在爲另一件繫國家於安危的大事而揪心了。

　　他認爲中國社會存在的最大矛盾就是生產力落後，要
解決這個矛盾就要高速度工業化，要高速度工業化，需要
大量資金，資金靠國民收入積累而來，但是中國人口到當
年（1953 年）6 月 30 日爲止已達六億多人，本來有限的收
入被六億多人口一下子就吃掉了一大半，這不就嚴重地影
響了工業化的發展嗎？因此他認爲人口問題是關係到中華
民族前途的一件大事，必須引起嚴重的注意，並爲之準備。

　　1953 年，我國進行第一次人口普查時，我國人口年增
長率估計爲千分之二十。馬寅初認爲這個估計可能還偏低，
實際增長率很可能在千分之三十以上。他分析千分之二十
的人口增長率是如何得出來的呢？是在當時 29 個大、中城
市、寧夏全省，其餘各省每省選十個縣來進行普查的。他
認爲這種抽樣是否具科學性大成問題。

　　爲了證明他的觀點，馬寅初從七個方面論證了自己假
設的正確性：

　　第一　就業率提高了，人民生活安定，具備成家條件

的人多了，生育率提高；

第二　隨著醫藥衛生條件的改善，嬰兒存活率大大提高；

第三　社會福利條件改善，孤老鰥寡皆有所屬，人均壽命延長了。

第四　戰爭消弭，社會安定，天災人禍得到控制，人民死於非命的減少了。

第五　社會制度的改變，促使尼姑、和尚等還俗，娼妓從良，能生育者基數擴大。

第六　新社會中人人得以溫飽，人民群眾中的「多生兒子多享福」的根深蒂固的思想又擴大了。

第七　政府對一胎多嬰的家庭生活上的照顧、經濟上的補助，無形中變成多生有獎的政府行為。

1954 年，馬寅初回到家鄉進行人口調查，他先從自己親族調查起。

接待他的是馬寅初的侄子，他們剛在老宅的院子裏坐定，九個小孩跑了過來在馬寅初跟前跪了下來，口叫爺爺。馬寅初一驚，經侄子解釋，才知道這些都是他的孩子。馬寅初望著滿臉皺紋的侄子，問現在生活如何？侄子回答：生活是比解放前好多了，可是孩子多，一下子就折騰不過來，九個孩子無法照顧周全，穿衣只能老大穿了給老二，老二穿了給老三……。不過好在新社會，一個孩子就有一個人的口糧，將來也總會有他們的一份工作，等孩子長大了就好了。「早栽秧，早打穀。早生孩子早享福。」爺爺活著的時候常嘮叨「四世同堂」、「五世其昌」，可惜爺爺沒有活到今天，不然他老人家看到馬家子孫滿堂，不知該有多麼高興啊！

馬寅初聽了，胸裏分外揪心。「四世同堂」、「五世

其昌」的封建思想在侄子身上多麼根深蒂固啊！「不得了！
真了不得！」

接著馬寅初又問擔任大隊會計的侄子糧食增產情況如
何？侄子打開賬簿，算了一下歷年每人的平均口糧，真是
不算不知道，算後嚇一跳。

土改時，人均口糧 750 斤，現在是 680 斤。馬寅初看
著發呆的侄兒，語重心長地說，這是人口在作怪呀！糧食
產量是增加了，但都被增加過快的人口吃掉了，出現了拼
命幹一年，仍填不飽肚子的怪現象。

從 1953 年到 1955 年，馬寅初先後五次到浙江對人口
問題進行深入的實際調查，足跡遍及全省，同時還掌握了
江西、上海、江蘇、山東、北京等地的詳實資料，回北京
和有關人士一起討論人口問題。

1955 年，馬寅初第四次從浙江回京時，他對來訪的邵
力子、李德全等專家說：「浙江省每年人口增長率平均為
百分之二點五到百分之三，有的地方高達百分之五，全國
人口的增長率可能達到百分之三。這就意味著我國每年淨
增一千三百萬人口，這是我們的一個沉重包袱。」他表示
想把調查的材料寫成文字，向全國人大第一屆二次會議提
出。大家一致贊同馬寅初的中國必須控制人口的主張。

馬寅初在研究了古今中外的歷史經驗、結合中國具體
實際情況後，寫成了〈控制人口〉的論文，準備在一屆二
次會議上正式提出。

為了做到有備無患起見，馬寅初先將發言稿交浙江人
大代表小組徵求意見。出乎意料之外的是：除少數人贊同
外，多數人表示了不同意見。馬寅初看到這一切，知道議
論人口的時機還不成熟，就主動提出把提交人代會的發言
稿撤了回來。馬寅初沒有垂頭喪氣，反而更加充滿信心地

繼續到外地考察，調查研究。並找那些學有專長的學者懇談，讓他們鑒定。他先後找了馬敘倫、王亞南、李達、竺可楨、吳景超、柳亞子、顧孟余等先生徵詢意見，得到了大家的關注和支持。

1957 年 2 月，毛澤東、周恩來、劉少奇等中央領導在中南海紫光閣召開最高國務會議，大家聚精會神地傾聽馬寅初關於「控制人口」問題的發言。

馬寅初開宗明義地說，人口多是我們的致命傷。他說，我們的社會主義是計劃經濟，如果不把人口列入計劃之內，不能控制人口，不能實行計劃生育，那就不成其為計劃經濟。接著他介紹了他對我國人口增長勢頭的估計：1953 年，我國人口已達六億，每年以百分之三增長率計算，到 1972 年將達到 9.3 億。馬寅初認為，百分之三的淨增長率並非估計過高，可能還保守了一點。馬寅初的結論是：我國人口增長表明我國人口問題是一個日益嚴重的問題。我們除非實行計劃生育，對人口發展進行控制，否則就要出問題。

馬寅初發完言，毛澤東表示：「馬寅初先生今天講得很好！中國的人口問題值得注意……，人口是否可以有計劃地增長。我與他是同志，從前他的意見，百花齊放沒有放出來，一準備放就受人反對，就不要他講，今天算是暢所欲言了。我毛澤東贊同支持這種看法。」

聽了毛澤東的講話，馬寅初心花怒放，以為自己的意見受到國家高度的重視。「控制人口」即將成為國策。75 歲高齡的馬寅初這時心情格外振奮，精神煥發。

□ 馬寅初的〈新人口論〉

馬寅初將他以往發表的文章、講演，發言整理成更加

完善，更加系統的書面材料，正式提交人大一屆四次會議討論。

這就是有名的〈新人口論〉。

1957 年 7 月 5 日，人民日報在第 11 版全文刊登了這篇文章。

〈新人口論〉並不長，約二萬字，一共分成十節。他在第一節裏談了我國人口增長過快的原因。在第三節：「我在兩年前就主張控制人口」中，馬寅初敘述了他的觀點。在下一節「馬爾薩斯的人口理論的錯誤及其破產」裏，他批判了馬爾薩斯錯誤之一是人口按幾何級數（即 1，4，9，16，……）增加，而生活資料只能按算術級數（即 1，2，3，4，……）增加。人口增長速度大大超過生產資料的增長速度，因而導致了他的第二個錯誤，即面對速度迅速增長的人口，只能以戰爭、流行病等手段強行抑制。馬寅初在文章中不僅批判了舊人口論的錯誤，而且試圖劃清兩種人口論的界線。馬寅初文章中最長的一節「我的人口論在立場上和馬爾薩斯人口論是不同的」裏，歷舉我國生活資料迅速增加的事實，來劃清他與馬爾薩斯之間的一個重要區分。在最後的第十節「幾點建議」裏，馬寅初提出要使全國人口普查更加科學化，大力宣傳節制生育、計劃生育的人口政策，以避孕為主，切忌人工流產。

在文章中，馬寅初還從十個方面論述了當時中國人口問題及其性質，他把中國人口問題歸納為 10 個方面的矛盾：

(1)人口迅速增長與生產設備不足的矛盾；

(2)人口迅速增長與工業原料增長緩慢之間的矛盾；

(3)人口迅速增長與耕地面積不斷減少之間的矛盾；

(4)人口發展快與資金積累慢之間的矛盾；

(5)人口增長快與就業不足之間的矛盾；

(6)人口發展快與教育事業落後之間的矛盾；

(7)人口發展快與提高科學技術水平慢之間的矛盾；

(8)人口發展快與糧食增產慢之間的矛盾；

(9)人口質量低與發展生產力之間的矛盾；

(10)人口發展快與提高人民生活水平之間的矛盾；

並指出中國人口相對過剩的性質屬於「人口壓迫生產力」類型。

馬寅初的〈新人口論〉從 1957 年問世至今達四十多年，文中所闡述的關於中國人口 10 個方面的矛盾今天依然存在，而且人口問題的「性質」也沒有從根本上發生變化，依然表現為人口的「相對過剩」或者說是「人口壓迫生產力」。但是與 50 年代有所不同，中國今天所面臨的人口問題更為複雜和嚴峻。

因為從人口數量上來看，50 年代的人口「相對過剩」主要表現在「增長速度」過快的過剩，這種過剩主要表現為人口增長速度對經濟發展的制約；而今天大規模的人口過剩則主要地表現為「人口絕對數量」的過剩。這是 50 年代「增加速度」過快造成的，這種過剩不僅表現為龐大的人口規模對經濟發展和人民生活水平提高的制約，而且，還表現為對資源和環境的巨大壓力。

由於龐大的人口規模，中國的發展背上了沉重的包袱。就資源總重來看，中國雖然可以稱得上資源大國，但從「人均指標」來看，都是一個遠遠低於世界平均資源的「小國」和「窮國」。

從人口質量來看，馬寅初先生在 50 年代提出的「人口質量低」和發展生產力之間的矛盾，在今天不僅存在，而且更為突出。因為與 50 年代不同的是今天面臨的是一個飛

速發展的時代，知識在社會和經濟發展中所起的作用越來越大，從而對勞動者的素質提出了更高的要求。而中國目前的人口素質與當前社會經濟發展的需要極不相稱，是制約國民經濟發展的又一大瓶頸。

2000年12月，國務院發表《中國21世紀人口與發展》白皮書。中國國家計劃生育主任張維慶在接受中外記者採訪時說：中國人口問題依然嚴峻，根據專家預測，中國人口在2040年達到16億左右時，才可能實現零增長，也就是說在有效控制的條件下，中國的人口還要增加將近4億人。爲現在的12多億人口和新增的近4億人口提供物質文明生活的需求是一個十分嚴峻的問題。這是因爲中國的資源和環境問題在很大程度上受到龐大的人口數量和不高的人口素質的制約，造成對資源和環境的壓力。這就是中國不同於發達國家和一些發展中國家的地方。

七五期間，我國人口數量仍以每年1000多萬人的規模增長，人口素質不高的狀況短期內難以根本改變，勞動就業壓力進一步加大，人口與經濟和社會發展及資源利用和環境保護的矛盾依然尖銳。

在1957年裡，馬寅初又發表了〈我國人口問題與發展生產力的關係〉一文，他提出了「提倡晚婚」和「每對夫婦生育兩個孩子爲宜，生兩個孩子有獎，三個課稅，以稅做獎，不加重國家負擔」的計劃生育措施。

隨後馬寅初還在中國社會科學院主編的《新建設》雜誌上發表了〈爲什麼強調人的質量〉一文，他說：「人多固然是一個極大的資源，但也是一個極大的負擔。我的〈新人口論〉主張保留它的好處，去掉它的壞處；保全這個大資源，去掉這個大負擔。方法是提高人口的質量，控制人口的數量。因爲提高人口的質量等於增加人口的數量，這

樣有增加人口的好處，沒有增加人口的壞處，有保全資源的好處，沒有增加負擔的壞處，而且與馬列主義理論——人口是寶貴的財富亦不相牴觸。」

馬寅初關於控制人口的觀點都系統地表達在這些文章裏了。馬寅初〈新人口論〉的精髓可以概括爲：「控制人口，提高人口質量。」

▢ 毛澤東來了個 180° 的大轉變

古人說：「天有不測風雲，人有旦夕禍福」，這句話解放後曾受到批評，說這是不可知論，是唯心主義的東西。然而對馬寅初來說，情況倒眞有點相似。馬寅初認爲人口問題是中國的一大問題，關係到中華民族前途和命運的大問題，他忠心耿耿地爲此呼籲奔走，怎麼也想不到一場空前的災難會降臨到自己頭上，把他從浪尖上一下掀到海底深淵。以七、八十歲高齡之身，遭受不白之冤，受到人們的攻擊和圍剿，你說是「禍福無門」呢？還是「咎由自取？」

就在 57 年毛澤東聽完馬寅初「控制人口」的發言擊節贊賞之餘，說：「我毛澤東贊同支持這種觀點」之後。5 月7 日《人民日報》又以整版全文刊登了他的〈新人口論〉，隨後馬寅初又在《新建設》等刊物上發表了〈我國的人口問題與發展生產力的關係〉，和〈爲什麼強調人口的質量〉等文章。

就在馬寅初準備進一步研究使之更加完善和系統化的時候，中國大地刮起了一場由毛澤東親自發動和組織的波瀾壯闊的反右鬥爭已經開始席捲全國。在反右派鬥爭中，有人喊出要批判馬寅初的口號。報刊上也時不時有文章不點名地對他進行攻擊。

　　1957 年 10 月 14 日，《人民日報》發表一篇署名文章，題目是〈不許右派利用人口問題進行政治陰謀〉，文章暗示說：「有位經濟學家以算賬的方式結果認爲：因爲中國人口多，所以不能搞大工業，他談的並不是人口問題，並不是學術問題，而是現實的階級鬥爭問題，是嚴重的政治鬥爭問題。」

　　在這場突如其來的疾風驟雨之中，馬寅初弄不清這到底是怎麼一回事，爲什麼幾個月前計劃生育問題剛剛受到毛主席的讚揚，而今天卻又受到人們的批判。

　　1958 年 5 月 4 日，北京大學舉行隆重的六十週年校慶，全校師生喜氣洋洋，馬寅初也興高采烈地坐在主席台上，這時參加大會的中共中央代表陳伯達突然陰陽怪氣地點了馬寅初的名，說什麼「馬老要檢討」。頃時，台上台下鴉雀無音，彷彿晴天響起了一聲巨大的悶雷。

　　同年 7 月 1 日，在黨成立三十七週年紀念大會上，號稱黨內「理論權威」的康生到北大做報告，他斜視了坐在主席台上的馬寅初，皮笑肉不笑地對台下廣大師生們說：「聽說你們北大出了一個〈新人口論〉，作者也姓馬，這是那家的馬？是馬克思的馬？還是馬爾薩斯的馬？我看是馬爾薩斯的馬。」

　　陳伯達和康生的講話，眞是一錘定音。這樣，馬寅初就由一個進步的民主人士，眞正的愛國者一下子變成了中國的「馬爾薩斯」。

　　到 1958 年上半年爲止，全國各大報紙先後發表了八十多篇批判馬寅初的文章。

　　隨著形勢的惡化，文章的調子愈來愈高了，其聲勢之浩大不亞於批判反右運動。

　　這是一場眞正圍剿馬老的批「馬」運動！

　　平心而論，這一階段的批判文章，基本上還是屬於學術的範圍。馬寅初面對全國聲勢浩大的圍攻文章，他絕不氣餒，也不輕易苟同，而是抱著實事求是的科學態度，對批評他的文章，挑燈夜讀，不論是誰寫的，只要是合理的，他都虛心接受。但對於那些不顧事實惡意攻擊的文章，他橫眉冷對，毫不客氣地進行針鋒相對的論戰。他抱定宗旨，在關係到國家命脈的人口問題上，他絕不後退半步。

　　然而，對馬寅初最致命的一槍是《紅旗》雜誌創刊號上發表的〈介紹一個合作社〉這篇文章，其中赫然有這樣一段話：「……除了黨的領導之外，六億人口是一個決定性因素，人多議論多，熱氣高，幹勁大」，使馬寅初感到事情的嚴重性，因為這篇文章是毛澤東親自寫的。

□ 馬寅初〈新人口論〉受到批判

　　毛澤東對「人多好辦事」的思想是根深蒂固的。解放戰爭，支持前線靠的是廣大人民群眾，開荒自救，靠的是廣大人民。百萬雄師渡長江、土地改革、鎮壓反革命、抗美援朝，以致後來的大躍進、大煉鋼鐵、工業學大慶、農業學大寨……等等無一不是採用人海戰術。毛澤東批評馬寅初只看到一張口，沒有看到一雙手。意思是說「口」要吃飯，但「一雙手」更能勞動。

　　解放以後，我國一向以人多而自豪。毛澤東說過：「中國人口眾多是一件極大的好事情，再增加多少倍也完全有辦法，這個辦法就是生產。」「革命加生產，即能解決吃飯問題。」「世間一切事物中，人是第一個可寶貴的，在共產黨領導下，只要有人，什麼人間奇蹟也可以創造出來。」

　　1955 年以後，毛澤東發動在農村掀起合作化運動，他對這場波瀾壯闊的運動自信而豪邁地說：「合作化以後，對於很多地方來說，生產的規模大了，經營的部門多了。勞動的範圍向自然界的廣度和深度擴張了，工作做得精緻了，勞動力就會感到不足。」毛澤東還認為勞動力不足的問題就在「農業機械化以後也將是這樣。」因此，他認為還要靠增加人口來解決勞動力不足的問題。

　　在黨的八屆三中全會上，毛澤東並沒有放棄「人多一些好」的主張，仍念念不忘那個曾經使他躊躇滿志，極度興奮的命題：「將來，中國變成世界第一個高產的國家。……我們靠精耕細作吃飯，人多一點，還是有飯吃……就是人口增加幾倍，我也不愁沒飯吃。」

　　1957 年 11 月 2 日，毛澤東率領中國黨政代表團去蘇聯參加十月革命四十周年慶祝活動和出席社會主義國家共產黨和工人黨會議，各國共產黨的領導人都聚會一堂，在這次大會上，毛澤東發表了許多重要的講話。在他多次講話中，詳盡地闡述了他對未來戰爭和與之相關的人口問題的看法：「要設想一下，如果爆發戰爭要死多少人？全世界 27 億人口，可能損失三分之一；再多一點，可能損失一半。不是我們要打，是他們要打，一打就要摔原子彈、氫彈。我和一位外國政治家辯論過這個問題。他認為如果打原子戰爭，人會死絕的，我說，極而言之，死掉一半，還有一半，帝國主義打平了，全世界社會主義化了。」

　　全國解放以後，毛澤東多次在講話中談到：「世界反動力量的確在準備第三次世界大戰。戰爭的危險是存在的。」「他告誡全國人民要準備早打、大打、打核戰爭。」為什麼希望早打？毛澤東認為我國剛剛解放，從戰爭中走過來，有著一支具有豐富戰爭經驗和訓練有素、百戰百勝、

鬥志昂揚的軍隊。我國底子薄，還沒有搞建設，我們接收的是一個爛攤子，再打一場戰爭，也還是一個爛攤子。打完了，可以全心全意地搞建設。

毛澤東對黨內高級幹部曾說過這樣的話：「6 億人口，動不動就毀滅，哪有的事？何必說得這樣嚴重！就是原子彈大戰，頂多會毀滅我們一半，我們還有 3 億人，怕什麼？」毛澤東的第三次世界大戰和核戰爭的考慮也是基於有「人多一些好」的思想。

1958 年 1 月 28 日，毛澤東在召開的最高國務會議上說：「人多好還是人少好？現在還是人多一些好嘛！將來搞到了 7 億人口時再說，現在不要怕人多，是地大物博嘛！」

1958 年 3 月，毛澤東在成都召開統一全黨的思想，將中國引上大躍進軌道的會議，他不斷發揮他的「人多了好，還是人少一些好的看法」。他說：「宣傳人多造成悲觀空氣，不對，應看到人多是好事……還在還是人少，很難叫農民節育。」

1958 年 5 月 5 日，中國共產黨八屆二次會議在北京召開。毛澤東在會上繼續發揮他的「人多是好事」的觀點。「中國應當成為世界第一大國，中國人口多，為什麼不應當成為世界第一？」，「8 億人口，10 億人口也不怕，美國記者說 100 年後，中國人口占一半，那時文化高，都是大學生，很自然就會節育了。」

基於這樣的形勢，在 1958 年 5 月召開的中國共產黨八大二次會議中，在工作報告中，又一次不點名地批評了馬寅初，說某些學者甚至斷定農業增長速度還趕不上人口增加的速度。他們認為人口多了，消費就得多。他們只看到人是消費者而不是首先看到人是生產者。這是一種反馬列

4

主義的觀點。

1958 年，大躍進開始了，糧食衛星滿天飛，各地糧食畝產萬斤、二萬斤、四、五萬斤……的喜報不斷傳來，毛澤東喜形於色地說：「現在看來，搞十幾億人口也不要緊。」

此時，馬寅初的〈新人口論〉正面臨著悲慘的命運。

假如是一般的人，碰到如此有來頭的批判和高壓，即使不低頭認罪，也應該反省，或默不作聲，自作自受。可是馬寅初偏偏不是這種人，他是一位有骨氣，只相信真理，不畏懼權勢的人。在 1958 年到 1959 年的兩年中，馬寅初在報刊上寫了十多篇文章進行答辯、反駁。

1959 年，廬山會議之後，全國再次掀起批右高潮。周恩來對馬寅初的處境相當擔心，特地約馬寅初談了一次話，勸馬寅初不要過於固執，從大局著眼，還是寫個檢討好。別人勸馬寅初，馬寅初可以不放在心頭，但對周恩來的勸告，馬寅初就不得不認真對待了。

事後，馬寅初對自己的〈新人口論〉再一次進行認真的檢查，對報刊上對他批判的文章也一一進行研究，但他認為自己的理論、觀點並沒有錯。馬寅初的倔強個性，寧折不彎是有名的。解放前，他面對統治階級的殘暴威脅，橫眉冷對，不屈不撓，抗爭到底，他寧把囚室坐穿，也不願做太平犬。

當他得知《光明日報》將開闢一個專版對他和他的〈新人口論〉進行批判時，他只說了一句《光明日報》不「光明」。

他隨即寫了一篇長達 5 萬多字的〈我的哲學思想和經濟理論〉的文章，寄給《新建設》雜誌，而且還附了二則〈附帶聲明〉：

一則是「接受《光明日報》的挑戰書；」

二則是「對愛護我者說幾句表示衷心的感謝。」

從〈附帶聲明〉中，可以看出馬寅初先生為捍衛真理、不畏權勢的硬骨頭精神，也可以看出馬寅初先生為國為民，置個人安危於不顧的氣質。他的為人實在令人敬佩。

下面就是馬寅初先生〈附帶聲明〉的全文：

1.接受《光明日報》的挑戰書

「據去年 7 月 24 日和 11 月 29 日的《光明日報》估計，批判我的學術思想的人不下二百多人，而《光明日報》又要開闢一個戰場，而且把這個戰場由《光明日報》逐漸延伸至幾家報紙和許多雜誌，並說我的資產階級學術思想的一些主要論點已經比較深入地為人們所認識，堅持學術批判必須深入進行。這個挑戰是很合理的，我當敬謹拜受。我雖年近八十，明知寡不敵眾，自當單身匹馬，出來應戰，直至戰死為止，絕不向專以力壓服不以理說服的那種批判者們投降。不過我有一個要求。過去的批判文章都是「破」的性質，沒有一篇是「立」的性質；徒破而不立，不能成大事。如我國的革命，只破不立，絕不能有今天。你我都不歡迎那些如李達先生所說的：『擬名詞，擬概念，語義晦澀，內容空洞，帶一些八股氣』的文字。」

「我們所最歡迎的，是如潘梓年先生所說的那種概括各種新變化的哲學或經濟文字，因為哲學的中國要求有中國化的哲學。據《光明日報》的意見，我的學術思想是資產階級的。那麼應該寫幾篇富有無產階級學術思想的文章表示一個示範，使我們也可以經常學習。」

2.對愛護我者說幾句話並表示衷心的感謝

「去年有二百多位批判者向我進攻，對我的兩篇平衡論和新人口論提出種種意見，其中有些是好的，我吸取過來，並在小型的『團團轉』綜合性平衡中做了些修正（只七點），但是他們的批判沒有擊中要害，沒有動搖我的主要的或者說根本的據點──『團團轉』的理論，『螺旋式上升』的理論，和『理在事中』的理論，也無法駁倒我的新人口論。在攻戰很激烈的時候，有幾位朋友力勸退卻，認一個錯了事，不然的話，不免影響我的政治地位。他們的勸告，出乎真摯的友愛，使我感激不

盡；但我不能實行。我認為這不是一個政治問題，是一個純粹的學術問題，學術問題貴乎爭辯，愈辯愈明，不宜一遇襲擊，就抱『明哲保身，退避三舍』的念頭。相反，應知難而進，絕不應向困難低頭。我認為在研究工作中事前要有準備，沒有把握，不要亂寫文章。既寫之後，要勇於更正錯誤，但要堅持真理，即於個人私利甚至於自己寶貴的生命，有所不利，亦應擔當一切後果。我平日不教書，與學生沒有直接的接觸，總想以行動來教育學生，我總希望北大的一萬零四百學生在他們求學的時候和將來在實際工作中要知難而進，不要一遇困難隨便低頭。

　　最後我還要對另一位好朋友表示感忱，並道歉意。我在重慶受難的時候，他千方百計來營救；我1949年自香港北上參政，也是應他的電召而來。這些都使我感激不盡。如今還牢記在心。但是這次遇到了學術問題，我沒有接受他的真心誠意的勸告，心中萬分不愉快，因為我對我的理論有相當的把握，不能不堅持，學術的尊嚴不能不維護，只得拒持檢討，希望我這位朋友仍然虛懷若谷，不要把我的拒絕檢討視同抗命則幸甚。」

《新建設》雜誌收到馬寅初的文章後，不敢自做主張，趕快送交中央宣傳部和中共理論小組審閱。當時小組組長是康生，康生正在等待機會，窺測方向，準備整馬寅初，當他看到馬寅初的文章後，不禁竊竊私喜。當他看到馬寅初〈附帶聲明〉中的「我雖年近八十，明知寡不敵眾，自當單身匹馬，出來應戰，直致戰死為止，絕不向專以力壓服不以理說服的那種批判者們投降」時，不禁轉羞為怒，勃然大怒，決定立即向馬寅初開刀。

1959年10月24日，康生召集理論界和有關報刊負責人開會，布置批判馬寅初。他說：「原來我以為他會把辮子藏起來，改變觀點，現在看了文章，原來全部未變。」他要《新建設》趕快把這篇文章登出來。並佈置說：「對黨外不要講批判。」

　　1959 年 11 月初，《新建設》全文刊登了馬寅初的〈我的哲學思想和經濟理論〉和〈附帶聲明〉，《新建設》還加了一個〈編者按〉。12 月初就組織大批判，康生布置說：「批判的文章不一定多，但份量要重。可以盡量揭露，不要給他戴錯了帽子，但適當的帽子不可不戴。」

　　康生還指示北京市委，中央宣傳部考慮：「批判完了，北大校長要換人。」

　　12 月 24 日，康生給理論界的一些領導幹部寫信，要他們在批判馬寅初的〈新人口論〉時，要學習毛主席六種白皮書，尤其是〈唯心歷史觀的破產〉一文，要像批判帝國主義份子艾奇遜那樣來批判馬寅初。

　　在康生的直接指揮和煽動下，一場大規模的圍攻、批鬥和迫害馬寅初的陰謀正在陰險地進行著。

　　與此同時，北京大學從 1959 年 12 月 24 日起也掀起了全校規模的批判馬寅初的高潮，到 1960 年 1 月中旬，數以萬計的大字報鋪天蓋地地貼滿了北大校園，連馬寅初在校內的住宅燕南園 63 號整幢樓房也全部貼滿了大字報。校內外各種報刊相繼發表了批「馬」的文章有近百篇，硬說他的〈新人口論〉是馬爾薩斯人口論在中國的翻版，是「假借學術為名，向黨向社會主義進攻！」，是「反對社會主義革命和社會主義建設的」，還有些批判文章說馬寅初關於經濟發展的「綜合平衡論」是「攻擊黨的社會主義建設總路線和一整套兩條腿走路的方針」；「攻擊和污衊人民公社」；「攻擊我國國民經濟大躍進和高速度發展」；「與黨和馬列主義爭奪領導權」。「攻擊社會主義計劃經濟，歌頌資本主義自由競爭」。有些別有用心的人甚至還說馬寅初「歷史上幾十年一貫反對黨、反對社會主義！反對馬克思列寧主義。」；「從解放前到現在一貫為帝國主義、

封建主義和資本主義效勞。」……等等一大堆罪名，馬寅初成了個十罪不赦的千古罪人。

馬寅初在「權力與真理」面前沒有明哲保身，喪失氣節，他依然大義凜然，毫不畏懼地向人們大聲宣稱：

「我馬寅初是馬克思的馬！」

此時北大的大字報也別出用心地說馬寅初是反共老手，解放前反蔣是「小罵大幫忙」。總之從學術到政治，從思想到人格，無所不批。大字報雖然很多，但基本上雷同，因為大多數同學，特別是理科的學生，他們並不了解馬寅初有什麼「罪惡」，只是按照上面提供的綱要、材料和調子，匆匆炮製，奉命行事而已。

北京大學全校性的批判大會搞了三次，還精心組織了一次有二百多人參加的面對面的批判會。

據一位與會者事後的回憶：會場看上去很熱鬧，大教室裡坐滿了人，前幾排都是各系的名教授，其餘是師生代表。會議前半段是幾位師生唸批判稿。他們發言完了，主持人李某走到馬寅初面前，大聲問他：「馬先生：你有什麼要說的？可以答辯。」馬寅初站起身，走到講桌前，即席一個問題一個問題進行自我辯解，從容不迫。說到最後，他有些激動。他說我自知勢單力薄，寡不敵眾，但仍將單槍匹馬、繼續戰鬥。希望北大的學生要發揮「五・四」精神，為了追求真理，要知難而進。此時大會主持人搶過話筒，大聲對馬老說：「大家對你的發言很不滿意。」當時年屆八十的馬寅初耳朵有些失聰，一開始他沒有聽明白主持人的意思，又問了一些什麼，然後對著話筒說：「噢！好！好！我不說了」。然後他就慢慢地走下講台，拂袖揚長而去。全場都被馬老的舉動驚呆了，全場的空氣好像凝固了似地。幾分鐘後，主持人才回過神來，聲嘶力竭地宣

布：「他不在，我們照樣批，繼續開會。」

自從這次驚心動魄的一刻起，馬老的身影就從北大校園消失了。馬寅初的抉擇終於給他帶來了不幸的後果。馬寅初不願受職務之累，1960 年 1 月 3 日，馬寅初向教育部口頭提出辭職。第二天向教育部寫了書面辭職報告。國務院很快就批准了馬寅初的辭職。隨後又罷免了他全國人大常委的職務，（他是第一、二、五屆全國人大常務委員會委員）。與此同時，也剝奪了他發表文章的權利。

就這樣，一代經濟學大師、泰斗就這樣從政治舞台、教育舞台和學術舞台上消失了。

口 人口問題再次引起重視

在批判了馬寅初，和經過三年大躍進的折騰以後，十多年間，馬寅初的名字和他的〈新人口論〉幾乎被人們遺忘了，人們不敢再提計劃生育問題。

1961 年以後，中國正從這場可怕的大躍進後的三年自然災害的飢餓中掙扎出來，隨後就進入了一個生育的高峰。1953 年到 1957 年，人口自然增長率為 22‰，1962 年上升到 27.1‰，1963 年更高達 33.5‰。

據統計，中國的人口從 1964 年到 1974 年這十年中，中國的人口每年增加二千多萬人，相當於每年增加一個多澳大利亞的人口。中國人口猛增二億多。1957 年到 1978 年的二十年中，中國人口從 6.46 億，增加到 9.63 億，增加了三億多。

這期間，也引起一些有識之士的注意，他們大聲疾呼：中國應當重視計劃生育。邵力子不勝感慨地說：「讓我講真心話，假如這幾年內少生些孩子，國家的糧食就沒有那

麼多的困難了。」

這樣，計劃生育的問題又被舊事重提，而且被提上了國家的議事日程。

1962 年 12 月，中共中央、國務院發出了〈關於認眞提倡計劃生育的指示〉。

1963 年，中共中央又批轉了國務院〈關於中央和地方都要成立計劃生育委員會的決定〉。

中國計劃生育問題走過十幾年的彎路和挫折之後開始邁出了可喜而又蹣跚的第一步。

1965 年 3 月，全國政協第四屆的一次常委會上，周恩來指示醫藥衛生組要協助搞好計劃生育工作。

同年 11 月 16 日，周恩來在中共政治局擴大會議上又說：「我們要搞計劃生育，來反對馬爾薩斯的人口論，計劃生育是進步的……我們有社會主義制度，能夠做好計劃生育這個大問題。」

1966 年，毛主席親自發動的史無前例的文化大革命爆發了，全國頓時又陷入無政府狀態，剛剛起步的計劃生育工作又被停頓下來，人們都忙於文化大革命去了，計劃生育的條令就如廢紙，無人理睬。中國人口出生率像打開閘門的洪水，脫韁的野馬，一直向前狂奔。

由於人口的急劇膨脹，加上文化大革命對生產的衝擊，使生產力率大大萎縮，全國人民又面臨著一場生產力的發展不能適應人口劇增的矛盾，人們吃穿用的矛盾進一步加劇，全國人民的吃、穿、用都要憑票供應；有的地區還餓死人。

在嚴峻的形勢面前，再次引起中央決策層的重視。

1968 年，毛澤東號召「一手抓革命，一手促生產」，試圖一面抓文化大革命，一面抓生產來緩和這個矛盾。無

奈當時的形勢是在不正常的軌道上運行的，即使偉大領袖
的號召，也未能挽回局面。

1970年，周恩來又一次在全國計劃會議上呼籲：「七○
年代要注意計劃生育！」

1972年7月，周恩來批轉了衛生部、商業部、燃化部，
〈關於做好計劃生育工作的報告〉，指出：除少數民族和
某些地區外，都要加強計劃生育。在第四個五年計劃期間，
一般城市人口增長率要降到千分之十以下，農村要降到千
分之十五以下。這是我國歷史上第一次由政府提出制定人
口規劃。

1972年，還在周恩來主持下召開了第一次全國計劃生
育工作會議。

在1973年的全國計劃工作會議上，把人口增長指標納
入了國民經濟發展計劃。此後，國民經濟發展的規劃都包
括了人口增長指標。

1973年12月，全國第一次計劃生育匯報會上，提出計
劃生育要實行「晚」、「稀」、「少」。「晚」是指男25
周歲，女23周歲才結婚。「稀」是指兩胎間隔4年左右；
「少」是指只生兩個孩子。此後在宣傳中就出現了「一個
不少，兩個正好，三個多了」的口號。後來又改為「最好
一個，最多兩個」，把兩個做為目標。

1974年時，毛澤東終於重複了馬寅初當年大聲疾呼過
的那句：「人口非控制不可」的話。毛澤東不再迴避這個
嚴重的現實問題了。毛澤東曾坦率地告訴過外國記者：「在
鄉下，婦女仍然想生男孩，如果第一個和第二個孩子都是
女孩，她還想再生一個，如果生了第三個，還是個女孩，
這位母親還想再生。很快地生了九個後，這位母親已經四
十五歲了，她最後只好決定，就這樣算了。這種態度，必

須改變。」

　　事實也正是如此，江西豐城市曲江鎮足塘村，有一對夫婦一連生了九個女孩，第十胎才是一個男孩，才算結束，這位姓黃的婦女其時已40歲。

　　因此帶來的超生人口是嚴重的。父母爲了逃避處罰，生了第二個孩子以後，就不報戶口，所以沒有戶口的孩子增加了，僅四川一地從1991年至1998年人口黑洞達40萬，有一個號稱計劃生育好的縣，人口黑洞竟達1.4萬。因爲想要男孩，也就有人遺棄女嬰。

　　造成人口黑洞的情形還有一些原因：主要是大量農村人口湧入城市，加劇了人口流動，使人口統計造成困難，難以及時準確掌握；一些超生人口不願上戶口而漏過統計；農村一些地方亂攤派、亂收費，工作簡單，亂罰款，使得一些人不願上戶口；另外個別地方官員爲了自己政績，在人口統計工作中以罰代管，有意造成失眞，更有甚者，有意暗示統計人員弄虛做假，哄騙上級，以權謀私。

　　1980年，中共中央發表了〈關於控制我國人口增長問題致全體共產黨員、共青團員的公開信〉。公開信提出「爭取在本世紀內把我國人口總數控制在12億以內」的目標，並鄭重向全國人民發出了「一對夫婦只生一個孩子」的號召。

　　1980年，新華社公佈了中國人口發展進程百年預報：預報說如果按中國當時的生育水平延續下去，2000年中國人口要超過14億，到2050年，中國人口將達到40億。這一消息公佈後，引起很大震動，產生了恐慌心理。於是有人主張我國人口宜取負增長，使每年人口出生率控制在千分之五，比人口死亡率千分之七爲低，要進入人口負增長，就要鼓勵自願不育和獨身，每隔5年開展一個「無嬰年」。

這就意味著：我國每年婚育期的人口在二千萬以上，即使其他能生育的人不算在內。單是這批人，一對夫婦只生一個孩子，每年也將出生 1 千萬人。要想進入人口負增長，就得有一半左右的夫婦終生不能生育孩子，這無寧說要把幾代人種的苦果讓一代人吞下去，這很難行得通。

一些科學家根據中國百年人口預測建議：從 1980 年起就大力提倡一對夫婦只生一個孩子，到 1985 年，普遍做到「一胎化」，到 2000 年，人口自然增長率可接近零。即出生率和死亡率相互抵消，全國人口可控制在 11 億以下。

此後，中國多次制訂控制人口的條例，並且多管齊下：「提倡計劃生育」、「提倡晚婚」、「提倡一對夫婦只生一個好」。並制訂了一些獎勵和懲罰的條文。從此，中國人口增長率開始逐漸下降，到 1980 年，中國人口出生率已降低到千分之十一點九二。但由於中國人口基數太大，中國人口每年仍出生上千萬，這時全國人口已經向十億大關衝刺了。

馬寅初在遭到錯誤批判，被迫罷官，退居家中之後，仍時刻掛念著國家大事。

他積極參加自己僅能參加的政協組織（他是第一、二、三、四屆全國政協委員，第二、四、五屆常務委員）的各種政治活動。他對反右派擴大化提出了自己的意見。他認為：「右派不會那麼多，有些人是很有才能的，是能夠為社會主義建設發揮作用，但是給戴錯了右派份子的帽子，我馬寅初大聲疾呼，一定要為他們摘掉帽子！」

對於身處逆境的馬寅初，他說出這樣的話，該有多大的勇氣。

馬寅初還對黨和國家各部門中少數幹部搞特殊化，目無國法、腐化墮落，脫離群眾現象痛心疾首，提出尖銳的

批評。

馬寅初眞不愧爲與共產黨肝膽相照、榮辱與共的錚錚摯友。

馬寅初多次說過：「除了人口問題外，農業問題也應早爲之備。」

他在完成〈新人口論〉之後，便已著手收集農業方面的材料，準備寫一部有份量的《農書》。

1962年，馬寅初遭批判後，仍以80歲高齡之身回浙江老家考察農業經濟，收集第一手資料。馬寅初從1963年到1965年中，花了整整三年的時間在家中寫作，繼續爲國家建設出謀策劃，做出貢獻。但遺憾的是：在文化大革命中，他這部珍貴的手稿，被紅衛兵抄去付之一炬，全部燒毀了。

由於積勞成疾，馬寅初不幸染病，經診療爲肺炎，雖經全力搶救，轉危爲安，但元氣大傷，以致雙腿行動不便。

1965年，馬寅初一條腿終於癱瘓了。本來一生多難的馬寅初，在失去行走能力之後，1972年又不幸得了直腸癌，90高齡，身患絕症，眞叫人擔心。在周恩來的關懷下，北京醫院組織了有關方面的醫學權威，精心編制了手術程序，成功地爲馬寅初進行手術，對90高齡的老人進行大手術，一次成功，創造了奇蹟，打破了醫學史上的紀錄。

□ 百歲壽星喜獲平反

1979年7月16日，耀眼的陽光照射進東總布胡同32號這座古老的院子。庭院裡百花爭豔，樹影婆娑，綠地上芳草菲菲，這時有輛黑色轎車開到了庭院門前停了下來，車上下來了幾個人，逕直進入客廳，原來是中共中央統戰部副部長李貴受委派專程來拜訪98歲高齡的著名經濟學家

馬寅初先生的。李貴握住馬寅初的手說：「1958 年以前，
和 1959 年以後這兩次對您的批判是錯誤的。實踐證明，您
的節制生育的〈新人口論〉是正確的，組織上要為您徹底
平反，恢復名譽，希望您能愉快地度過晚年。」並祝馬老
健康長壽。

不久他又當選為人大常委會委員。

馬寅初自信自己的理論、主張是正確的。歷史遲早終
會給予正確的判斷。他對李貴說：「我很高興，二十多年
前中國人口並不多，現在太多了，要盡快發展生產才行啊！」

馬寅初二十多年前的沉冤是非終於昭雪了，得到了徹
底平反。人逢喜事精神爽，近百歲的老人渾圓的臉上終於
綻開了笑容，喜形於色，好像一下子年輕了幾十歲。

同年 9 月 14 日，北京大學召開有黨、政、工、團、各
民主黨派、學生會以及教職工代表一百多人參加的會議，
決定為馬寅初公開平反，恢復名譽。馬寅初因身體不適，
特委託夫人毛仲貞、女兒馬仰惠和孫子馬思一參加會議。

教育部副部長，北京大學黨委書紀周林在會上宣讀了
中共中央批轉的中共北京大學委員會〈關於為馬寅初先生
平反的決定〉，和教育部〈關於任命馬寅初先生為北京大
學名譽校長的通知〉。

與會代表、著名學者季羨林先生、著名經濟學家陳岱
蓀先生也先後發表了熱情洋溢的講話。一致稱頌馬寅初堅
持真理，不畏權勢的高貴品質和不屈不撓的鬥爭精神，一
致熱烈迎馬寅初「三進北大」。

第二天下午，周林和馬老的學生，著名經濟學家趙乃
摶，嚴仁賡教授及各方面有關人員一行十幾人，專程來到
馬老家中看望馬老。

馬老坐在輪椅上，在客廳裡同大家見面，滿臉春風地

和客人一一握手。周林將黨中央批准的北大黨委〈關於為馬寅初先生平反的決定〉交給馬寅初，並當面向近百歲的老人宣讀了教育部〈關於任命馬寅初先生北京大學名譽校長的通知〉。校長辦公室主任任文重宣讀了北大周培源校長從青島給馬寅初發來的賀電，學生代表向馬寅初老校長獻了鮮花，歡迎馬寅初「第三次重回北大」。

無如這時馬寅初雙腳癱瘓，坐在輪椅上，已垂垂老矣。

二十年來是與非，

一生繫得幾安危。

二十年來積壓在馬寅初心頭上的鬱悒終於徹底消失了，飽經風霜，一身正氣的馬寅初面對此情此景，老人不禁放聲大哭起來。

公正的歷史終於還給馬寅初歷史的一生清白！

1981 年 6 月 24 日，馬寅初在北京醫院度過了他的百歲壽辰。這一年，中國人口學會在北京成立，大會推舉馬寅初為中國人口學會名譽會長。接著亞洲議員人口和發展會議在北京召開，會議向馬寅初先生發出了表彰信。

他的那部引來諸多爭議的〈新人口論〉，在 1999 年被我國經濟學界評選為「影響新中國經濟建設的 10 本經濟學著作」之一。

這位出生於清朝，生活和工作於中華民國和中華人民共和國的老人，一生經歷了多少風雨滄桑，闖過了多少常人難以想像的驚濤駭浪。跨越了整整一個世紀，終於走完了他的一生旅程。

1982 年 5 月 10 日下午 5 時，馬寅初說完了最後一句話：

「我要回去了。」

便安詳地閉上眼睛，像睡著了，靜靜地躺在床上。享年 101 歲。

中國經濟界、教育界的一顆燦爛輝煌的巨星隕落了。馬寅初整整跨過一個世紀，經歷了無數關隘，被廣大人民盛譽為：「中華民族難得的瑰寶」，和我們永別了。

我國第五次人口普查結果，我國人口即將超過 13 億，人口大潮仍然洶湧，我們還必須繼續籠住這匹狂馬。有人說：假如毛澤東當年支持了馬寅初的建議，中國人口可能就被控制在八億或九億之內，甚至更少，至少可以少生四億或五億，那該有多好。但是世界上沒有後悔藥，現在的一切假設都是沒有意義的，中國必須面對現實，還將為龐大的人口付出沉重的代價。

核專家劉允斌（**1924～1967**）

～劉少奇長子自殺之謎～

劉允斌和我從五〇年代起到六〇年代他調到包頭 202 廠工作時為止，我們都在原子能研究所工作。這個研究所是我國最早的核武器研究基地。

口 中國的 Y 基地

我 55 年大學畢業，先跟蘇聯專家學習了幾年，後來就來到了二機部，這是新成立的二機部。原來的二機部是搞航空的，後來併到一機部去了，成為一個保密局。新二機部搞什麼，當時誰也不知道。

我到二機部幹部局報到時，白雲發同志很有禮貌地接待了我，給我寫了一封到北京 601 廠報到的介紹信，囑咐我第二天早上 8 點以前把行李送到二機部門口來，說有車子送我去。我問單位在什麼地方，他說在西郊。北京西郊我過去去過，中國科學院的一些研究所、著名的北京大學、清華大學……等一批高等學校，和名聞遐邇的頤和園都在西郊，那可真是個好地方。

一個舖蓋捲，一只紙板箱就是我的全部行李。說實在，我家裏很窮，解放前我經常給地主家送租，父母一字不識，

靠著自己勤奮苦讀，1945年和1948年先後考取浙江省立金華中學初中和高中的公費，而且名列第一。大學也以公費錄取。到52年時，學習蘇聯，進行全國院系大調整，所有大學生伙食全部由國家統包。所以從中學到大學，我沒有花過家中什麼錢，倒是我把寫文章的稿費寄回家去。我是道道地地人民培養長大的，服從國家統一分配是我的天職，組織叫我上哪裏，我就去哪裏，絕無怨言。

第二天一早，我把行李送了去，二機部門前那棵大樟樹底下已經有許多人在等車。他們知道我是去報到的，搶著爲我搬行李。車子出了城，就像脫韁的野馬朝前方疾馳。過了半個多小時，車子駛上一座大石橋，看見兩旁有許多石獅子，我知道這是盧溝橋，我們是朝西南方向去的。

車子繞過一座小山，最初還能看到一些零星的村落，到後來就都看不見了。再轉過幾個彎，車子在一排樓房前停了下來，我好奇地朝四周打量！這是一座小鎮、中央有條平坦的馬路，兩旁有郵局、銀行、新華書店、食堂……和一排排整齊的樓房、宿舍，馬路盡頭有一處廣場，廣場正中有一座噴水池，廣場的北面，面向水池的一座大樓是蘇聯專家的宿舍，廣場的西面是招待所，當天我就住在這裏。

這是什麼地方？晚上輾轉反側，難以入睡。門口貼有作息的時間表，先看看時間，免得錯過時間吃不上飯。忽然在表的下面看到蓋有「中國科學院原子能研究所」的紅色大印。後來我問別人，這是怎麼一回事？據說：「北京601」廠就是「中國科學院原子能研究所」，「601」是部裏編的代號，在中關村還有一處「中國科學院原子能研究所」，通常叫一部，這裏是二部。一部二部工作性質不同，這裏是絕密單位。

研究所分南區、北區，南區是生活福利區，研究所在

北區，南區和北區隔著一座小山，山上有條崎嶇的小路，可以通人；到北區上班，我們就翻過這座小山，或者騎自行車繞山而行。

☐ 大陸早期最保密的地方

負責接待的同志把我領到北區，大門有荷槍實彈的解放軍把守，進大門是許多食堂：幹部食堂、營養食堂，各個研究室的食堂……等等。再經過一重大門才是研究所。

1942 年，美國在新墨西哥州選擇了一片廣闊的台地，做為研究原子彈的據點，稱為「Y 基地」（曼哈頓計劃在洛斯阿洛莫斯的代號）。研究過美國早期原子彈歷史的人都知道那是美國最保密的地方，所有科學家和工作人員都生活在基地內，不和外界接觸。研究人員出差都有人跟隨，既是保鏢，也是監視你的情報人員。通信一律用信箱代號「陸軍 1663 號」，不准私自偷寄任何信件，所有郵件全部經過檢查，不允許告訴家人或親友你在哪裏工作，幾乎與外界隔絕。由於美國保安工作做得好，自始至終沒有發生過失密事件，除了少數決策人員之外，全國上下都不知道美國正在研製破壞力空前強大的原子彈。

「中國科學院原子能研究所」是我國最早的核研究基地。我去報到時，已看不到塵土飛揚，施工忙繁的景象。整個研究所和上海交通大學或華東師大相似，正中是四塊大草坪，草地上還散亂地堆著一些大小不等的石頭，四周小樹只有一人多高，它標識著這個研究所成立不久。南面大樓是所長錢三強、副所長王淦昌、彭桓武、趙忠堯……和一些職能部門的辦公室。北面大樓是圖書館、閱覽室、階梯教室……和一些研究室，最初我和劉允斌都在這座大

樓裡工作。大草坪的東邊是電子加速器大樓，西邊是重水反應堆實驗大樓。每座大樓都有代號，如反應堆大樓叫「101」，加速器大樓叫「201」等等，再遠一些的建築物，就是眾多的研究室和實驗室。

報到以後，人人都要參加保密學習，除告訴你信箱號碼和通信注意事項之外，總起來就是這樣一層意思：「應該知道的知道，不應該知道的不要知道，知道了的就算了，不要外傳」。據說不少人由於沒有遵守保密制度，犯了錯誤，受到了處分。所裏定期舉辦保密展覽會，把違反保密的事例公佈出來，其中就有浙江大學分配來的畢業生。

和我住在同一宿舍的有四個人，相互之間都不知道對方搞什麼工作。

在辦公室裏，人若離開，筆記本等必須鎖進抽屜，不能隨便丟在辦公桌上。下班時，大家整理好圖紙、資料、筆記本，交給保密室的保密員，由她放進保險箱，然後下班。萬一保密員有事或生病，大家就只好等著，或看看別的書。因為工作緊張，大家曾向上面提過意見：希望保密制度放鬆一些，以免影響工作。據說上面答覆：「寧可影響工作，也不允許失密」，把話說到底了。

聽說當初蘇聯專家建議的保密制度比這還要嚴格，後來中方沒有採納，認為不適合中國國情，中國幹部都是經過嚴格挑選的。

研究所各處大門，四周瞭望亭，各幢大樓出入口都有解放軍站崗，他們不屬研究所編制，檢查很嚴格，鐵面無私，不管你是誰，沒有證件一律不許進出。

除工作證之外，還有專用的通行證、出入證，即使本所職工也不能隨便亂走。後來，我們研究室搬到反應堆大樓去了，這裏沒有解放軍，但門口有像醫院的掛號處，有

人值班。進出有特別出入證，每人編有號碼，出大樓時向值班人員報出你的編號，然後給你出入證，回大樓時，再把出入證交還給他。據說這樣可防止任何外人進入。

從六○年代起，隨著國際形勢的變化，中蘇兩國關係惡化，蘇聯停止供應原子彈樣品，把已經裝車待運的原子彈樣品命令卸下。短期內撤走全部蘇聯專家、帶走所有資料。所裏的專家大樓人去樓空，後來改爲招待所。蘇聯還揚言要破壞中國的核基地。於是原子能研究所一分爲幾，紛紛內遷，靠山進洞，在四川夾江、綿陽、樂山等地先後成立了一院、九院和工程物理研究所，最後研究所只留下幾千人。

在美國 Y 基地工作的美國科學家全部隱姓埋名，一律用化名。著名的科學家、諾貝爾物理獎獲得者康普頓甚至有兩個化名──科馬斯和康斯托克，一個在美國東部用，一個在美國西部用。我國核基地重點轉移後，一些著名的科學家也在公眾場合消失了，給他們起了新的名字。

原子能研究所雖遠離市區，但生活並不枯燥，部裏每隔一些日子就組織一些劇團來所裏演出，有京劇、評劇、話劇等，有時也有南方人喜愛的越劇，晚上路過大食堂，經常聽到鑼鼓聲聲，劇場內人頭鑽動，座無虛席。據說這些劇團一到研究所就進後台化粧，演完戲，一擦臉就乘車子走了，他們來去匆匆，也不知道去什麼地方爲誰演出。周末和節假日所裏經常組織聯歡會、遊藝會、舞會等等活動，我們極少參加。

五○年代，北京供應不好，糧食以粗糧（玉米窩窩頭）爲主，細糧（麵粉及大米）很少，要憑票供應。我們一早起床，趕到北區，往往食堂還未準備好，我們就匆匆買幾只冷窩窩頭，弄點熱水，囫圇吞棗地送下去，實驗室裏是不允許抽煙吃東西的。

　　整個生活區據說最多時有近萬「居民」，除去工廠工人、及家屬以外，科研人員有數千人、老、中、青三代都有，呈細寶塔形，上層和中間小，底層相對龐大。錢三強、王淦昌、彭桓武、趙忠堯、于敏、王竹溪、李林……等是解放前從歐美等國家留學或工作回來的，他們當中相當一部份人當時是中國科學院的學部委員（後改稱院士）。他們擔任所一級和室一級的領導，年齡大約四、五十歲。蘇聯留學回來的一批居中層，他們相當一部分是烈士或高幹的子弟，年齡約三、四十歲，擔任室一級或組長一級的工作。占絕大多數（約百分之九十以上）是五、六〇年代畢業的大學生，他們年齡相仿，都是二十四、五或二十六、七歲，正當青春年少，意氣風發，幹勁十足。有次幾位元帥來所參觀，大家在所內馬路旁邊歡迎，老帥們不勝驚訝地說：「怎麼都是小伙子！小辮子！」在他們想像中，搞原子能這樣尖端科學的人，一定是一些戴老花眼鏡的老頭子、老太婆。

□ 初識劉允斌

　　我在原子能所時，聽同事們說，所內有不少高幹子女。我們研究室裏就有一位彭士祿，他是彭湃烈士的兒子，據說他小時由周恩來、鄧穎超收養，後來送到蘇聯留學，他和我不在同一個小組，但經常見面。他個子瘦小，為人極誠懇，我們俄文水平差，看不明白的地方去問他，他總能詳細地幫你解釋。但不到一年，就見不到他了，原來調走了，那時調動工作，就像部隊換防一樣，說走就走，不歡送，也不告別，也不知去哪兒。後來我調到上海核工程研究設計院搞浙江泰山核電站時，他來過幾次，那時他是核潛艇的總設計師。

　　李四光的女兒李林從英國劍橋大學畢業，在英國工作。當李四光應周恩來的邀請回國擔任地質部部長時，李林跟父親一起回國，在我們研究所任材料研究室的室主任。我是在一次批判會上才認識她的。

　　原子能研究所有二十來個研究室，我們不知道的高幹子弟一定更多。

　　我第一次認識劉允斌是很偶然的。

　　那天，我和幾個同事去食堂吃飯，從草坪旁邊小路走過，有人忽然輕聲跟我說：「喏，那就是劉少奇的兒子」。我順著他手指的方向看去，果然看見他和一位戴眼鏡的矮個子女同志在另一條小路邊談論什麼。出於好奇，我們就駐足觀看。劉允斌和劉少奇長得很相像，寬闊的前額，高高的鼻子，就像一個模子裏倒出來似地，所不同的只是多了一副眼鏡，個子略矮一些而已，衣著相當樸素，而且顯得有些陳舊，他煙癮很大，一支接著一支地抽。他靜靜地傾聽那女同志的講話，直到女同志把話講完，他才發表自己的意見，劉允斌那時是核化學研究室的室主任，估計那位女同志是他室裏的一位科技人員，有什麼事情找他，「狹路」相逢，就把他攔住了。後來聽他同一研究室的人講，這是劉允斌的一貫作風：當有人和他研究問題時，從不把別人的話打斷，總是仔細地聽著，讓對方把話講完，才發表自己的意見、想法。所以他在室裏聲望很高，人人稱讚。

　　劉允斌是 57 年到原子能研究所工作的，比我早一年多，開始時不認識，但工作時間一長，又在同一大樓，後來見面的機會也多起來了。

　　劉允斌從蘇聯初回北京時，劉少奇在門口迎接，劉少奇看到兒子，第一句話就是：「允斌，你回來了」！這是一句含意豐富的讚美詞，不言而喻，劉允斌相當爭氣，做

父親的哪有不感到高興呢？

　　劉少奇讓劉允斌住在家裡，叫他休息一下，放鬆放鬆。劉允斌是 1939 年 14 歲時從延安出發到蘇聯去的，18 年以後 32 歲時才正式回到祖國，他對北京很陌生。劉允斌全城轉了一圈，長城、頤和園，故宮這些名勝古蹟走馬觀花地瀏覽了一下，他感到沒有多少興致。他是拋妻別子回來工作的，他在蘇聯時就立志要把所學的知識——祖國急需的核化學知識貢獻給新中國的原子能事業。他對父親講：「我希望馬上工作。」

　　劉少奇考慮他所學的專業，第二天就寫了一封親筆信，讓他到最需要用人的二機部去報到。二機部的全稱是「中華人民共和國第二機械工業部」，它相當於美國的「原子能委員會」，全國所有核事業單位和人事調配全由它統一管理。

　　我在寫這篇文章之前，拜讀過徐彬和小苗先生等人寫的一些文章，在這些文章中都說劉允斌到二機部報到以後，部長宋任窮當場介紹他到中國最早的核武器研究所——「中國原子能研究所 401 所」工作。這裏可能有點筆誤。我是 1958 年到這個單位工作的。二部機幹部局給我的介紹信上寫的是「北京 601 廠」，報到以後我才知道「601 廠」就是「中國科學院原子能研究所」。按規定原子能研究所不能與部裡的編號「北京 601 廠」或「北京 401 所」同時出現，（以利保密）。中國科學院原子能研究所的前身是「中國科學院近代物理研究所」。「北京 401 所」是六〇年代以後部內才新編的代號。劉允斌比我早到一年，估計劉允斌報到的單位應該是「北京 601 廠」或者「中國科學院近代物理研究所」。

　　研究所的科研人員，十之八九都是青年，二十多歲大學剛畢業的青年，年輕人生性好動，到下午五點鐘，各個

球場和草坪上就擠滿了人，一個個生龍活虎。我們室主任屈智潛也從蘇聯留學回來，也和大家一起打排球，每次打得衣褲全溼。

劉允斌來研究所時才三十出頭，正是「春風得意馬蹄疾」的時候，不僅年紀輕輕，心情也年輕，很快就和室內年輕大學生打成一片，工作時，他帶頭攻關，處處走在前面。休息時，他不是找這個下圍棋，就是找那個打乒乓球。聯歡會上，他也非常活躍，一首普希金〈紀念碑〉的詩歌朗頌和俄語歌唱〈伏爾加船夫曲〉〈三套車〉……很受大家歡迎。此外他跳的「華爾茲」如彩雲追月。很快，室裏的年輕人就喜歡上這個初來乍到，歲數和自己差不多的核專家。

可是過了不久，劉允斌的身影就從年輕人的人群中消失了。早上匆匆趕到食堂，又像流星一樣地鑽進了試驗室。中午食堂快關門了，他才急急忙忙地買了一盒子飯，連晚飯都在內了。晚上也是最後一個離開試驗室，有時就和衣躺一下，又起來繼續工作。原來當時核燃料——原子彈炸藥正處在試驗階段，他要在最短時間內拿出報告。

在國防科研單位工作過的同志，大家有這樣一個共同感覺，就是大家相處非常融洽，猶如親兄弟姐妹，有什麼問題，大家幫助解決。大家學習的勁頭，並不比在學校時差。那時，即使在晚上 11～12 點鐘，各個大樓仍然燈火通明，不到「月落烏啼霜滿天」是不會回南區宿舍的，不是在鑽研業務，就是在學習外語。所裏經常舉辦各種講座、學習班和討論會，錢三強、趙忠堯、王淦昌等科學家親自給大家講課：核反應原理、反應堆、同位素分離……等，階梯教室總坐得滿滿的。

劉允斌做為一室之主，核化學專家，擔子是很重的，他也經常在室內組織大家輪流講核放射化學、核輻射防護。

我想：我們核科學技術能夠在這麼短時間內這麼快發展，在這麼短時間內研製成功原子彈、氫彈，和這套以老帶新的學習方法是分不開的。

□ 苦難的童年

別人總以爲劉允斌出身高官門第，國家主席的兒子，即使在最艱苦的年代，劉少奇也是共產黨的高層領導，他一定過著養尊處優的生活。其實不然，劉允斌小時的經歷並不比窮人孩子好，可用「歷盡坎坷」四個字來加以概括。

劉允斌的生母何葆貞 1923 年與劉少奇在安源結婚，第二年生下了劉允斌，不久劉少奇就奉命南下工作。因環境險惡、四海爲家，劉少奇覺得帶著兒子很不方便，而且十分危險，想把兒子寄養在一礦工家裏。這時正巧劉少奇的六哥劉雲庭來到安源，他認爲孩子畢竟是劉家的後代，與其送人領養，不如由他帶回寧鄉炭子沖老家。

劉少奇因工作操勞過度，肺病又突然復發，第二年何葆貞陪丈夫從上海來到長沙湘雅醫院治病，何葆貞單獨到寧鄉炭子沖看望不滿二歲的兒子，這次見面，母子就成永別。後來何葆貞就在獄中犧牲了。劉少奇則在十多年以後才見到自己兒子。

劉雲庭把劉允斌帶回炭子沖以後，將他寄養在劉少奇大哥劉作欽家中。劉作欽家境也不好，對劉允斌的到來他們並不歡迎，因爲家中又多了一張吃飯的嘴巴，同時他們害怕受劉少奇的牽連被抓去殺頭。除六伯之外，其他幾個伯父也避而遠之。劉允斌慢慢懂事以後，就發現自己也正處在「身處深山無近親」的境地，但沒有辦法，也只好逆來順受了。

到五歲的時候，命大的劉允斌就失去了童年的歡樂。天剛有些發白，劉允斌就拿起牛鞭、背著籮筐，帶著鐮刀，一個人上山放牛，一邊照顧比他高出一個半頭的大水牛，一邊割草，晚上背回來飼豬餵羊。中午也不回家，坐在石墩上取出懷裏帶的山芋，就著喝幾口山水，就算是中飯了。下午不到天黑不敢把牛趕回家，早了會挨罵。到家也沒人問一聲累不累，餓不餓，他只好自己摸著來到灶間，盛碗稀飯或其他什麼的，有時連這個也吃不上，就餓著肚子躺到亂草堆上過夜。他在這個家裏成了個多餘的人。

到了七、八歲，家裏把他當成了長工，除了放牛割草，還要背犁種地。因為人小，一不小心，手腳常常劃破。有次被野狗追著撕咬，鮮血直流，他的哭聲驚動了附近幹活的人，他們打跑了野狗，把他背回家來，後來傷口化膿，他依舊天天外出做工、放牛割草。

「天哪！為什麼別人的孩子有爸爸媽媽，就是我沒有，你們在哪裏！為什麼不要我？」

劉允斌長到九歲，在外幹活的六伯回來了，看到劉允斌面黃肌瘦，衣不蔽體，他嘆了一口氣，拉住劉允斌問道：「斌斌，你想不想讀書？」

「想哪！但那是有錢人家孩子的事，我怎麼進得了學校呀？」

「你爸你媽都是讀書人，你應該有文化，不然我怎麼對得起他們呢？」

六伯真是個好人，不知他變著什麼法兒，通過什麼門徑，居然把他送進學校。

人的思想有時就那麼怪，一件小事會使你刻骨銘心，終身難忘。劉允斌的啟蒙老師是個飽學之士，他講解屈原〈國殤〉時聲淚俱下，劉允斌深受感動。屈原憂國憂民在汨羅江

自盡的事蹟使劉允斌深受感觸，深深地印在腦子裏。他不怕迢迢路遠，約了幾個小同學，一起爬山過嶺，風餐露宿趕了一百多里路，吃了不少苦頭，來到汨羅江畔，望著滔滔的江水，遙想當年屈原投水自盡的情景，不禁雙膝跪下，深深叩頭俯拜。從這一刻起，劉允斌好像成熟了很多，屈原的愛國情操和人格力量就融化在他的血管裏，注入他的心頭。

這件事被大伯知道了，他被挨了一頓臭罵。地裏活沒人幹了，牛沒人放了，再讀書就不知道還會跑到哪裏去了。

於是劉允斌再次穿起草鞋，拿起牛鞭，背起籮筐，重操舊業，但一有空，他就把屈原的〈國殤〉一字一句抄了下來，抽空就拿出來讀它幾遍。

六伯大為感動，又向大哥大嫂求情，答應讓劉允斌讀書。這樣劉允斌在炭子沖斷斷續續地讀了兩年書。

1938 年，六伯給他帶來了一個好消息，父親要接他去延安，連路費都寄來了。他不知道延安離炭子沖有多遠，也不知道爸爸是什麼樣子，既然爸爸在延安，又能離開這個並無溫暖的地方，他真是樂在心頭，笑在眉梢，劉允斌歡天喜地地跟著六伯向延安進發了。

1938 年 7 月，劉允斌到達延安，劉少奇上上下下仔仔細細地打量著自己的兒子。自從安源一別，劉少奇十多年來戎馬倥傯，浪跡天涯，再也沒有見到過兒子。現在兒子忽然像小燕子一樣飛回身邊，怎不使他高興萬分。

「這是我的爸爸嗎？」劉允斌回頭望望六伯，六伯向他點了點頭。

他終於見到自己父親了，但張著嘴巴卻叫不出聲來。平時只聽到別人孩子叫爸爸，自己從來沒有叫過。劉少奇鼻子一酸，連忙抱住自己的兒子，劉允斌才一聲爸爸叫了出來。

　　何葆貞沒有等到這一天，早在 12 年前就丟下兒子犧牲走了。

☐ 蘇聯成了他的第二故鄉

　　在抗日戰爭和解放戰爭時期，中共把一批烈士遺孤和高幹子女送到蘇聯去學習。前後出去的有毛澤東的三個子女：毛岸英、毛岸青和李敏，朱德的女兒朱敏，劉少奇的三個子女劉允斌、劉愛琴、劉允若，林伯渠的女兒林莉，林彪的女兒林小林，高崗的兒子高毅，陳伯達的兒子陳小達，李富壽的女兒李特特，瞿秋白的女兒瞿獨伊，張太雷的兒子張其明，陳昌浩的兒子陳祖濤……等等，烈士的子女有李碩勛的兒子李鵬……等等。

　　1939 年，周恩來去中央黨校講課，從馬上摔下來，右臂骨折，中央讓他去蘇聯就醫，就由他帶領一批烈士和高幹子女乘蔣介石的私人飛機，從延安出發，經蘭州、過迪化（現稱烏魯木齊市）前往蘇聯，劉允斌就是這批學員中的一員。

　　他們在蘇聯幾乎都學習理工科，回來以後都分配在國防系統保密單位工作。具有諷刺意味的是：除李鵬、江澤民等少數人之外，這些人在文化大革命中，幾乎都被打倒，有不少人還被迫害致死。劉少奇三個子女中，劉允斌和劉允若先後被迫害自殺，劉愛琴則三次被關，勞動改造，最後落腳在內蒙，自殺的還有周恩來和鄧穎超的養女孫維世等等。高崗的兒子高毅學習成績很好，很有才華，由於父親高崗的牽連，被分配在一個小單位搞焊接，鬱鬱不得志，政治真是個無情的東西，這是後話。

　　劉允斌最初被送入莫斯科近郊的莫尼諾國際兒童院，

後來又搬到伊萬諾沃國際兒童院，與數百名各國兒童生活在一起，他們同樣都是各國共產黨或工人黨領導人的子女。各國領導人經常到兒童院來看望這些兒童。劉少奇、周恩來、瞿秋白去蘇聯的時候也去看望他們。

劉允斌是在苦水裏長大的，一到蘇聯，學習就很用功，俄文的字母很拗口，他每天一早第一個起床跑到外面去練習發音，免得驚醒其他同學。新學年開始時，他被編入十年制學校的六年級學習，整整跳了一級。

1941 年 6 月 22 日，德國法西斯對蘇聯不宣而戰，德國裝甲車長驅直入，在攻打明斯克市時，德軍抓走了 20 多名正在這裏度假的孩子，其中就有朱德的女兒朱敏，兒童院大為震驚，動員大家參軍，不少西歐國家來的大孩子穿上了軍裝，開赴前線。劉允斌也要求上前線打仗，但沒有被批准。他就變著法兒要求獻血，可是蘇聯規定，不准在國際兒童院採集血漿，劉允斌硬磨軟纏，最後獻了血。

德寇入侵，把蘇聯拖入戰爭的深淵，國內供應嚴重短缺，兒童院的孩子也被動員去揀廢鐵，女孩子則參加縫紉組做手套，縫軍衣、斗篷。劉允斌和毛岸英等還去軍工廠參加勞動，製造槍支彈藥。兒童院安排大一點的孩子進入紅軍後備隊，組織他們行軍、射擊、挖戰壕、伐木、接受防空訓練、幫助附近集體農莊收麥子、挖土豆。戰爭時期，兒童院的供應受到很大影響。冬天室外零下 30℃，室內沒有暖氣，只能敲冰洗臉，還經常碰到挨餓受凍的日子，人人面黃肌瘦，沒有血色。人們說，劉允斌比父親矮了半個頭，就因為在戰爭歲月中經常餓肚子，影響了生長發育。

1942 年 11 月 19 日，蘇聯進行了保衛斯大林格勒大反攻，德國節節敗退。到 1943 年 11 月，希特勒全部撤出蘇聯。但是衛國戰爭勝利對國際兒童院並未帶來半點好處，

反而每況愈下。

因爲這一年共產國際解散了中共駐共產國際的代表團，兒童院成了無娘的孩子。新來的院長只是象徵性的，根本不管學生能否吃飽，忍飢受餓是經常的事。

本來毛岸英是 300 多名兒童委員會的主席，毛岸英走後，兒童院更亂。後來成立了自己的黨組織，用組織名義與院長打交道。幸虧兒童院中有幾個好心的老師，介紹他們加入了蘇聯籍。因爲蘇聯戶籍制度很嚴，沒有戶口，就得不到配給，借不到住的地方，考不了學校，找不到工作。劉允斌就利用參加蘇聯籍的身份，給出版社抄稿件，增加些收入，改善生活。

1945 年夏天，劉允斌高中畢業了，這時蘇聯紅軍已經攻入德國境內。蘇聯國內恢復了和平生活，各大學相繼復課。劉允斌進入莫斯科鋼鐵學院學習。由於學習勤奮，他各課成績在班上均名列前茅，使蘇聯教師驚嘆不已。

然而劉允斌對自己所學專業並不感到滿意。特別是 1945 年 8 月 6 日美國在日本投擲了兩顆原子彈以後，窮兇惡極，不可一世的日本軍國主義乖乖地宣佈無條件投降。這一下大大刺激了蘇聯。在德國投降以後，蘇聯千方百計搜羅參加過德國原子彈研製的專家、圖紙、儀器設備，搶先弄回國內，開始了自己的原子彈的研究工作，並在莫斯科大學開設了原子能專業，這是一個十分祕密的專業，非俄羅斯人不能進入這個專業。

劉允斌知道原子能對自己國家前途的重大意義，可又進不了這個專業學習，他只好退而求其次。他在莫斯科鋼鐵學院學習了一年之後，決定離開這所大學，重新報考莫斯科大學化學系，因爲化學系有一個核放射化學專業，它直接與原子能有關，將來也可爲原子能事業服務。真是「皇

天不負有心人」，劉允斌如願以償地進入了這個專業學習。

1947年，中國在蘇聯的留學生成立了一個中國同鄉會。由於劉允斌學習成績好，工作積極，任勞任怨，肯為大家服務。還有更重要的一點是他有相當強的組織才能，因此威信很高，結果一致選他為同鄉會會長。

他接任以後，就組織大家學習國內時事。由於大家長期身處國外，蘇聯已成了他們的第二故鄉，同學中中文水平很低，他就把國內寄來的學習資料翻譯成俄文，每逢節假日就把大家組織起來學習，開聯歡會、座談會，大家唱歌、跳舞、交流學習心得，整個會場歡聲笑語不斷，活躍異常。同鄉會像一只大鐵箍，把大家緊密地團結在一起。

☐ 跨國婚姻的悲劇

劉允斌的第一次婚姻是跨國聯姻，儘管他們夫妻感情和瑟，並養了一對可愛的子女。但由於當時政治因素的影響，他們不得不分居在自己的祖國。

那是1951年，劉允斌一向學習用功，為了不影響宿舍同學的休息，經常獨自一人在校園或到校外學習。瑪拉也是一個好學上進的姑娘，她父親是個紅軍老戰士，母親是教師，她是家中的獨養女兒，家道堪稱小康。劉允斌天性活躍，又能唱歌、跳舞，這一切早被瑪拉看在眼裏。有次他們路過，四目相對，瑪拉對劉允斌溫和地淺淺一笑，出於禮貌劉允斌也點頭致意，道一聲好，這樣，兩顆異國青年的心都蕩漾了一下，慢慢地心裏就像小鹿一樣撞擊起來了，大家感到心裏有股溫泉在流動。

此後，他們接觸的機會就多起來了。圖書館、閱覽室、校園樹蔭下和聯歡會上都留下了他們的身影。瑪拉和劉允

斌都在莫斯科化學系學習，但不同一個專業。劉允斌對學習抓得很緊，在圖書館裏，他常常是開館時第一個先到，閉館時又是最後一個離開，他對學習就像玩命一樣。瑪拉感到有些心疼，勸劉允斌注意身體。不幸眞給瑪拉言中了，後來劉允斌眞大病了一場。在異國他鄉，多虧瑪拉的細心照料和中國留學生的關懷，劉允斌身體漸漸恢復了。

劉允斌對這場跨國婚姻並不是盲目的。一來他年齡已經不小，二來他學習還沒有結束，一年半載回不了國，三來他感到瑪拉爲人不錯，是個好姑娘，對自己眞心實意。劉允斌也知道他和瑪拉結合將會帶來一系列問題：父母能原諒他嗎？將來自己是決心要回國的，瑪拉能跟自己去嗎？她父母會不會拖她的後腿，還有瑪拉在中國生活得習慣嗎？等等等等……。

劉允斌決定趁暑假帶瑪拉回國一趟，因爲自己已經在蘇聯生活了十幾年，很想看看自己的家人，同時也讓瑪拉看看自己的祖國，讓她體驗一下中國的生活，將來有個適應的過程。劉允斌把這個意見寫信告訴父親，父親很快回信來了，並對瑪拉來中國表示歡迎。

就這樣，1950 年劉允斌在離開祖國 11 個年頭以後，第一次帶著女朋友瑪拉踏上回國探親之路。

劉少奇和王光美見到了久別的兒子和未來的媳婦感到很高興，破例舉行家宴招待他們。席上劉少奇語重心長地向劉允斌提出：你將來學成之後是要回國來的，不是家中需要你，而是祖國需要你。並說，瑪拉初到中國，會一切感到不適應的，你從現在起就應該在各方面幫助她適應。

於是劉允斌就帶瑪拉買了褲子，換下裙子，陪她一起逛街，吃中餐。這一切都容易學，容易改變，但最大的難題是語言障礙，因爲在蘇聯時她和劉允斌都講俄語，但到

中國以後，劉允斌不能寸步不離陪在左右，瑪拉成天聽著莫名其妙的漢語，猶如墜入雲裏霧裏，更主要的還是中國的生活方式和文化觀念的差異，一個土生土長的蘇聯姑娘，要適應異國他鄉的生活，談何容易。

1952 年，劉允斌以優異的成績從莫斯科大學化學系畢業了，並通過了論文答辯。不久劉允斌和瑪拉結婚了。婚後生活十分美滿幸福，雙方都繼續學習，劉允斌考上了莫斯科大學核放射化學的研究生。

這年，劉少奇第二次率領中共代表團前往蘇聯參加蘇共 19 大，劉少奇告訴劉允斌：中國科學院已經成立了「近代物理研究所」。所謂「近代物理」，顧名思義就是原子核物理，這是三四十年代才發展起來的一門新興的前沿尖端科學。劉少奇說：機構是有了，就是缺少人才。言外之意要他學成趕快回國服務。

第二年，劉允斌他們養了一個女兒，取名索尼婭，再過二年，又養了一個兒子，叫做阿遼沙，全是蘇聯的名字，他們小家庭和和愛愛，生活十分美滿。劉允斌不抽煙、不喝酒，在家中體貼妻子，喜歡小孩、搶著幹家務，這在俄羅斯男子中是絕無僅有的，難怪蘇聯女同學對他們羨慕不已，希望自己將來也能找到一個像劉允斌這樣的愛人。

1954 年，劉允斌研究生畢業，並到莫斯科大學化學研究所工作，擔任高級研究員。瑪拉也取得莫斯科大學候補博士的學位，並且擔任了一個教研室的主任，倆人收入相當可觀，生活十分富裕。

這時劉允斌接到父親的來信，說祖國很需要留學生回國來服務，劉允斌從來沒有想到自己一輩子在蘇聯生活，一直想回來報效祖國，但這時他不能不想到愛人和孩子，這是一個多麼溫馨的小家庭啊！劉允斌試探性地問過瑪拉，

願不願意到中國去？瑪拉搖搖頭，「現在我們情況不同了，我們有了孩子，有了穩定而稱心的工作，如果到了中國，年邁的父母誰來照顧，誰能幫助我們照顧孩子、教育孩子，自己在人地兩生的中國，能夠生活得下來嗎？」

這些問題，在現在讀者看來，就像天方夜譚一樣，然而四、五十年以前的跨國婚姻就如鳳毛麟角，絕無僅有。蘇聯對自己公民與國外人通婚有十分嚴格的限制，法律規定蘇聯公民不允許與其他國籍人結婚。當時劉允斌持的是蘇聯國籍，一旦回國，就必須退掉蘇聯公民身份，重新申請加入中國國籍。那時中蘇關係正處在微妙的關頭，時而晴轉多雲，時而陰轉雷陣雨，而我們國家又十分注意意識形態的。這一切對涉世未深的瑪拉來說，如何適應得了。

瑪拉想盡一切辦法動員親戚、同事、朋友來做劉允斌的思想工作，希望他以家庭為重，留在蘇聯。

蘇聯的政府高級官員也很欣賞劉允斌的學識和才能，主動出面勸說劉允斌留下來。甚至他把劉允斌和瑪拉請到家中作客，席間主人真情地勸說：「留下來吧！克林姆（劉允斌的愛稱），你雖然是中國血統，我們也很理解你的愛國熱情，但你畢竟是我們蘇聯培養起來的，你是在這裏長大的，你在這裏有你的同學、同事、老師、朋友，還有你美麗的妻子，活潑可愛的孩子，難道你真的會捨棄這一切而去嗎？我知道你還有一點擔心，那就是我們兩國之間的關係不是那麼融洽了，但那只是些理論之爭，絲毫也不影響你在這裏搞科學研究。」

那位官員真的動了感情，眼睛都潤溼了。

劉允斌沉默了一會，才緩緩地說道：

「我始終把蘇聯當成我的第二故鄉，我在中國只生活了 14 年，而在這裏卻生活了 18 個年頭，相比之下，我對

這裏比對我的祖國還要熟悉得多。我也非常喜歡這座美麗的城市，但是我不能不回去，因爲貧窮的祖國更需要我，就好像一個大病初癒的母親更需要兒子強健的臂膀扶持一樣，我的感情相信您一定能夠理解」。

那位領導人默然了。

蘇聯畢竟不同於當年的美國，軟的不行就來硬的。

瑪拉徹底失望了，也明白了：任何力量也留不住丈夫的心，她懂得一句中國的老話：「留人不留心，留住也枉然」。她萬般無奈地對丈夫說：「克林姆，你回去吧！但以後你會後悔的」。瑪拉抱住劉允斌痛哭一場，默默地爲劉允斌準備行裝，劉允斌則爲這個小家庭安排好一切。十年以後，劉允斌果然不幸給瑪拉言中了。一位忠心耿耿，不遠萬里拋妻別子，回到自己祖國懷抱，滿腔熱情地投入祖國的國防科學研究工作，成績斐然的核專家，在文化大革命中竟被誣陷爲：「蘇修特務」；「頭號走資派的孝子賢孫」；「走白專道路的典型」；「反動學術權威」……一系列莫須有的罪名，葬送了他年輕的生命。

寫到這裏，我不禁潸然淚下，爲劉允斌深感不平。安息吧！我的老同事。常言道：「雨過天晴」，我願我們的國家今後永遠是一片晴天。

劉允斌回國以後，出差連探親回蘇聯去過幾次，每次回去，二個孩子圍繞膝前，左一個爸爸，右一個爸爸，使劉允斌感到無比辛酸。劉允斌拼命幫家裏幹活，輕活重活都搶著幹，好像有使不完的力氣，要把今後的家務全部幹完似地。瑪拉知道：劉允斌所以如此，是因爲他內心實在太痛苦了，想藉此減輕心裏的一些痛苦。

劉允斌和瑪拉一直保持通訊聯繫，他一直爭取瑪拉來中國。「知子莫若父」，劉允斌的心事瞞不過劉少奇。一

次劉少奇問起瑪拉母子的近況，並勸慰他說：「不要灰心，要爭取讓瑪拉來中國，爸爸會盡量幫助你的」。事實證明，劉少奇確實爲解決劉允斌的跨國婚姻花了不少心思。無奈中蘇關係日益惡化，一評、二評……相繼發表，中國批評蘇聯搞修正主義，背叛馬列主義，成爲頭號敵人。蘇聯則批評中國脫離共產國際，把自己觀念強加於人。隨著珍寶島事件以後，蘇聯不等中方答覆，就在一個月內撤走了全部專家。在這場政治鬥爭的大風暴下，劉允斌和瑪拉的關係也就維持不下去了。劉允斌給瑪拉母子在莫斯科買了一套房子，讓她們有一個安全的藏身之處。此後瑪拉和她的子女就一直在那套房子裏住著，劉允斌不時把自己的工資換成盧布寄給瑪拉，作爲家中開銷的補充。

劉允斌和瑪拉終於辦理了離婚手續。

這一年，劉少奇率領中國黨政代表團參加蘇聯十月革命 43 周年慶祝典禮。雖然在蘇聯的時間不長，劉少奇還是抽出時間把瑪拉的父母，瑪拉和他們的兩個孩子全部請到中國代表團下榻的列寧山蘇共中央別墅相見，依然把瑪拉的父母視爲自己的親家，把瑪拉視爲兒媳，把孫子孫女摟在懷裏。他對瑪拉說：「生活上有什麼困難時，可以通過中國駐蘇大使館尋求幫助」。他知道這樁婚姻的失敗，其過錯不在兒子和兒媳身上。

‥‥‥‥‥‥‥‥

東風惡，歡情薄，
一杯愁緒，
幾年離索。

‥‥‥‥‥‥‥‥

桃花落，閑池閣。
山盟雖在，

錦書難托。

⋯⋯⋯⋯⋯⋯⋯⋯⋯。

這是南宋傑出詩人陸游寫的名篇〈釵頭鳳〉。據說陸游先娶了表妹唐琬,夫妻倆人感情很好,經常耳鬢廝磨,詩詞唱和,但婆婆不喜歡這個媳婦,不為所容,他們被迫分離,造成千古遺恨。二十世紀五、六○年代,這種惡婆婆恐怕已經絕跡了,然而半途殺出個樣樣管的「大婆婆」,中蘇對壘,劉允斌和瑪拉的愛情就不能不被那場政治鬥爭徹底葬送掉了。

在文革的狂風惡浪裏

五○年代,在原子能研究所經常可以看到一批西裝筆挺,衣著整潔,皮鞋鋥亮,頭髮梳得光亮的年輕人,大家知道他們是從蘇聯回來的留學生,技術專家,劉允斌就是其中的一位佼佼者。他性格開朗,為人隨和,易與人相處。無論在工作上,還是文體活動中,他好像都有使不完的勁。他是室主任,室內是領頭羊,在工作、學習和勞動上他都走在前面,對室裏同事就像兄弟姐妹一樣,沒有一點架子,所以大家都很喜歡他。後來人們知道他是劉少奇的兒子,是共和國第一位主席的長子,對他除尊敬之外,更增添了一份親切感。

自從和瑪拉分手以後,劉允斌更把全部心身傾注在工作上,有時晚上也不回南區宿舍,在試驗室裏加班,累了就和衣躺一下,醒來再繼續工作,他用這種方法來解脫自己的痛苦。就在這段時間,他學會了抽煙。

所裏不少好心人很關心他的個人生活,組織上也為他著想,當時他才35歲,怎麼能一個人過日子呢?後來一位好姑娘走進了他原已枯萎的心田。她是同一個研究所的科

研人員，叫李妙秀，也是蘇聯回來的留學生，上海人。她有著南方人特有的溫和、文靜、體貼的優秀品質。她能體諒劉允斌的苦衷，從生活上、思想上、工作上都能理解劉允斌，並加以有力的支持。她除了自己的工作之外，又挑起了全部家務，使劉允斌能把全部心身投入工作。

當時劉允斌正著手研究核燃料的一系列化學問題。

研製原子彈首先要有合格的核燃料——炸藥，可是要獲得合格的核燃料談何容易，幾十年來，世界上多少國家的科學家殫精竭慮，爲合格的核燃料絞盡腦汁。

我們知道，核燃料來源爲鈾礦。但天然鈾中只有含量占百分之〇‧七的鈾^{235}可以利用，而占百分之九九以上的鈾^{238}是不能直接利用的。所以核燃料的工作可分三步走：第一步是從鈾礦中把含量占百分之〇‧七的鈾^{235}分離出來；第二步是如何使鈾^{238}轉變成爲有用的核燃料；第三步是如何把有用的核燃料從「廢渣」中分離出來。

鈾^{238}有一個特點：就是它在中子的轟擊下可以轉化爲鈈^{239}，鈈^{239}是一種比鈾^{235}更好更高級的核燃料——核爆炸物。如果用鈈^{239}來製造原子彈，在相同的威力下，可以比鈾^{235}做得更小、更輕。然而分離鈈^{239}不是一件輕而易舉的事情，這些資料當時任何國家都屬頭等絕密材料。

劉允斌所擔負的工作就是要想方設法把鈈^{239}從反應堆「燒過」的廢燃料中分離出來。

所以劉允斌的工作與當時原子彈的研製成敗密切相關。研究室在劉允斌的帶領下，經過上百次、上千次的試驗、分析，終於第一次在試驗室提取出高級的核炸藥——鈈^{239}。

1962 年 8 月，我們關鍵的鈈分離工廠尚未設計，蘇聯就背信棄義，撤走全部專家，帶走全部資料。周恩來總理指示要「自己動手，從頭摸起」。中央並決定在內蒙建立

一座核燃料工廠，這就是後來人們常稱的包頭 202 廠。

202 廠初具規模以後，二機部劉偉部長調劉允斌到包頭工作，原子能研究所的整個核燃料工藝室併入該廠，成為第二研究室，並把同位素分離課題組的全套人馬全調過去。

1963 年初春，塞外邊關和江南就是不一樣，江南早春三月，已是「雜樹生花，群鶯亂飛」的時候，在包頭卻仍然處在天寒地凍之中，積雪毫無溶化的跡象，天上鵝毛大雪仍然漫山遍野地飛舞。202 廠從表面看，不像座工廠，而像軍事機關。在一望無垠的荒原上，聳立著一幢幢高大的樓房。廠區道路泥濘，天晴颳風時又飛沙走石。剛種下的小樹就像大蒜一樣，東倒西歪。宿舍門口掛著厚棉毯，窗子有三重，雖有暖氣，但仍感到寒冷。門外豎立著一座座小冰山，原來天冷，潑出去的水，不會流動，結果就漸積漸高，成了一座座透明的小富士山。工廠四周，警衛森嚴，離廠 10 華里就是警戒線，離廠區 5 華里則任何人不得靠近。四周高牆都有帶鈎的鐵絲網和高壓電網架著，所以外面人是絕對混不進去的。

劉允斌一到工廠，就立即成立第三研究室，根據研究需要，設立物理化學、工藝試驗、理論計算、分析研究四個組，分頭進行。遺憾的是科研人員奇缺，他四處物色人才，從二機部系統的原子能研究所等單位要來一批科研人員，又從北大、清華等校要來一批優秀畢業生，能調的就調，調不來的就借，李妙秀這時也來到包頭，在三室擔任分主任。當年二機部用人很嚴，對有海外關係，出身不好的人更是大忌。劉允斌大膽破格用人，把北大一位出身不好的優秀研究生從外地一小單位要了回來。有人向他提出意見：「這個人出身不好」。他說：當年美國搞原子彈時許多科學家都不是美國人，從納粹德國和匈牙利……等國

請來，他們甚至在希特勒直接指揮下工作過。他說關鍵不在於出身，而在於你會用人。事後證明，這位同志在和劉允斌一道工作時非常出色。由於劉允斌獨特的用人觀點，工作人員很快就配齊了，研究工作很快步入正軌。研究人員想到自己工作在核武器研製中的重要性，一到室裏，就一頭鑽進試驗室。劉允斌更忙得不可開交，亂蓬蓬的頭髮沒有時間去理；一雙磨破了的翻毛皮鞋似乎捨不得丟掉；一件藍上裝日夜不離身，誰能相信他就是當年在蘇聯擔任中國留學生會主席，風流倜儻，連蘇聯政府高級官員都讚嘆不已的劉允斌。那一陣子，劉允斌實在太忙太累了，他不是不想休息，而是實在沒有休息的時間，連妻子生小孩也顧不上了。

李妙秀生第一個孩子時，爲了免得影響劉允斌的工作，自己提出到上海娘家去生產。生第二個孩子時，劉允斌雖然在包頭，當他聽到母子平安的消息以後，拜託了護理人員，就一溜煙似地跑出醫院，鑽進了試驗室。李妙秀自己也是幹這一行的，她知道劉允斌離不開實驗室，實驗室也離不開他。劉允斌事後與人談及此事，深有感觸地稱讚妻子對自己的支持和理解。

劉允斌常常以自己應該不愧爲劉少奇的兒子自勵，劉少奇也以能有這樣一個出色的兒子而高興。記得王光美不知在什麼場合下講過這樣一句類似的話：劉少奇認爲幾個子女中，劉允斌是最出色的。無愧於共和國培養起來的好兒子。

1964 年 10 月 16 日，中國第一顆原子彈爆炸成功了，喜訊傳到 202 廠，劉允斌聽到這一消息以後，不禁淚如雨下，長長地舒了一口氣，十幾年來，自己從莫斯科鋼鐵學院轉學到莫斯科大學核化學系，並不惜拋妻別子回到祖國，不就是爲了這一天嗎？

　　緊接著中央又做出決定，號召盡快研製氫彈……。

　　我至今弄不明白：文化大革命的起因是下面犯了路線錯誤？還是毛澤東懷疑左右的每一個人？抑或是一批別有用心的人蒙蔽了毛澤東，在掀風作浪？還是兼而有之，搞得全國人民像糠篩上的豆子，顛來倒去，製造了全國空前的大災難。

　　這場風暴一來，劉允斌就首當其衝，成了革命的對象。因為他在廠裏是領導幹部，在技術上是權威，他又是蘇聯培養出來的修字號人物。

　　「捨得一身剮，敢把皇帝拉下馬」的造反派，對他大聲地叱喝：過去你們高高在上，今天老老實實下來勞動勞動。

　　毛主席不是說過：「勞動創造了世界，勞動創造了人」。他不明白自己過去在試驗室裏搞科研工作算不算勞動，但有一點他很清楚：勞動最光榮，勞動是第一需要。他下去勞動了。在勞動中，他不改科研工作中認真負責的本色。打掃衛生時，對每個角落他都不放過，都打掃得乾乾淨淨。挖陰溝時，別人偷著休息，他一個人彎著腰，揮汗如雨地把淤泥一勺一勺地淘得清清爽爽。

　　202廠是個保密單位，又地處閉塞的邊陲。中央三令五申軍工廠不准串連、不准亂。當時劉少奇還在台上，一些心懷不仁的人還不敢明目張膽的批鬥劉允斌。但自毛澤東「我的第一張大字報」出台以後，資產階級的「黑司令」明擺著指的就是劉少奇。這樣一來，202廠就像炸開了鍋，造反派林立，互相咬撕，鬧得難解難分。現在「黑司令」一揪出來，劉允斌就成了替罪羔羊，各派無不以揪鬥劉允斌為榮，批鬥得愈狠，愈獨具匠心，誰就最熱愛毛主席。這苦了我們這位劉大哥，廠裏批鬥不夠，又把他掛上牌子，拉到離廠十多里路的市區去遊鬥。城裏二機部的造反派也聞風而動，連

夜來廠裏搶人，把劉允斌揪到北京去批鬥。與此同時，中南海的造反派也衝進福祿居，把劉少奇拉到院子裏批鬥。

　　隨著劉少奇的打倒，劉允斌的日子愈來愈不好過了。最使他感到難過的是過去一些受到劉允斌幫助的老工人、老同事，看到他就把頭別在一邊；一些平時相處得很好，經常來串門的人，現在充當起打手來了。個別的人揪住他的頭髮，要他做「噴氣式」，往死裏整他。要他揭發劉少奇。

　　平心而論，劉少奇對子女要求很嚴，特別是劉允斌。因為他是長子，可以起表率作用。劉少奇和劉允斌一起生活的時間不多。劉允斌 14 歲時候出國，在蘇聯生活了 18 年。在蘇聯時，劉少奇總是鼓勵他努力學習，學成以後回來報效祖國。回國以後的 11 年中，前五年劉允斌住在原子能研究所，後六年則在包頭工作，和父親幾個月、幾年才能見到一次面。見面時，父親要他們彙報工作，然後加以鼓勵。劉允斌相信父親是光明磊落、日月可鑒的。在劉允斌被批鬥時，造反派要他喊打倒劉少奇，他不喊；要他斷絕與劉少奇父子關係，他不為所動；要他揭發劉少奇的罪行，他也說不出。

口 劉允斌的大字報

　　最近筆者在報刊上登的一些文章中看到，提及劉少奇的次子劉允若和女兒劉愛琴。在文化大革命中劉允若迫於形勢做了一些違心的事，向造反派表志：決心與父親劃清界線。劉愛琴則在機關大院裏貼出了一張批判父親的大字報。在那年代，寫揭發材料，面對面批判，脫離父子關係……這是極其常見的現象。不然，你能躲過造反派的大棒、噴氣式嗎？這是那個時代的罪惡產物。當時流行一句口頭

褌：「爹親娘親，不如毛主席親呀」！

談到劉允斌，一些文藝作者說他沒有違心地跟別人跑，往自己父親臉上潑髒水。

我相信劉允斌確實具有臨危不懼的品質。至於寫不寫過違心地批判文章那是另外一回事。

文化大革命初期，大字報鋪天蓋地，小字報穿街走巷，寫不寫大字報，表示你忠不忠於毛主席。那年我在眾多的大字報中，發現一張劉允斌寫的批判父親的文章，它之所以引起我的注意，一是劉允斌曾是我的同事！二是大字報涉及他的父親——我們的國家主席，感到很不平常。所以我仔細地看了幾遍，當時幾乎能背了下來，大字報內容是說劉允斌在蘇聯時有一次生病住院，一位護士對他照顧得十分細心周到，時間一長，兩人產生了感情。劉允斌寫信問父親：可不可以考慮發展下去。劉少奇回信說：怕你們以後「沒有共同語言」。這樣劉允斌和那位護士的關係就沒有發展下去了。後來，劉允斌在莫斯科大學讀研究生時，又有一位蘇聯女同學對他產生好感（筆者註：她就是後來劉允斌的夫人瑪拉。），劉允斌再次寫信徵求父親的意見。劉少奇這次回信說：你們文化程度相當，「以後就有共同語言了」。大字報的中心意思是批評劉少奇看不起底層人民。

這張大字報也許還有人記得，至於是不是劉允斌所寫，現在已經人物兩非，無從考證了。

據我分析：這張大字報劉允斌寫的可能性是存在的。因為毛澤東那張炮打資產階級司令部的大字報出來以後。劉允斌是造反派手中的一枚棋子，是打倒劉少奇的最有利的突破口，造反派不會不想到應該從他身上挖掘點東西出來。嚴刑拷打，只是手段，逼供信才是目的。造反派勒令你在×個小時內交代問題，寫他們所需要的材料，那是司空

見慣的手法，難道劉允斌能不置可否逃過這場大劫，那是很難想像的。所以我認爲寫過這張大字報倒是符合當時實際形勢的。一字不做交代，那倒不合邏輯的，這是一。其二，從大字報內容來看，似乎也是劉允斌的手筆。劉允斌在蘇聯可能有過二次戀愛的經歷。第一次被劉少奇的「怕以後沒有共同語言」而夭折了。第三，劉少奇身爲高層領導人、國家主席，怕他們今後可能缺乏共同語言，這也符合劉少奇的身份。第四，所謂大字報其實只不過一種消極應付。按當時「行情」，這只是一些無關大雅的雞毛蒜皮小事，並不是什麼要害問題。假如這張大字報是造反派僞造的，我相信其火力一定要猛得多，無中生有，上網上線，把髒水一股腦兒潑在你身上，跳進黃河也洗不清，這是常有的事，不會像這樣溫文爾雅，因此從反面也可證明是劉允斌自己寫的應景之作。我這樣分析，不知讀者以爲然否？可惜劉少奇和劉允斌都已慘死，無法爲我們作證了。

□ 劉允斌自殺之謎

隨著文化大革命運動的步步深入，劉少奇的日子也越過越慘了。造反派不管他在長征、抗日戰爭，解放戰爭時期留下的一身毛病，在一次次批鬥會上造反派對他拳打腳踢，把一塊貼有劉少奇「醜惡面貌」漫畫的大木板掛在他的頭頸上，掛著重物的細鉛線就像一把鋒利的小刀嵌入肉中。劉少奇失去了人身自由，任何人都能往劉少奇臉上、身上吐痰、吐唾沫。

劉少奇的被揪，202廠造反派對劉允斌的批判就更肆無忌憚，爲所欲爲了。廠裏對劉允斌的批鬥和北京城裏對頭號走資派劉少奇的批鬥遙相呼應。今天這一派批，明天那

一派鬥。勞動、批鬥、審問……沒完沒了，日子眞夠難熬。

在這些日子裏，劉允斌和後來的妻子李妙秀倆人過著孤立無援的日子，過去和劉允斌關係較好的人，一個個都被關押批鬥，過去和劉允斌一道工作的人，見著他倆老遠就繞道走了，避之唯恐不遠。一些同情他們的好心人，也愛莫能助，唯一剩下的就是一對從山東來的、開始時幫他們做飯、後來幫他們帶領兩個小孩的王老伯伯和王老奶奶。造反派對他們也不肯放過，要他們檢舉揭發劉允斌，王老伯伯和王老奶奶心地善良，回答很乾脆：我們只幫他們做飯、帶小孩，其他事情一概不管。造反派見沒有油水可撈，就把他們趕出家門，封了房子。弄得兩位老人無家可歸，只好投奔也在 202 廠工作的兒子家中。在他們艱苦的日子裏，仍然把劉允斌的二個兒子帶在身邊。

1977 年，也是劉允斌去世後的第十個年頭，王奶奶不幸病故，李妙秀身在北京，得知消息後，立即帶領二個兒子趕到包頭，爲老奶奶送行，兩個兒子痛哭流涕不止。李妙秀帶領兩個兒子和王奶奶的親屬一起護送遺體到火葬場，在李妙秀的要求下，以女兒的名義爲王奶奶買了一個骨灰盒，盛殮了她老人家，這也是後話。

1967 年 11 月 21 日晚上九時許，劉允斌被批鬥了一整天之後，拖著疲乏不堪的身體，帶著滿身的傷痕，一步一拐地回到家來。這些日子李妙秀一直在擔心劉允斌，今天劉允斌強作歡顏，一點也沒有被李妙秀看出來有什麼異常的地方。

劉允斌草草地洗了一把臉，就和衣躺在床上。喃喃地說：他的一生沒有對不起人民、對不起黨的地方。唯一對不起感到內疚的就是跟他同甘同苦了這麼多年，受盡委屈的妻子——李妙秀，他希望李妙秀把二個兒子拉拔成長……

　　今晚劉允斌話這麼多，李妙秀以爲他白天受到了委屈，心中感到痛苦而發的，並未引起注意。屋外的風雪越來越大了。李妙秀感到分外疲乏，就沉沉地睡著了。

　　劉允斌輕腳輕手地下了床，看了看熟睡中的妻子，結婚以後，兩人工作都很忙，但從來沒有分開過，也從來沒有產生過一次齟齬。這幾年妻子爲自己承受了多大的痛苦，但她從無怨言，今天怎麼能狠心把她一人拋下呢？

　　他想到沒有做人的尊嚴、被剝奪了工作的權利，人活在世界上還有什麼價值。他想起離開蘇聯的時候，瑪拉跟他講過：「你回去會後悔的」。當時他擲地有聲地回答：我九死而不後悔。然而現在呢，他說不清，道不明，感到自己的心在絞痛，被撕碎了。做爲一個核專家，勤勤懇懇地工作一輩子，現在……他想不下去了，他不禁流下了熱淚。他想到應該給妻子留下點什麼做爲紀念，他褪下手錶，取下鋼筆，把它們整齊地放在寫字台上。然後輕輕地推開門，再把它關好。

　　室外，狂風大作，雪花到處亂竄，他一步一回頭地走下樓梯，漫無目的地朝荒野走去。

　　他又折了回來，走到王大伯的門前，伸手敲他們的門。這裏面有他的一對可愛的兒子，此時他們正該熟睡了吧！但是把他們叫醒，他能夠跟他們說什麼呢？他們能夠理解爸爸的心情嗎？不！不能！他剛伸出的手在大門上擦摸了一陣，終於又縮了回來。他只有在心中默默地祈禱：孩子，多聽媽媽的話，多聽王爺爺王奶奶的話。你們到這個世界上來，就受人歧視，受人辱罵，爸爸不能愛護你們，保護你們，今後爸爸不能再給你們講故事，給你們洗手洗臉了，爸爸走了，你們會責怪我嗎？

　　劉允斌在王大伯門前站了很久，大雪落滿他的一身，

門前留下了一大堆腳印。然後他朝著荒野走去。春天，這裏是長滿蘆蒿，開遍鮮花的地方，這時蘆蒿、野草全部枯萎了，被大雪深深地埋在下面，大地一片荒涼，遠處近處都散射著白光，一條鐵路靜靜地自東而西穿過原野，鐵軌上也積滿了雪。路基下面是兩個橋洞，這是他非常熟悉的地方。每年春天小溪漲滿了水，兩岸開著嫣紫千紅的小花，維維拉著他四處奔跑採擷，弟弟東東則蹣跚地在後面搖搖擺擺地跟隨。這樣的日子多麼歡樂，現在將不會再有了，將一去不復返了。

李妙秀在睡夢中驚醒，發現丈夫不在了，急忙披衣四處尋找，不好了，她立刻衝出家門，請王大爺一起幫她尋找。可是一直找到東方發白，才在家屬區西北方向的路軌上找到了劉允斌的屍體，他橫臥在鐵軌上，半個頭顱已經輾成肉漿，腦漿和鮮血流了一地，都已經結成冰了。

一些報刊的文章中說，在橋洞下面發現一個海河牌的香煙盒，盒裏裝著許多煙蒂，作者並說：他訪問過劉允斌生前不少親朋好友，根據劉允斌樂天派的性格，對祖國的無限熱愛，對事業的執著追求，對父親的無比信任，那時劉少奇還活著，所以劉允斌沒有任何理由自殺。言外之意，認為有他殺的可能。

確實，當年我聽到劉允斌臥軌自殺的消息時，我吃驚得目瞪口呆，半晌說不出話來。自殺！他為什麼要自殺？平時任何問題到他手裏總能迎刃而解，逢凶化吉。甚麼事情使他走上絕路？

我茫然了。

自殺？他殺？我也反覆仔細地想過，我認為劉允斌自殺的可能性是存在的。我這樣說：絕無為造反派開脫罪責

的意思，相反地，我對當年造反派的所作所爲毫無半點好感，我認爲文革以後處理這批搞打砸搶、搞逼供信、屈死無數忠良、雙手沾滿人民鮮血的劊子手太心慈手軟了，不關不殺不足以平民憤、難慰忠良於天之靈！

但我覺得事實還應該求是。

八〇年代，我調到「上海核工程研究設計院」參加浙江秦山核電站」的設計工作，負責反應堆核燃料組件的設計。反應堆一次裝料，需要 121 組燃料組件，當時價值二四千萬元。如果核燃料製造不過關，整個核電站十幾萬元錢就打水漂了。我代表研究設計院到四川「812 廠」──「宜賓核燃料廠」駐廠。四川 812 廠是包頭 202 廠的翻版，性質是一樣的。812 廠的不少工人和技術人員就是從包頭調過來的。

那天在總裝車間，不知怎麼談起我在北京的原子能研究所工作過，他們問我認不認識劉少奇的兒子劉允斌。我說當初我們在同一座大樓裏工作，分屬兩個研究室，但經常見面，六〇年代初，他調到包頭 202 廠去了，文化大革命時聽說他臥軌自殺了。

話閘子一打開，工人們的興趣就來了。有位老工人（可惜今天我把他名字忘了）臉黑黑的，講話時略爲氣喘的大個子告訴我說：劉允斌自殺的那天早上，李妙秀和王大爺找了幾個工人，把劉允斌的屍體搬回來，他就是其中的一個。他說：當時情況非常慘，每天活生生見面的人，一下子就沒有了。他說鐵路下面有兩個橋洞，他們在橋洞旁邊的雪地裡發現一個深深的坐坑，周圍丟著不少煙蒂。（這與某些文章中說的海河牌香煙盒裡裝著許多煙蒂略有不同）。如果這位老工人講的更爲可信的話，我更相信劉允斌是自殺的。因爲：

　　第一：經歷過或看到過造反派批鬥「對象」時那種不忍卒睹場面的人，就會領會到「痛不欲生」這句話的真正含義。文化大革命中，被迫害致死的有多少人！

　　第二：劉允斌離家時，思想上已有一去不復返的念頭。他把手錶和鋼筆留給妻子李妙秀做最後紀念。

　　第三：他想與兒子維維和東東訣別，特地跑到王大爺的家門口。但轉念間，覺得兒子太小了，不會理解爸爸，不願在他們幼小的心靈裏留下不可磨滅的陰影。

　　第四：也是最主要的一點，如果 812 廠那位老工人告訴我的話屬實，在橋洞附近有一個深深的坐坑，四周丟了不少煙蒂，我想劉允斌在自殺前做過一番激烈的思想鬥爭，而且思想鬥爭的時間比較長。

　　第五：如果是他殺的話，劉允斌即使不能大聲喊叫，至少在雪地裏也應該留下不止一個人的足跡。

　　自殺也罷！他殺也罷！我們可敬的老同事已經沒有了。怎麼不使我們感到憤慨。他的死，難道不該讓我們今天活著的人好好地想一想……。

□ 劉允斌與蔣經國的命運

　　寫到這裏，有關劉允斌的故事該結束了，但筆者忽發奇想：想起一位與劉允斌有相同的經歷、各方面情況極其相似的人來，但他們的遭遇與命運卻大相逕庭，他就是蔣經國，他們兩人本似風馬牛不相及，把他們拉在一起，未免使人貽笑大方。然而對他們的情況進一步了解以後，也許你就會扼腕嘆息，天下事情竟會如此難以逆料，不可捉摸！

　　現在讓我們來看看他們的具體情況吧！

　　他們兩人，一個是共產黨國家主席劉少奇的兒子；一個

是國民黨主席蔣介石的兒子。他們都是劉家和蔣家的長子。

劉允斌 1924 年出生，蔣經國 1910 年出生，蔣經國長劉允斌 14 歲。

他們兩人都曾留學蘇聯，劉允斌於 1939 年出國到了蘇聯，蔣經國在 1925 年離開祖國去了蘇聯，說來真巧，他們兩人出國時都只有 14、15 歲。

劉允斌於 1957 年回國，在蘇聯生活了 18 個年頭；蔣經國於 1937 年回國，在蘇聯生活了 12 年。

他們兩人都與蘇聯姑娘結了婚。劉允斌的愛人瑪拉是莫斯科大學的同學。蔣經國的愛人法伊娜·瓦赫列娃是蘇聯著名的烏拉爾重型機器製造廠夜校的同學。

劉允斌和蔣經國在蘇聯各生了一子一女。劉允斌的兒子叫阿遼沙，女兒叫索妮婭。蔣經國的男孩叫艾倫，中文名字叫蔣孝文，女兒叫愛理，中文名字叫蔣孝璋。他們回國後又各自生了二個男兒，劉允斌的男孩一個叫維維，一個叫東東。蔣經國的兩個兒子一個叫蔣孝武，一個叫蔣孝勇，因此他們各有三個男孩和一個女孩。

劉允斌在蘇聯的名字叫克林姆，蔣經國的蘇聯名字叫葉利札羅夫。（有時也叫尼古拉）。

劉允斌在蘇聯加入了蘇聯共產主義青年團，後來加入了蘇聯共產黨，蔣經國先劉允斌加入了蘇聯共產主義青年團，也參加了蘇聯共產黨。

他們兩人都加入了蘇聯國籍。

劉允斌和蔣經國在蘇聯留學期間都異常用功，成績優秀，名列班級前茅。他們待人都非常和藹，對人對事滿腔熱情，在同學中都有很高威信。劉允斌在蘇聯擔任過中國留學生同學會主席，蔣經國擔任過中國留學生會會長，他們都深入工農群眾，同情他們的疾苦，身體力行，與他們

打成一片。

劉允斌和蔣經國在青年時就都有一顆愛國之心。劉允斌年幼時讀到屈原的〈國殤〉時，深為屈原憂國憂民的高尚情操所感動，不怕迢迢路遠，風塵僕僕地跑了一百多里路，翻山過嶺到屈原自盡處汨羅江邊跪祭。蔣經國初到蘇聯，路過貝加爾湖，看到湖畔當年蘇武牧羊時的棲身之地，不禁激奮地唱起了雄渾的〈蘇武牧羊〉：「蘇武留胡節不辱……」。蘇武在冰天雪地裡留胡艱苦生活了19年的悲壯事蹟深深嵌入他的腑肺。

劉允斌與蔣經國雖貴為高官後裔「太子」，但在青少年時生活都十分坎坷，備嘗辛酸。

前面已經談到：劉允斌小時，母親早故，父子天各一方，幾乎成了孤兒，給人家放牛、割草、犁地……過著食不飽肚，衣不蔽體的日子。到了蘇聯以後，又碰上第二次世界大戰，德寇長驅入侵，當時蘇聯供應十分困難，糧食異常缺乏，不得不自己種菜、種蕃茄……澆水、施肥、搭棚……樣樣都幹，甚至到船上去做搬運工，為了增加一些生活補貼。一直到戰爭結束，進了大學，情況才有所轉變。

蔣經國呢？在蘇聯期間更歷盡磨難，由於中共、蘇共、國民黨、共產國際幾方面相互勾心鬥爭，關係時好時壞。蔣經國成了斯大林與蔣介石打交道的「籌碼」，他成了「三夾板」，不，是「四夾板」，他們把他當成人質，時而流放，送去勞動改造，淪為囚徒，時而送去工廠做工，時而送到農場受苦。蔣經國同情並崇敬托洛斯基，認為他有膽有識，熱情勇敢。他加入了托派組織，成為托派的小頭頭。後來在蘇共清洗托派的鬥爭中，蔣經國又被捲入漩渦。蔣經國在蘇聯的十多年時間裏，差不多都在政治的急風大浪中浮沉。斯大林批判托洛斯基時沒有放過他；蔣介石屠殺

共產黨時，中共和蘇共沒有饒過；他與蔣介石脫離父子關係後，蔣介石恨他。蔣經國在蘇聯大學畢業以後，上過軍事院校，參加過紅軍。參加工作後，下放到工廠做工，去集體農場勞動。不僅如此，還時時有情報人員盯哨監視。加上王明和康生的作祟，推波助浪，使不到二十歲的他備受折磨，送他到最遠、最偏僻、最冷的冰天雪地的阿爾泰去，那是蘇聯流放政治犯的地方，是有去無回的人間地獄。總算蔣經國命大，給他揀回來一條命。在蘇聯，蔣經國深入基層，深入群眾，接觸到很多工人、農民、老大娘等，深深了解人間疾苦，後來蔣經國在贛南，再後在台灣能微服私訪，有清正廉明之名，恐怕與這段經歷分不開的。

劉允斌和蔣經國好像一對雙胞胎，他們竟有如此多的相似之處。據說雙胞胎有共同的性格，有共同的感知，有共同的生理特點和共同的歸宿。然而令人大惑不解的是：他們的命運與結局竟如此懸殊，大相逕庭。

與劉允斌一道出國去蘇聯留學的，前後有毛澤東的三個子女：毛岸英、毛岸青、李敏；朱德的女兒朱敏；劉少奇的三個子女：劉允斌、劉允若、劉愛琴；林彪的兒子林小林；高崗的兒子高毅；陳伯達的兒子陳小達；李碩勛的兒子李鵬；周恩來的養女孫維世……等等。

與蔣經國一道到蘇聯去學習的有邵力子、鄧文儀、康澤、鄭介民、卜濤明……等等。

與劉允斌一道出國學習的都學理工科，回國後幾乎沒有從事政治工作，李鵬和江澤民是後來中途出家，從工廠上來搞政治的。

而與蔣經國到蘇聯去學習的幾乎沒有一個學理工的，幾乎清一色從事政治工作。

這兩部分人，就像大學裏的文科與理科、涇渭分明。

按理說，搞理工的遠離政治、比較保險。搞文法的，接觸政治、風浪大，不保險。然而事實不然。

與劉允斌先後回來的留學生，在文化大革命運動中，幾乎沒有一個不被批鬥，死的死，傷的傷，打倒的打倒。

而與蔣經國先後回國的留蘇同學，儘管從事政治工作，吃政治飯，倒沒有被政治漩渦吞歿，大多安然無恙。高官盡做，白馬盡騎。現在不是頤養天年，也至少壽終正寢。

與劉允斌前後去蘇聯留學的人中，除毛澤東的三個子女毛岸英、毛岸青、李敏之外，幾乎沒有一個不被打倒。不少人喪了生，例如劉少奇的三個子女，劉允斌和劉允若被迫害而死。劉允斌學成後，拋妻別子，回來報效祖國，個性強硬的毛澤東觸怒了蘇聯，中蘇風雲突變，關係惡化，中蘇成了敵對，劉允斌的妻子瑪拉沒有跟劉允斌一起來到中國。導致劉允斌和瑪拉離婚，文化大革命中，劉允斌兄弟雙雙迫害致死。劉少奇的女兒劉愛琴三次被關，放出來後，又被開除黨籍，開除工作，送去勞動改造，最後落腳在內蒙。周恩來和鄧穎超的養女孫維世帶著鐐銬含恨自殺。高崗的兒子高毅，在蘇聯留學時期，成績優異，而且心靈手巧，才華橫溢。由於父親高崗問題的牽連，終身不得志，鬱鬱地長期在一個小單位裏搞焊接工作……。

有文章問：如果劉允斌是毛澤東的兒子，他會不會遭此慘害？本來劉允斌從社會主義國家蘇聯留學，回來報效社會主義的祖國，那是天作之合，身為共產黨員的劉允斌應該一帆風順才是。而蔣經國在蘇聯加入了共產黨，又大反蔣介石，加入了蘇聯籍，回到與共產主義水火不相容的國民黨統治下的中國，照理不是人頭落地，也難免牢獄之災，但歷史與我們開了一個大玩笑，像月老繫錯了紅頭繩，陰差陽錯地把他們兩人命運完全顛倒了過來。共產黨員的

劉允斌，不容於共產黨的中國。原也是共產黨員的蔣經國，後來倒成了共產黨的宿敵國民黨的總統，你說怪也不怪？

現在我們再來看看兩位跨國夫人的命運如何？

前面介紹過：由於政治原因，瑪拉沒有跟劉允斌一起來到中國，她曾對劉允斌預言：「你回去會後悔」。結果兩人天各一方，分居兩國，一個人默默地扶養著兩個子女，終身飽受分離之痛，含淚把一對子女培養成才。後來女兒索妮婭移居美國。

1990年，瑪拉第三次來到中國，中國是她的第二故鄉，風雲過後，她想回來看看，更重要的她還要看一看劉允斌最後歸宿地──八寶山。

這次真的圓了瑪拉縈繞幾十年的夢，看到了劉允斌和李妙秀所生的兒子維維的一家，維維給這位蘇聯媽媽送了禮物。這真是一齣延續幾十年，可歌可泣的悲喜劇。

可惜瑪拉回國以後不久，就因心臟病突發去世了。

那麼蔣經國夫人呢？我們也應該交代一下。

法伊娜‧瓦赫列娃（中國名字叫做蔣方良）1937年隨蔣經國一起來到中國，她清心寡欲，從不拋頭露面，亦無一官半職，長年相夫教子，孝敬公婆，深得蔣介石、宋美齡的喜愛。自蔣經國去世以後，她住在台北大直七海的官邸，深居簡出，一方面因為年事已高，歲月不饒人；另一方面蔣經國的門生故舊，日漸稀少，能到七海官邸看望她的人，一年比一年少了。

瑪拉和法伊娜‧瓦赫列娃兩人志趣不同、性格迥異，文化程度參差。瑪拉莫斯科大學畢業，副博士、化學系一個教研室的主任。法伊娜是父母雙亡的孤兒，是技校畢業的工廠職工。劉允斌天不假年，不幸慘死，使遠在蘇聯的瑪拉深受切膚之痛。而清心寡欲的法伊娜從與國民黨敵對

的蘇聯隨蔣經國來到中國，二人恩恩愛愛白頭到老，法伊娜當了國民黨的總統夫人，受到民眾的愛戴和好評，至今仍然健在。

造化真會捉弄人！

再說本節傳主的兩位父親，劉少奇和蔣介石的歸宿也很有趣。

共產黨統一大陸二十多年以後，作為戎馬一生、立下許多汗馬功勞、成為黨內僅次於毛澤東的第二號人物劉少奇，在黨內鬥爭中，不容於毛澤東，於 1969 年 11 月 12 日在河南開封含冤去世，年僅 71 歲。

蔣介石是中共手下的敗將，蝸居台灣二十五年，成為國民黨的「終生總統」。於 1975 年 4 月 5 日晚才壽終正寢逝世，活到 88 歲，比毛澤東還多活二年。

4 月 16 日是蔣介石大殮的日子，參加的有國民黨各界顯赫要人。蔣方良一向賢良方正，對公公視如親生父親，在蔣方良 50 歲生日時，蔣介石曾親手書贈「賢良慈孝」題贈給她。在蔣介石死後，蔣方良一直低聲啜泣，悲痛異常。在靈柩即將復覆的時候，蔣方良以寧波話要求：我可不可以親阿爺一下？她俯身以自己的家鄉方式向敬愛的公公鄭重告別！

劉少奇沒有蔣介石的福份，他要比蔣介石慘得多。劉少奇被迫害致死時，不僅沒有一個親友送終，而且劉少奇去世前造反派把他的名字改姓換名，甚至火化場也不知道他是劉少奇。

中國有句老話說：「白髮人送黑髮人」，這是一樁很令人傷心的事。當劉少奇去世的時候，他的兒子劉允斌已先他二年零九天在包頭自殺了。

唉！人間悲劇，莫過於此！

物理學大師葉企孫(1898～1977)

～從大學校長到乞丐～

耕犁千畝實千箱，
力盡筋疲誰復傷，
但得眾生皆得飽，
不辭羸病臥殘陽。

六、七〇年代，在那史無前例的
文化大革命運動中，為數不少的國家
領導幹部、民主黨派人士、著名社會
活動家和科技界、文教界的著名學
者、大學教授和科學家……等一大批
高級知識份子，被這場狂風惡浪般的
政治風暴所橫掃，打入另冊。他們的
遭遇是很悲慘的。有的被迫自殺，有
的慘遭迫害，致使精神失常，有的長
期被關押在暗無天日的監獄、看守所
裏，搞得妻離子散，有的被遣送到農
場勞動改造，美其名曰接受貧下中農
再教育……人數之多、範圍之廣，都
是空前絕後的。

　　這裏我們僅僅介紹一位著名物理學家的遭遇。

　　那時，在北京著名的中國科學院研究中心——中關村一帶，經常可
以看到一位老人，弓著背，彎著腰，衣衫襤褸，拖著一雙大棉鞋、籠
著一雙手，踟躕街頭。有時在水果攤旁停下，買兩個小蘋果，往身上
一揩，邊走邊啃。如果碰到認識的學生，就伸手向他們要一點錢，「你
們有錢嗎？給我幾個！」所求不多，一、二元，三、四元而已。

　　他是誰？說來恐怕你很難相信。

　　他是我國大名鼎鼎的物理學大師、泰斗，早期清華大學的校長（解
放後叫校務委員會主任、主席，後改稱主任委員），清華大學物理系
和理學院的創始人、系主任和院長，中國近代物理學的奠基人——葉企

孫先生。

記得北京解放前夕，國民黨逃離大陸時，曾派飛機到北大、清華搶運教授，名單中有北京大學校長胡適，和清華大學校長梅貽琦，葉先生也在其中，但他沒有走，仍留在清華。1948 年時，他是中央研究院的院士、總幹事長，是當時科學家最高的榮譽。

然而葉企孫先生為何會落魄到這般地步？這要從頭說起。

口 葉企孫簡歷

葉先生原名鴻春。1898 年 7 月 16 日出生在上海的一個官宦書香人家，祖父官至五品，父親為前清舉人，曾任清華國文教員，因此葉企孫從小就受到良好的家庭教育，打下深厚的國學根底。

少年時，葉企孫在上海敬業中學唸書，1913 年考入清華學校，做為清華學堂的第一批被錄取學生；1918 年畢業，同年以優異成績考取赴美國的公費留學生，入美國芝加哥大學讀實驗物理。他認為：物理是一種極其重要的基礎科學，而實驗物理是純物理的基礎，是各種實用學科之源。他認為要振興中國，就必須培養大批基礎科學特別是物理人才。葉企孫在芝加哥大學僅攻讀二年，即獲得物理學碩士學位。

1920 年，他進入哈佛大學研究院。1927 年，師從著名的科學家 W・杜安和諾貝爾獎金得主 P・W・布里基曼。並進行了普朗克（Planck）常數 h 值的精密測定，得到 h 值〔h ＝（6.556±0.009）×10^{-27}爾格秒〕，其精確度為世人所公認。葉企孫是國際上用 x 射線衍射實驗正確測定普朗克常數的功勛科學家，他的四位數字的普朗克常數被國際物理學界所採納，並在國際上沿用了 16 年之久，經歷了愛因斯坦相對論和許多近代科學的考驗和證實，直到今天也

沒有進行多少修正。

　　1922年至1923年，他在哈佛大學獲得了博士學位，這期間他還師從國際物理學大師布里基曼從事高壓磷學的研究，成為近代中國研究磷學的第一人。他研究了液壓對鐵磁體磁導率的影響，把壓強增加到前人未用過的每平方厘米12,000公斤，對鐵、鎳、鈷和兩種鋼的磁導率做了精確測定，並對此做了理論分析，實驗結果與理論分析完全符合。1923年，葉企孫在哈佛大學獲得博士學位的論文題目就是「流體靜壓力對鐵、鈷和鎳的磁導率的影響」，他在高壓鐵磁學方面做了開創性的工作。

　　葉企孫回國後，1924年至1926年先受聘任南京東南大學（即中央大學的前身）物理系教授，並兼系主任，任教三個學期。

　　1925年9月，清華學堂要辦大學部，邀請葉企孫前往籌辦物理系，由葉企孫任系主任，一直到1936年。1929年時，清華理學院成立，他任理學院院長，一直到1937年。葉企孫還被選為決定學校大政的七位評議員之一（學校的最高議事機構）。此後，葉企孫一直是清華大學的領導核心人物，並幾次以校務委員會主席的名義主持校務。1931年代理過清華大學的校長。梅貽琦接任校長後，他又是梅的得力助手，許多校政大事都是他協助處理的。

　　1937年，抗日戰爭爆發，北京大學、清華大學和天津南開大學遷往我國西南，在昆明成立了西南聯合大學（即西南聯大）。1938年至1941年葉企孫在西南聯大擔任物理系教授。

　　1941年，中國成立了物理學會，他任第一屆副會長。1940年至1947年任常務理事長。

　　1941年到1943年，葉企孫在重慶中央研究院任總幹

事，行使院長職務。

1943 年到 1946 年葉企孫仍回西南聯大物理系教書，其間 1945 年到 1946 年，兼任西南聯大理學院院長，並主持過西南聯大的校務。

當年，清華大學成立了一個包括航空、無線電在內的特種研究所，葉企孫從 1938 年到 1946 年兼任這個研究所的主任委員。

葉企孫非常了解物理發展的前沿問題，他是我國第一代德高望重的物理學前輩。三〇年代，他與饒毓泰、吳有訓和嚴濟慈被譽為中國物理學界的四大名旦。

1948 年，中央研究院經過選舉，聘任院士。葉企孫是中央研究院的第一批院士。

1949 年初，北京解放了，西南聯大三校各自復員北京和天津，葉企孫任清華大學校務委員會主任，（實際上就是校長），並兼理學院院長，一直到 1952 年全國高等教育進行院系調整時為止。當時高等教育向蘇聯學習，文理學院和工學院分開，清華文理學院併入北大。

在院系調整以後，葉企孫隨理學院併入北京大學，成為北京大學理學院物理系教授，任北大教務委員會委員，兼任金屬物理及磁學教研室主任。

1954 年起，兼中國自然科學史研究委員會副主任委員，中國自然科學史研究員。兼任中國物理學會副理事長，常務理事長等職務。

1955 年被選為中國科學院數理化學部委員（即今天的院士），並任該學部的常務委員。

葉企孫曾被選為第一屆全國政協代表。全國第一、二、三屆人大代表。

1977 年 1 月 13 日，受四人幫長期迫害及冤案的牽連，

終於含冤去世，終年 79 歲。葉企孫無兒無女，終生未娶。

□ 葉企孫與清華大學

　　葉企孫的一生與清華大學關係十分密切。在這裏他受到了很好的教育，在這裏他出國留學，進行深造，接觸到當今世界物理發展最新的前沿問題，立下科學救國的志願。回國後在這裏他終身從事物理教育工作，爲中國培養了一代又一代卓有成績的科學菁英。在這裏與清華人一起共度那腥風血雨的年代，與日本法西斯進行了九死一生的鬥爭。也是從這裏，他跋山涉水數千里，到達當時的大後方——西南，迎來了抗日戰爭的偉大勝利，還是在這裡，他歡欣鼓舞地迎接解放，參加了開國大典，親眼目睹清華大學一年比一年蓬勃發展。

　　清華學堂創建於 1911 年，葉企孫是第一批學生，在清華園裏只學習了半年，辛亥革命爆發了，爲避戰亂，他返回上海家中，後來重新考取清華高等科。

　　第二年，葉企孫的父親葉景澐也到該校任國文教員，其父與梅貽琦先生交誼很深，因此葉在少年時代即在其父和梅貽琦先生的引導下，閱讀了大量的科學著作，尤其是科學技術與古籍，對科學史有很深的造詣。後來葉企孫擔任中國自然科學史研究委員會副主任和研究員時，做出了不少開創性的工作，恐怕不是與此無關的。

　　1913 年，有位學者來清華演講，講到：「中國者中國人之地也，而予他人爲爭利場而已猶鼾睡，毫無自振之精神，亦可哀矣！惟推原因，則由於實業不振，實業之不振，則由於科學之不發達。科學分二類：一爲理想的，一爲實用的。理想爲實用之母，實用爲理想之成。望諸君毋忽視

理想科學」。這番話給葉企孫思想影響很大。

1918 年，葉企孫從清華學堂畢業。同年葉企孫考入美國芝加哥大學公費生，在 1920 年——僅二年即獲碩士學位。後來他又進入哈佛大學研究院深造，不二年又獲得博士學位。

1924 年回國後，先在南京東南大學物理系任教授，兼系主任。他有兩個得意的教助，一個是趙忠堯先生，一個是施汝爲先生，趙忠堯幫葉先生準備物理實驗。趙忠堯先生和施汝爲先生兩人工作勤勤懇懇，葉企孫很是滿意、高興。

那時，清華還沒有物理系，清華學堂想辦大學都邀請葉企孫前去創辦物理系。清華是葉企孫的母校，母校召喚，義不容辭，不能不去。因此他在 1925 年 9 月帶了趙忠堯和施汝爲到了清華。所以清華大學的物理系是葉企孫從無到有一手創辦起來的，物理實驗室的儀器和設備也是由他們三人親自動手設計加工製造的。

葉企孫從事教育工作，可以分爲兩個階段，即 1925 年進清華創辦物理系起到 1952 年全國院系調整、清華文理學院併入北京大學爲止，前後共二十七年。從 1952 年併入北大到離開北大爲止，前後亦有二十餘年。但在這後來的二十多年時間裡，適逢「反右運動」和史無前例的「文化大革命運動」，浪費了他一、二十年的時間，而且身陷囹圄、實在可嘆可悲！

葉企孫對清華大學可用「忠心耿耿、披肝瀝血」這八個字來形容。

葉企孫最重要的貢獻之一，就是他創辦了國內外科技界都有很高聲譽和巨大影響的清華排頭兵物理系和理學院。

葉企孫爲物理系聘請了在國外學成回國、學有專長，

國內第一流的著名學者來清華任教，他們當中有：

吳有訓教授：他在 1922 年和葉企孫同爲芝加哥大學物理系前後期同學，他對著名的康普頓效應做出了重要貢獻。清華、西南聯大教授、系主任、理學院院長、中央大學校長、中國物理學會理事長。解放後仍任上海交大校務委員會主任、中國科學院副院長。

薩本棟教授：1922 年在美國斯坦福大學、麻省武斯特工學院等校學習，並獲得博士學位。解放前任南京中央研究院院長，和廈門大學校長。

周培源教授：先在美國芝加哥大學和加利福尼亞理工學院當研究生，後來又去德國和瑞士進行研究工作。1936 年到 1937 年在美國普林斯頓高等學術研究院，在愛因斯坦領導下，從事相對論、引力論和宇宙論的研究。後任北京大學校長、中國科學院副院長。

趙忠堯教授：在美國加州理工學院獲博士學位，先後在清華大學、西南聯大等校任教，並在南京中央大學物理系任系主任，對我國核物理實驗作出很大貢獻。解放後任中國科學院原子能研究所，高能物理研究所副所長。

施汝爲教授：係美國伊利諾大學、耶魯大學物理系研究員，是我國磁學的奠基人。後任中國物理研究所所長。

任之恭教授：先入美國麻省理工學院，後又到賓夕法尼亞大學及哈佛大學獲得博士學位，回國後在清華物理系任教，後去美國，現爲美國科學院院士。

清華物理系之所以有如此出色的成就和崇高的聲譽，還有另一個原因：那就是葉企孫領導下的物理系有一個非常融洽、團結合作、努力工作熱愛學生的集體。所有老師個個都是飲譽海內外的愛國科學家，學問既好，品德又高，是學生們學習的表率。

　　從 1925 年起到 1952 年止，葉企孫在清華連續工作了二十七年。人們常說：「名師出高徒」。的確是這樣，清華物理系在這些名師的培育下，培養出一大批出類拔萃的學生，他們或走上工作崗位，或赴國外深造，選讀國家急需的專業，個個都十分愛國，而且成績斐然。他們當中有：王淦昌、王竹溪、彭桓武、龔同祖、錢偉長、張宗燧、葛庭燧、王大珩、錢三強、何澤慧、胡寧、郁中正（現名于光遠）、趙九章、傅承義、陳芳允、李整武、余瑞璜……等等，他們後來都是中國科學院學部委員、院士。林家翹、戴振鋒、陳省身等則成爲美國科學院或工程院院士。

　　有人說：當年孔夫子有：「三千徒弟子，七十二賢人」之美譽，葉企孫在清華辦學過程中一貫採取通才教育的路線和方法，執行「有教無類」的方針，採取不拘一格的取才方法，因而培養了幾代的優秀人才，功莫大矣。

　　在抗戰時，葉企孫爲了適應當時的形勢，培養科技後備力量。在昆明用清華基金，設立了一個特種研究所，包括航空工程、無線電工程、農業工程……等五個分所，葉企孫自任研究所主任。農業研究所在抗戰後就成爲清華大學農學院的基礎。

　　葉企孫十分重視世界前沿科技。上世紀三〇年代紅內（現叫紅外）攝影技術是保密的。紅內線敏感膠卷在國際上是保密技術。國內沒有這種人才，葉企孫鼓勵清華物理系七屆的熊大縝進行研究。熊大縝和葉企孫關係十分密切。葉企孫單身一人，熊大縝在清華時就住在葉企孫家裡。他倆名爲師生、實則形同父子。熊大縝是一位多才多藝，聰明能幹的學生。在葉的指導和幫助下，居然製出了膠卷，並在西郊香山鬼見愁的頂上，深夜拍出了整個清華大學的

俯視圖夜景。大禮堂和氣象台都歷歷在目。以後又在鬼見愁頂上拍到了北京城的夜間全景。這項技術在國防上有重大作用。

　　葉企孫竭力主張學習民主。在葉企孫的創導鼓勵下，讓學生在學術上自由爭論，故系內學術空氣濃厚，師生打成一片。系裡還經常舉辦學術報告會，有時還請歐美著名學者來校進行講學，學術訪問：如歐洲著名物理學家玻爾、英國學者狄拉克、法國學者朗之萬、美國信息論創始人維納和匈牙利航空噴氣動力學權威馮‧卡門等，都在 1934 年到 1937 年間來清華講過學。使學生們早日接觸到世界前沿科學。

　　葉企孫對我國缺門學科的重要性十分了解。他那時是留美公費生的考選委員會主任，和留英公費生的考選委員會的重要成員，每年都按學科選派公費留學生攻讀博士學位，考選的學科，葉企孫都有全面而周到的考慮。他動員了王大珩，龔同祖去英國學習光學玻璃工業技術，傅承義去美國學習地震，赫崇本去美國聖地牙哥學習海洋，趙九章學習地球物理，涂長望去英國學習氣象，錢臨照去英國學習金屬物理，王遵明去美國學習鑄工和熱處理……等，不少青年學生在他的指導下出國學習了許多那時對我國還很陌生的學科，他們返國以後，都成為我國許多學科的創始人，為我國科學事業的建設做出了非常重要的貢獻。

　　葉企孫是一位開明的民主教授，他長期住的清華北院七號是學生們談論學生運動的場所。葉企孫總是抱著同情心參加討論。在一、二九運動期間，反動軍警幾次包圍搜捕清華學生，不少學生領袖就躲藏在葉先生家中，逃過劫難。有次學生去喜峰口慰勞前線戰士，他動員家屬做棉衣、棉鞋，並和梅貽琦交涉借了三輛大客車給學生。葉企孫還

主動讓他的司機開著他私人的汽車給慰勞團用。而且親自
參加慰問。

清華大學的校史與國運是息息相通的。清華由留美遊
學處、清華學堂、清華學校到清華大學，由西南聯大到復
員，經歷了帝制、軍閥、國民黨和共產黨的各個時期，變
化很大。

北平解放前夕，地處城外的清華大學比北平市整整早
一個半月解放。軍管會接收後，要清華大學成立校務委員
會，委任葉企孫為主席，陳岱孫、張奚若、吳晗、錢偉長、
周培源、費孝通為常委。

軍管會一直在醞釀清華大學的體制改革，一邊倒向蘇
聯學習，要打破原來文、法、理、工、農一體的框架，把
工學院與其他學院分開，單獨成立。這一調整當然會引來
清華教授的非議和抵制，因為中國大學大都模仿英美體制
的，清華的絕大部分教授也都是留學歐美的。

51年冬天，清華大學工學院院長施嘉煬參加了「全國
高校工學院院長會議」回來，告訴葉企孫：清華要辦成工
業大學了。

葉企孫聞聽此言，大吃一驚，忙問：「究竟是怎麼一
回事？」

施嘉煬告訴他：「國家認為工科學科人才培養得太少
……決定進行院系調整。所有工學院必須單獨辦校。並把
同一地區相同系科合併，成為若干獨自學院……。」

葉企孫聽了施嘉煬的話，便跌足嘆息道：「胡鬧！真
是胡鬧，工科沒有理科做基礎後盾，絕不能有大作為；鼠
目寸光，一至於此。況且學校教育仍為打基礎。……教育
過度專門，培養出來的人肯定就會眼界狹隘……。況且中
國與西方的差距不在實業，而在理論科學，如此事竟果實

行，教育就危險了。」

施嘉煬嘆道：「國家要學蘇聯，那又有什麼辦法？事已至此，你我還是緘口爲妙。這個意見是要上報政務院的，看來是無法挽回，……只可惜清華如此基礎，一旦毀棄……。」言猶未盡，就淚如雨下了。

對此，毛主席大概有先見之明，在院系調整之前，先開展一場「三反五反」運動，清華根據高教的指示：在教師中進行思想改造，成立領導委員會。學校通知：「停止考試，不放假，一律參加此項運動」。其實「三反」運動，「反貪污」、「反盜竊」和「反官僚主義」，與教師沾不上邊。目的很明顯，要在院系調整前，要在文化教育戰線和知識份子中開展一個自我教育和自我改造運動。

這場思想改造運動是爲院系調整埋伏了機關。

教授經過批評與自我批評，改造了思想，說通也通，說不通也通，院系調整得以順利進行。

清華大學成立了院系調整籌備委員會。其時清華大學校務委員會由葉企孫主持，但籌委會主任則委任劉仙洲擔任。葉企孫一介書生，劉仙洲老謀深算，世故圓滑，他找了一些人來開座談會，名爲談心活動，實則傳達政策，大家只好唯唯諾諾。只有葉企孫出於忠心，平素溫和敦厚，但遇到這種大事，他毫不含糊退讓。

劉仙洲就用大帽子來壓：「這是中央決定下來的。毛主席說了『我看大學還是要辦的，但首先是理工科大學』，文理學院調整出來，勢在必行。社會主義建設更需要的是工程師，而不是科學家與文學家！」

葉企孫回答道：「仙洲，你我相識多年，你是了解我的，我不是單爲戀著清華這一塊地方。誠然，從個人感情上而言，我不希望把文理學院轉到北大去，但說實在的，

對於這次院系調整，我是有意見的。上次嘉煬開工學院院長會議歸來，我就跟他談過，人文社會科學，是沒有工科的效益來得直接，但就人類文明進步而言，其功何遑稍讓？當年蔡元培先生提倡德、智、體、美、群五育並舉，人文學科與功有莫大焉！說到理學院，工與理實不可分，工科須理科以做基礎，斷不能憑空架設。且我觀此次院系調整，實驅使學生只專一技，而不求通識，此與清華多年通才教育思想殊悖，我恐水木清華，從茲斷絕矣！」

劉仙洲哂笑道：「企孫，你太書生氣了！不知清華多年以來，徒知仿美式教育，沒有顧及國情。我國百廢待興，工科人材供不應求，清華成為工科大學，異日必更知名於世。況且，就是美國也有典型的工業大學，如麻省理工學院，還有梅貽琦畢業的那個吳士脫大學，不都是工科嗎？」

葉企孫辯道：「照搬美國固然不對，卻也不應就此學習蘇聯。至少清華教育辦了這麼多年，為國家還是培養出人才的。世界上知名的大學，莫不以綜合見長。梁啓超所謂「通方知類」，庶幾近之。哈佛、哥倫比亞都是綜合大學，即以麻省理工學院而言，其語言研究也堪稱獨步呢！更何況人家都有堅實的理科基礎在」。

劉仙洲窘不知所對，只好說：「教育部對清華科系設置的初步意見已經下來了，企孫，你看著辦吧。」

葉企孫料到說了也無益，只是如骨鯁在喉，不吐不快，一陣蕭索升上心頭，不禁喟然長嘆。

百無一用是書生，

蚍蜉撼樹談何易。

未幾，葉企孫幾十年心血創辦起來的、國內外著名的物理系、理學院和文學院、法學院被撤走併入北大。從1926

年起到 1952 年院系調整爲止，清華大學結束了長達 27 年的綜合大學歷史。從清華園調走了一大批一流的大學者、學問家，其中有馮友蘭、金岳霖、陳岱孫、潘光旦、錢偉長、費孝通等名教授，葉企孫當然亦在其列。從此，他永遠離開了長期休戚相關、榮辱與共的清華園。

理工分家的利弊得失，是顯而易見的，事後，工學院各系科的基礎課如數學、物理、化學、外語等課就無人教。後來，不得不另起爐灶，搭班子，成立數學、物理、化學、外語等教研組爲工科服務，過去清華一向以基礎紮實聞名，這時成了無源之水，質量大受影響。

□ 尊師重教

爲什麼清華理科能在短短的二、三十年時間裏脫穎而出，博得國內外一致好評，取得如此豐碩成果，這絕不是偶然的。葉企孫秉承前輩蔡元培早期接辦北大時說過的一句名言：「大學者，非有大樓之謂也，有大師之謂也。」他時刻記住這句話，始終把聘任第一流學者到清華來任教做爲頭等大事來抓。僅從 1926 年到 1937 年間，經他手聘請來的國內最著名的第一流學者除上面提到過的吳有訓、薩本棟、周培源、趙忠堯、施汝爲、任之榮等等之外，尙有熊慶來、張子高、黃子卿、李繼桐、陳楨……等人。一時名師雲集，他們都是年富力強，知識豐富，博學精深的科學家。有了「名師」，「高徒」也就不斷地一批一批從清華園裏培養出來了。怪不得 1955 年中國科學院成立時，數、理、化半數以上的院士（當時稱爲學部委員）都來自清華，以後歷屆評選的院士，清華出身的都占大多數。

葉企孫辦學的另一個優點是舉賢任能，大公無私，不

謀私利，不搞近親繁殖。

1935 年，葉企孫聘任吳有訓到清華大學物理系任教時，葉很欣賞他的才能。吳有訓夫人生前回憶說：「葉企孫師當年聘吳到清華任教時，所定工資比葉本人還高。」而葉當時是物理系主任、理學院院長。

後來葉企孫又發現吳有訓的組織能力很強，葉就主動把系主任讓給吳有訓。

1937 年時，葉企孫又辭去理學院院長之職，推薦吳有訓當院長。

葉企孫幾度讓賢，絕不是自己不行，不如人家；也不是有人反對他，更不是已到退休的年齡，須知他辭去系主任和院長時僅僅只有 35 歲和 38 歲，正是年富力強之時。所以葉企孫辭職的真正用意是「禮賢下士」，「舉賢自薦」，這樣的做法只能是出於對學校的公心和對學生的愛心，正是他的這種大公無私的人品，使吳有訓脫穎而出，後來吳有訓成為中央大學校長和解放後上海交大校長及長期擔任中國科學院副院長。

在葉企孫身上，這種例子是很多的，可謂舉不勝舉。

當葉企孫聘請到吳有訓、薩本棟兩位來系裏共事，非常高興。1930 年 6 月，物理系二屆幾位同學在工學廳聚餐，酒後葉企孫對他們說：「我教書不好，對不住你們，可是有一點對得住你們的就是我請來教你們的老師，個個都比我強。」事過四十餘年，當時參加聚餐的現任華南理工大學校長、中國科學院院士馮秉銓寫信給葉企孫先生說：「這些話成了我從清華大學畢業之後四十多年來的座右銘和工作指南。四十多年來，我可能犯過不少錯誤，但有一點可以告慰於您，那就是我從來不搞文人相輕，從來不嫉妒比我強的人，此外對年輕一代也比較關心和愛護。」

　　葉企孫能請到這麼多名師到清華來，因爲他從來沒有門戶之見，搞近親繁殖，對各大學畢業，各國留學回來的人一視同仁，所以大家心情都十分舒暢，願意凝聚在他的周圍。

　　葉企孫任勞任怨，從不居功自傲。他對待別人總是先看別人的長處和優點。抗戰期間，清華遷入西南，與北大南開大學成立聯合西南聯大，他本來是最有資格出任西南聯大理學院院長的人，但他考慮到三校聯合以團結爲主這一事實，故他一直婉拒出任此職，讓吳有訓擔任。吳有訓離校後，他又推舉北大的饒毓泰接任，一直到 1945 年 8 月，日寇投降以後，西南聯大開始復員，由於遷校工作千頭萬緒，亂事如麻，情況特殊，才在這一關鍵時刻，接受這項任務。

　　葉企孫學問淵博，知識面寬，他精通英語、德語和法語，文史底子又紮實。他擔任學校多種領導、行政工作特別繁忙，但他在工作之餘，仍每學期給學生上課。葉企孫思路清新敏捷，教書從不馬虎，上課前，他仍花大量時間來備課，他每次備課都像是第一次上講台那樣狠下功夫，十分仔細，精心準備。同一門課，不同學期授課，內容不斷更新，從不老調重彈。所舉例子也都是國際科學雜誌上最新發表的，讓學生隨時了解世界科技動態，這是他對學生極端負責的表現。

□ 愛生如子

　　葉企孫不但尊師，而且非常熱愛學生，具有眞正教育家的胸懷和氣度。最著名的一個例子就是慧眼識英才，提拔年輕又有殘疾的華羅庚。

大家知道，華羅庚是江蘇金壇人，家庭清寒，小時患過小兒麻痺症，後來留下殘疾，走路一拐一拐。華羅庚初中畢業以後，就在家裏照顧家務，他家裏開了一爿賣雜貨的「夫妻老婆店」。但他刻苦自學數學。1929 年，他 19 歲時，在上海《科學》雜誌上發表了一篇〈蘇家駒之代數五次方程式解法不能成立之理由〉，被清華大學數學系楊武之教授（楊振寧之父）發現，推薦給系主任熊慶來教授。經葉企孫批准，把華羅庚從金壇鄉下調來清華大學，熊慶來把他安排在清華數學系資料室當職員，邊工作、邊旁聽大學數學課程。1931 年，葉企孫在日本數學刊物上看到華羅庚寫的數學論文，對華羅庚的才能很是賞識，想破格提升華羅庚爲教員。在教授會上，理學院教授們意見分歧很大，反對者認爲華羅庚沒有學歷文憑，不能夠違反清華制度。葉企孫則力排眾議，認爲：「清華大學出了一個華羅庚是好事，不要爲資歷所限。」最後做爲理學院院長和校務委員會委員的葉企孫拍板決定，破格提升讓華羅庚爲教員，走上講台講授大學微積分課。從此華羅庚如振翅的雄鷹，沖天而起。1936 年，葉企孫又派華羅庚去英國劍橋大學深造。華羅庚終成爲國際著名數學家，成爲中國科學院數學研究所所長，和美國及多個國家科學院的國外院士。

王淦昌是 1925 年進清華大學物理系的第一屆學生，葉企孫也是在這一年早一些時候來到清華的。王淦昌教授回憶往事時，深情地說：「我和葉先生差不多是同時進清華的。他是老師，我是學生，葉先生非常關心同學的生活。有一次我因經濟困難，沒錢回家，葉先生就給我錢，讓我回家」。

六〇年代，國家發生自然災害，市場供應緊張，幾乎

樣樣食品皆缺，學生們不免面有饑色。三年困難時期，國家為了照顧著名教授、學者，給他們供應了一些牛奶，葉企孫也是其中之一。但葉企孫常常自己不喝，把牛奶送給身體不大好、患病的學生飲用。他看到有同學患浮腫痛時，他把牛奶送給他，一定要讓這個學生當面喝下去，他才離開。他還說過：「我沒有什麼可以幫助你們，這點牛奶就送給你們喝。」

多年以後，王淦昌回憶起葉企孫先生給他們上物理課的情形：有一次一年級上普通物理課，葉企孫先生在大課堂給我們做物理實驗，表演勃努利原理。他將一粒豌豆放在一根帶有玻璃做的小漏斗上，從管子另一頭吹氣，豌豆飄在漏斗中央，掉不下來，也沒被吹的氣衝走，大家感到很有趣，課堂發出一陣歡叫聲。這時葉企孫先生要我們解釋這是什麼道理。王淦昌接著回憶了一下說：「我想了一想，解釋了這個問題。」葉企孫先生聽了很是滿意，非常高興，說我理解問題清晰準確。自此以後，他經常找我，和我談許多物理問題及一些物理現象，關心我的學習和生活，並告訴我學習上有什麼困難和問題時，隨時都可以去找他。我原來分科時想學化學的，而且對化學特別有興趣。可是在一年後，在葉先生的影響下，我覺得物理更有意思。就這樣在進入專業課學習時，我選擇了物理，從此決定了我半個多世紀以來始終在物理的海洋中遨遊。

王淦昌後來在葉企孫的幫助下，到德國柏林大學，師從曾被愛因斯坦稱之為「我們的居里夫人」的，著名猶太籍女性物理學家梅特涅教授研究原子核物理。王淦昌後來成了世界著名的核物理學家，長期擔任中國核物理學會理事長，積極參加並領導了我國原子彈和氫彈的研製。由於他對我國核能事業的重大貢獻，歐、美報刊曾稱譽他為「中

國的歐本海默」。（註：歐本海默是美國科學家，是他領導並研製了美國的第一顆原子彈，最終促使第二次世界大戰最後結束。）

當時大學教授的工資是很高的，葉企孫既是一級教授，又是物理系系主任、理學院院長，還是清華校務委員會的主任，他的工資收入是可想而知的。可是葉先生身無餘錢，家中設備非常簡陋，他既不抽煙，又不喝酒，僅有一個司機兼管家務而已，他的工資哪裡去了？

他的錢都用在接濟、急救有困難的同學去了。上面談到給王淦昌回家的路費僅是一個小小的例子。他長期幫助有困難的職工，幫助他們的生活開支、支付醫藥費。

當時，清華流傳「神仙、和尚和伙伕」一說。神仙者，教授是也。教授工資既高，權力又大；和尚者，學生是也。學生每天天濛濛亮就起床苦讀，中午也得不到休息，一直到晚上息燈爲止；伙伕者，屬役一類，地位最低，專門打雜、伺候人家。

過去我看過一篇文章，說梅貽琦出任清華大學校長時有個規定：教授的收入爲 300 至 400 元，最高可達 500 元，同時每位教授還可以有一幢新住宅；以下低一級降少約一百元；講師的工資爲 120 至 200 元；助教爲 80 至 140 元；一般職員 30 至 100 元；工人 9 至 25 元，可見各個級別之間的差距，教授的收入是一般工人的 20 倍。

工人 9 至 25 元的工資，他也要維持一個家庭的最低生活。由此可見當時教授生活之優裕了。

清華物理實驗室中，有一位儀器管理員叫閻裕昌，此人十分了得，不但善於管理，而且有一手製造儀器的本領。系裡實驗室不少儀器皆出於他之手。但閻裕昌人很老實，身體既差，家庭負擔又重，全家七口靠他一人掙錢過日子。

有次他患了肺結核（俗稱癆病），那時不像現在，患了肺結核病，就等於判了死刑，只有等死的份兒。按他的經濟條件，不可能住醫院，學校醫院也不肯接受校役之類的人。葉企孫先生有一顆菩薩的好心腸，他在清華又有一定聲望，他去給閻裕昌說情，讓他住進了醫院。住醫院談何容易，不但需要身份，而且一切花費開銷都非一般人擔當得了的。閻裕昌本人養家糊口尚且有困難，哪裏有錢住院，何況患的又是慢性病。葉企孫對他愛護有加，自己掏腰包幫助他一切費用。閻裕昌在醫院住了很長一段時間，病情慢慢好轉。那時還沒有特效藥，還沒有發明「雷米封」和鏈黴素等專治肺結核的藥，只有臥床靜養。就這樣他的病時好時壞，反覆多次，長達數年之久，家中生活開支全部都是葉企孫接濟幫助的。不料禍不單行，閻裕昌的兒子又患了肺結核，吐血不止，去協和醫院拍了片子，說是空洞不少，父子雙雙臥床休養，葉企孫還為他們父子二人訂了牛奶，使他們身體得以逐步恢復健康。

　　使葉企孫極為傷心的是他的兩位很有才華的得意門生在文革和抗日戰爭中慘遭迫害，含冤離開人世。一位是當年物理系第五屆畢業生趙九章。另一位是第七屆物理系研究生熊大縝。

　　趙九章聰明勤奮，博學多才，畢業後留在物理系做助教，次年考取德國公費留學。在出國前，葉企孫薦引他師從竺可楨一年，在送他出國時，葉企孫語重心長地對他說：「現在國家急需氣象人才。」趙九章到德國以後，就改讀高空氣象和地球物理。1938 年，獲得博士學位後，回國仍先在清華大學任教。趙九章為新中國的氣象、地球物理、空間事業的創建和開展都有卓越貢獻。在蘇聯成功發射第一顆人造地球衛星之後，趙九章向周恩來總理建議發展我

國人造衛星和空間物理探測，得到批准後，並委任他負責
這一重大工程，領導籌建了中國科學院衛星設計院，爲我
國衛星研製立下了大功，正當他施展抱負，大展鴻圖，發
揮才能之際，「文化大革命」運動開始了，他受到誣陷，
被迫害含恨離開人世。

　　熊大縝是清華大學物理系第七屆畢業的研究生。他博
學強記，對技術十分鑽研。他的畢業論文就是葉企孫親自
指導的。當時國外剛出現紅內（後稱紅外）照相技術，膠
卷也十分保密。熊大縝竟自己研製成功中國第一張紅外底
片，並在北京城外香山鬼見愁頂上拍出清華大學的全景夜
景，大禮堂和氣象台都歷歷在目。不久，他又在鬼見愁頂
上，拍出北京全城的夜景。葉企孫打算送他到德國攻讀對
國防極爲重要的紅外技術。後因七・七盧溝橋事變發生，
抗日戰爭全面爆發，因此未能成行。1938 年春，熊大縝得
知當時冀中抗日根據地急需科技人才，就推遲了婚期，奔
赴冀中抗日第一線。由於工作成績突出，被提升爲冀中軍
區供給部部長，並派人與葉企孫聯繫，說冀中前線急需烈
性炸藥，及無線電收發電機等器件和技術人員。葉企孫派
了化學系畢業生汪德熙（後爲中國原子能研究所副所長）
和物理實驗室職工閻裕昌去冀中做他的助手，並親自在天
津購買雷管和無線電器材，生產炸藥和收發報機，又請清
華大學學生李琳等負責穿越日軍封鎖線，把炸藥、雷管、
收發報機送往冀中。不料，1939 年春，熊大縝被誣爲特務，
慘遭殺害。葉企孫每憶及此事，總感到無限悲痛，覺得自
己害了學生。

　　葉企孫特別關心青年科技人員的進步。

　　中國核安全專家委員會副主席，中國科學院院士，1948
年清華物理系畢業的李德平先生，回憶葉企孫老師時說：

那一年他在中國科學院近代物理研究所（後改中國科學院
原子能研究所）時，所裏舉行學術報告會，向高校教授匯
報工作進展，葉企孫先生特別向錢三強所長提出，他要聽
年輕人的報告，後來錢三強特地專門組織了半天年輕科技
人員的報告會。

　　錢偉長在清華時，原來是讀文、史的，後來他對物理
發生了興趣。他約了幾個同學到吳有訓那裏去求情。吳有
訓認為學物理要有較好的數學、物理基礎，而且物理系每
年只招幾個名額，所以似有難色。錢偉長又轉而向葉企孫
懇求，葉聽了他的訴說，安慰他說：「不要著急，可以慢
慢研究」。葉企孫得知錢偉長文、史課很好，而數、理科
較差時，就鼓勵他要用學文史的興趣和勁頭來學好數學物
理，每門要達到 70 分以上。最後，葉企孫同意他試讀。這
一試，錢偉長就像魚兒重新躍入大海，一發不止，最後錢
偉長成了世界上著名的物理學家，在力學、空氣動力學、
薄殼理論方面做出了巨大成績，成為中國科學院力學研究
所所長、院士，現為上海大學校長。

　　葉企孫身居清華大學領導，他時刻關心國家大事、急
國家之所急。在人才培養方面，處處考慮到國家需要。物
理系第二屆畢業生龔同祖畢業後，原留系做研究工作，1933
年，葉企孫主持招考清華大學留美公費生時，根據國家需
要，特地設立了一個應用光學的名額。葉知道龔同祖的特
長，葉企孫找龔同祖談心，龔同祖聽說應用光學是國家急
需專業，當時國內還是空白時，立即改變自己專業方向，
報考這一名額，結果龔同祖以優異成績錄取，到德國深造，
成績很好。1937 年夏天，他做完博士論文即將進行答辯
時，七・七事變發生，抗日戰爭開始了，他顧不上答辯，
拋棄了即將到手的博士學位，匆忙趕回祖國，創辦起中國

第一家光學工廠，爲抗日生產了大批國產軍用望遠鏡。

葉總以爲國家培養棟樑之才爲己任而感到無比欣慰。

□ 愛國情結

熊大縝是葉企孫的得意門生，品學皆優，葉企孫一生未婚，無兒無女，熊大縝和葉企孫名爲師生，實則形同父子，熊大縝在清華時，就住在葉企孫家裡。

葉企孫原來想送熊大縝到德國留學，適值 1937 年 7 月 7 日盧溝橋事變發生，因此未能成行。8 月末，清華大學校長梅貽琦先生到雲南長沙籌建臨時大學。9 月間，清華大學辦事處在長沙成立，同月，葉企孫帶學生熊大縝途經天津打算南下，不料途中患上了傷寒症，因而滯留天津，不料葉先生這一病竟病出一段愛國主義的頌歌和後來二十年的冤案出來。

這時梅貽琦校長委託葉在天津主持臨時辦事處，由熊大縝協助，以接應經天津南下的師生和照管清華校產及圖書。

抗戰不久，冀中抗日根據地呂正操派中共地下黨員張珍到平津一帶招募一批可靠的知識份子到冀中軍區參加抗日戰爭第一線工作，以解決醫藥、通訊設備以及殺敵武器等方面的技術問題。張珍首先找到孫魯，但孫魯因病不能前往，就轉而找到早年在清華時住同一宿舍的熊大縝。熊當時沒有立即答應，因爲他需要和葉先生商量，但很快就做出決定——葉企孫聽說熊要到冀中去幫助那裏的人民武裝抗日，那裏需要科技人員幫助，剛開始葉有些猶疑，但事關抗日大事，也就積極支持他了。

這年春天，熊大縝改變了到德國留學深造的初衷，並

推遲了婚期，立即前往冀中根據地呂正操部隊參加抗日工作。由於熊大縝的赤誠愛國之心，傑出的聰明才智和高超的技術，工作成績非常突出，使根據地的殺敵本領大為提高。熊大縝很快被提升為冀中軍區供應部部長、軍區印刷廠廠長等重要職務，並籌建技術研究所，準備自己製造彈藥，研製烈性炸藥。

熊大縝經常穿越日軍封鎖線，潛入平津一帶與葉企孫聯繫，商量招募技術人員去冀中抗日。葉企孫了解根據地極端缺乏技術人員和各種作戰物資，知道他們碰到的一些具體困難，毅然決定親自投身祕密抗日活動。葉企孫陸續派閻裕昌、胡大佛等清華師生員工以及其他平津大學的學生去冀中和熊大縝一起工作。

由於受他們出色的抗日工作和愛國精神的鼓勵，不少平津知識份子也慕名報名參加。如燕京大學物理系研究生李度（到冀中後移名改姓為張方），就和其他高校 4 名男女生穿過保定日軍封鎖線到冀中參加熊大縝領導的技術研究所工作。

葉企孫還利用他個人的聲望，廣泛聯絡國內外愛國人士來支持他們的抗日活動，如籌集經費，安排準備製造TNT炸藥的工廠，購買搜集軍工器材和原料，諸如雷管、無線電之器件等，並想方設法安排通過封鎖線。協助葉企孫參加愛國抗日救國工作的愛國人士中有愛國商人，華僑、國民黨愛國官吏、資本家、民主人士、美國教授……等等。由於日寇沿途盤查很嚴，一批無線電器材無法運抵冀中根據地，他們就想了一個十分巧妙的方法，把它藏在燕京大學校長司徒雷登的汽車裏，越過了封鎖線，把這些物品安全地運到根據地，滿足了前線的需要。當時美國還沒有和日本開戰，日本人對美國人還是很客氣的。司徒雷登對中

國人抗日戰事還是支持、同情的。

1938 年 5 月，葉企孫專程從天津到北京去找清華學化學的汪德熙（汪德熙解放後爲中國化學會和化工學會理事、中國核學會常務理事，並擔任過中國科學院原子能研究所所長），動員他去冀中協助熊大縝研究烈性炸藥。他告訴汪德熙說，八路軍在河北堅持抗戰，繳獲了一批氯酸鉀，用它代替土硝製造黑色火藥，不料在屋頂翻曬時，發生爆炸，連人帶屋子全炸飛了。葉企孫知道清華化學系發生過氯酸鉀爆炸事故，就想到汪德熙可能知道穩定氯酸鉀的方法，因而找到了汪德熙。汪就去北京圖書館查閱了有關文獻，對問題做到心中有數，就去了冀中。爲了掩蓋敵人耳目，汪德熙就扮作傳教士，爲了應付敵人的盤問，葉企孫還教給他幾句日語：「瓦踏枯希里，克土斯特得司斯」（意即「我是基督教徒」）。另外還叫汪德熙留下一些寄回北京的信，由葉企孫按月給汪德熙的父母寄生活費，跟他們說汪德熙在天津教書。

葉企孫得知冀中的部隊缺少子彈，又曾介紹一位會製造子彈的人去冀中，並設法把製造子彈的圖紙偷偷地送給冀中八路軍。

晉察冀軍區的戰士和老百姓最懂得熊大縝、張方等知識份子和其科學知識有多麼寶貴！張方是學物理的，對化學是門外漢，他爲研究炸藥炸掉了一隻右手。當時靠清華化學系研究生留下的一大本英文「火藥學」和閻裕昌潛回北京清華弄來的清華學生的實驗講義，就地取材，用瓦罐等土設備把無煙火藥製造出來，並把技術向各根據地散發，大家都很高興地跟著學。當子彈廠開工生產時，戰士們排起長隊領取。

朱總司令所在的晉冀魯豫根據地也辦起了子彈廠，但

造出來的火藥就是不管用，生產不出子彈，最後把張方調去，一個月後，子彈就源源不斷地生產出來了。

為了讓張方這個殘疾人能正常生活、工作，特別准許他結婚。有妻子照顧他的生活和研究工作，鬼子來了，群眾搶著幫他背小孩。發工資時（那時的補貼），戰士每人1元，朱總司令是全軍最高的，每月5元，而張方這位特別照顧的知識份子，每月12元。

葉企孫還親自參加TNT炸藥的研製。在陰暗的小房間裏裝配收發報機，還外出收購軍工器材。他甚至還打算親自到冀中前線去解決前方需要解決的問題。由於葉企孫的帶動，清華和平津其他一些大學的許多愛國師生，對抗戰做出了莫大的貢獻，這不能不說是葉企孫的功勞。

按軍事常識，冀中大平原地處北平、天津和保定的三角平原中心地帶，是日寇盤據的心腹之地，附近有三條鐵路線經過。處在日軍眼皮底下，一般來說，開展游擊戰是很困難的，不能抵抗日軍強大機械化部隊的掃蕩，因此不可能建立游擊根據地。但是奇蹟就發生在這裡。

這裏不但建立了抗日游擊隊的根據地，而且打得敵軍昏頭轉向，寸步難行，使世界輿論大為驚奇。來這裏的美國軍事考察團和國外記者寫了不少評論文章和報告文學，大加讚嘆，說這裏創造了在三重包圍圈內創造了游擊戰的世界戰爭史上的奇蹟。有本名為《二次世界大戰》的書中，用大量篇幅介紹它、描述它，書中把一個東北軍的小小團長呂正操的照片和八路軍總司令朱德等首長的照片並列在一起。當時最受歡迎的小說、電影都是描寫這裏的故事的。然而令人感到不平的是國內有關冀中抗日的書刊、報紙、文藝作品都沒有提到這批大學師生、科技知識份子的貢獻，把戰績當做農民創造的。但是冀中老百姓都知道熊大縝（當

時化名熊大正）、閻裕昌（當時化名爲閻本中）、李度（當
時化名爲張方）……等人。是閻裕昌手把手教老百姓製造
炸藥、地雷…親眼看到他勇敢地和日本鬼子拼搏，以致獻
出了生命。

閻裕昌被日本鬼子用鐵鍊穿著鎖骨遊行，他仍破口大
罵日本鬼子。日本兵逼問老百姓：「這個八路軍是誰？是
幹什麼的？」老百姓一個也沒有說，結果惱羞成怒的日本
鬼子就將亂刀將閻裕昌活活砍死，在場的老百姓沒有一個
不哭的。閻裕昌眞不愧是葉企孫心血灌溉出來的愛國主義
戰士。

葉企孫和另一位清華大學第五屆研究生畢業的林風在
天津租界搞地下工作，所冒的風險不比去冀中的人要少。
林風就因此被英國「工部局」逮捕過。

據 1935 年物理系畢業校友，現任上海大學校長錢偉長
教授回憶說：1938 年 12 月，葉企孫和熊大縝到他家去，要
求在他家中存放一批乾電池和電阻電容器等設備。熊大縝
告訴他，自己在任邱明、呂正操部下建立冀中根據地，這
些器材是該區急需的後助供給品。過了幾天，又來商量購
買西什庫大街一家乾電池廠的全部器材問題。

葉在天津期間，爲了組織和派遣以清華師生爲主的知
識份子去冀中製造和運輸軍工器材，解決技術問題，就募
款購買軍用物資等，還動用了清華公款一萬元做經費。

先後參加愛國行動的清華師生有熊大縝、閻裕昌、汪
德熙、林風、葛庭燧、錢偉長、胡大佛、李廣信、張瑞清
……等人，他們不斷爲根據地製造或購買炸藥、地雷、雷
管、烈性炸藥、無線電收發報機、電台、醫療器材、醫藥
用品、手榴彈、用具用品等，根據地人民多次用這些物品
自製武器，炸毀敵人軍用卡車、火車、橋樑，爲抗日戰爭

立下莫大功勞，有的人還把生命犧牲在冀中抗日根據地上。

後來葉企孫的祕密抗戰活動被敵人發現了，敵人準備搜捕。這時葉企孫隨時有被捕的危險。葉企孫在中外友人的幫助下離開了天津，途經上海，轉赴香港前往昆明西南聯大教書。葉先生離開天津以前，熊大縝寫信給他，希望他到南方以後，繼續爲冀中搞些電訊設備。但葉企孫這時錢已用盡。

葉企孫在滯港期間，爲籌款支援冀中，曾親自拜訪蔡元培先生，請求寫信、讓他持函拜訪宋慶齡。據蔡元培在手稿《雜記》中稱：「企孫言平津理科大學在天津製造炸藥，轟炸敵軍通過之橋樑，有成效。第一批經費借用清華公款萬餘元，已用罄，須別籌，擬往訪孫夫人，囑做函介紹，允之。致孫夫人函，由孫攜去。」月底葉企孫方離港抵昆明。

葉企孫到昆明以後，仍念念不忘冀中前線的戰事，懷念自己的學生們，不知他們在風雲詭譎，充滿風險的抗日戰爭第一線中情況如何，他們有沒有危險。在 1939 年 1月，在《今日評論》上，他化名發表了一篇〈河北省內抗戰概況〉，動員科技人員去冀中支援抗日戰爭。

□ 「兩彈一星」功勛科學家的老師

葉企孫從 1925 年到 1952 年在清華大學足足教了 27 年書，到 1952 年全國院系調整後，清華大學物理系併入北京大學，又在北大任物理系教師，教了二十多年。在他勤勤懇懇從事教學的半個多世紀的日子裡，先後培養出數以百千計的優秀專家、學者和科學家。

　　有人作過統計，葉企孫從 1925 年到清華大學創辦物理系任教起，到 1940 年戰前清華大學最後一批物理系學生畢業時爲止的 15 年中，單是在他主辦的物理系畢業的學生中，後來被選爲中國科學院學部委員、院士或同等殊榮的專家、學者就有王淦昌、周同慶、龔祖國、趙九章、王丁溪、翁文波、張宗燧、錢偉長、彭桓武、錢三強、何澤慧、王大珩、于光遠、葛庭燧、秦馨菱、張恩虬、李整武，以及後來去了國外的林家翹，（獲美國科學院院士），戴振鋒（獲美國工程院院士）……等人。

　　1955 年，中國科學院成立後首批數學物理化學學部選出的學部委員中，半數以上是清華學院畢業的。在以後歷次學部委員選擇中，也莫不如此。

　　葉企孫和他的弟子對國家科學技術的貢獻可謂大矣。

　　1999 年 9 月 18 日，中共中央、國務院、中央軍委舉行表彰爲研製「兩彈一星」做出突出貢獻的科技專家大會上，授予于敏、王大珩、王希季、朱光亞、孫家棟、任新民、吳自良、陳芳允、陳能寬、楊嘉墀、周光昌、錢學森、屠守鍔、黃緯祿、程開甲、彭桓武和追授王淦昌、鄧稼先、趙九章、姚桐斌、錢驥、錢三強、郭永懷「兩彈一星」功勛獎章。

　　在仔細研究了這二十三位「兩彈一星」功勛科學家之後，人們不難發現這些科學家一大半畢業於清華大學，而一半是葉企孫先生的學生，或者是學生的學生。

　　我們把他的學生畢業的先後列成一張表，就是：

學生 姓名	畢業時間	學生的學生 姓名	畢業 時間
王淦昌	1929 年	程開甲 周光召	1941 年 1951 年
趙九章	1933 年	錢驥	1943 年
張宗燧	1934 年 （不在 23 人之內）	于敏	1949 年
胡寧	1938 年 （不在 23 人之內）	于敏	1949 年
彭桓武	1935 年		
錢三強	1936 年		
王大珩	1936 年		
陳芳允	1938 年		
屠守鍔	1940 年 （畢業於清華航空系）		
朱光亞	1945 年 （畢業於西南聯大物理系）		
鄧稼先	1945 年 （畢業於西南聯大物理系）		

　　表中這些功勛科學家幾乎都是葉企孫先生的得意門生，有的是由葉企孫先生親自選派到國外留學，所學專業亦是由葉企孫代為選定的。

　　王淦昌是清華大學物理系 1929 年的第一屆畢業生，是葉企孫的大弟子。1930 年時由葉企孫先生推薦他赴德國公

費留學的，在柏林大學師從諾貝爾獎獲得者梅特涅教授，梅特涅教授被愛因斯坦稱之爲「我們時代的居里夫人」。這位女教授曾參與發現鈾原子核的分裂反應，原子彈就是在這一原理基礎上研究製成的。王淦昌後來成了世界著名的核物理學家，長期擔任中國核物理學會的理事長和蘇聯杜布納聯合原子能研究所和我國中國科學院原子能研究所的副所長，對我國核事業做出了重大貢獻。歐美報刊曾尊稱他爲中國的奧本海默（奧本海默是美國的科學家，是他領導美國科學家研製了世界上第一顆原子彈，促使第二次世界大戰最終結束。）

趙九章是1933年清華大學物理系畢業的，他也是葉企孫先生的得意門生，由葉企孫先生引導，走上研究地球物理和高空探測的道路，擔任中國科學院衛星研究院的負責人，爲衛星上天做出了許多貢獻。後來不幸在文革運動中被迫害含恨去世。他的事蹟在上一節已做過敘述，這裏就不重複了。

彭桓武是1935年清華物理系七屆的畢業生。葉企孫先留他當助教，1938年送他到英國愛丁堡大學留學，師從國際著名物理學大師，諾貝爾獎獲得者玻恩。在名師指導下，打下了深厚的理論物理基礎，獲得了兩個博士學位，成爲名震海內外的著名理論物理學權威。

錢三強是1936年清華物理系的畢業生。葉企孫送他到法國巴黎大學居里實驗，跟隨居里夫人的女兒、女婿約里奧‧居里夫婦。錢三強和夫人何澤慧，發現了原子核的三分裂和四分裂，成爲轟動一時的世界新發現。十年後，錢三強學成歸國，居里夫婦依依不捨地在鑑定書上寫下：「我們可以毫不誇口地說：近年來在我們指導下的這一代科研人員中，錢三強是最優秀的。」

　　王大珩是和錢三強在清華物理系中同屆的畢業生。葉企孫先生在選派留學生時，有深謀遠慮的打算。例如考慮到當時中國光學工業沒有基礎，只有一些手工作坊，而國防技術需要很多高、精、尖的光學產品，於是葉企孫就設立了一個應用光學的備用名額，讓王大珩參加。王大珩學成回國以後，成為我國現代國防光學技術及光學工業的奠基人。後曾任中國科學院光機所所長。

　　陳芳允是清華大學 1938 年物理系的畢業生，先在清華大學的無線電研究所任助教，該所是清華大學特種技術研究所所屬的五個研究所之一，另外四個研究所是理科研究所、航空工程研究所、金屬研究所、農業研究所，而特種研究所的主任就是葉企孫。陳芳允於 1945 年到英國一家無線電研究室工作，於解放後回國，曾任我國第一顆地球同步衛星測控系統的總設計師，是我國衛星測控技術的奠基人。

　　屠守鍔於 1940 年畢業於清華大學航空系。1941 年去美國麻省理工學院航空系留學，獲碩士文憑後於 1945 年回國在清華航空系任教，葉企孫是包括航空研究所在內的清華特種研究所委員會的主席，所以兩人也有師承關係。屠守鍔從 1957 年起成為我國導彈及航天事業的研究領導人之一。

　　朱光亞 1941 年先考入時在重慶的中央大學，第二年轉入昆明西南聯大由葉企孫、周培源任主任的物理系。1946年 9 月，蔣介石也想搞原子彈，決定由數學系、物理系、化學系各派一位著名教授華羅庚、吳大猷、曾昭倫三人去美國考察，並由他們分別再各挑二位年輕的助手去美國深造。吳大猷挑的兩位助教就是朱光亞和李政道。後來朱光亞留在美國密機安大學研究生院，並獲得博士學位，現任

中國科學技術協會名譽主席。

鄧稼先和朱光亞都在 1945 年同時畢業於西南聯大物理系。當時葉企孫除任物理系教授之外，還是西南聯大的理學院院長。1947 年，鄧稼先通過赴美研究生考試，到美國普度大學研究生院研究原子核物理，在獲得博士後的第九天，即 1950 年 8 月 29 日，謝絕恩師德爾哈爾和好友楊振寧的挽留，毅然回國，先後任中國科學院物理研究所研究員，和核武器研究院院長，爲新中國的原子彈和氫彈的研製立下汗馬功勞。

程開甲不是清華畢業的，程開甲考入浙江大學物理系學習，當年王淦昌在浙大物理系任教，程開甲是他的學生，所以程開甲是葉企孫學生的學生。程開甲當年還與王淦昌師生合作提出「弱相互作用要有 205 個質子重的中間玻色子」的設想和「五繼場」的理論研究。後在竺可楨校長和王淦昌教授的推薦下得到英國文化委員會的獎學金，赴英國愛丁堡大學數學物理系深造，成了諾貝爾獎獲得者玻恩教授的研究生，在原子彈研製期間，他是核試驗總體技術的設計者。

周光召 1947 年考入清華大學物理系，師從王淦昌。1951 年考入北京大學研究生院，開始基本粒子的研究，是我國著名理論物理學家彭桓武教授的研究生。王淦昌和彭桓武都是葉企孫的學生，所以周光召是葉企孫學生的學生。1954 年周光召畢業於北大研究生院，1957 年進入蘇聯杜布約聯合原子能研究所從事研究工作。1961 年 2 月，周光召奉召回國，任二機部核武器研究所理論部第一副主任，後曾任中國科學院院長。

錢驥於 1939 年考入重慶中央大學師範學院物理系，在這裏他有幸得到在中央大學任教的趙忠堯、施士元、吳有

訓等名師的指教。日寇投降後，他來到南京中央研究院氣
象研究所，所長是趙九章，（趙九章是葉企孫的學生），
成了所長的有力助手。1954 年，中國科學院地球物理研究
所成立了，趙九章任所長，錢驥先後任研究室主任，兩人
友誼深厚，錢驥在趙九章的指導下，在地球物理、氣象、
地震、地磁等多學科進行開創性的工作。1958 年以後，錢
驥是我國第一顆人造衛星的總體設計師。錢驥是國內土生
土長培養起來的「兩彈一星」功勛科學家之一。

　　于敏他不是清華物理系畢業的，但他卻是葉企孫學生
的學生。他原來在北大工學院電機系學習，兩年後轉入物
理系，所以于敏最後畢業於北京大學物理系。1949 年攻讀
研究生時，師從張宗燧和胡寧。張宗燧和胡寧兩位分別是
清華物理系 1934 年和 1938 年的畢業生。張宗燧和胡寧兩
人都不是「兩彈一星」的功勛科學家，但他們的學生于敏
倒是。于敏也是我國土生土長培養起來的「兩彈一星」的
功勛科學家。

　　從上述 13 位「兩彈一星」功勛科學家與葉企孫先生的
師承關係，可以看出葉企孫對我國科學發展貢獻之大。但
是這只是葉企孫為中國培養科技人才的一小部分，經他親
手培養出來的科學家有數十倍，上百倍於此。例如世界舉
世聞名的大數家華羅庚即是一例。還有中國人在國外獲得
諾貝爾獎的楊振寧和李政道也與葉企孫有關。上面提到過
李政道在西南聯大物理系畢業後，即由葉企孫和吳大猷推
薦出國留學。楊振寧 1942 年從西南聯大物理系畢業後，葉
企孫正在聯大物理系任教，他隨後即考取了王竹溪的研究
生，最後出國公費留學，而王竹溪是 1933 年清華大學物理
系畢業的，因此也有師承關係。

　　現在中國在美國科學院和工程院裏的華裔院士有二、

三十位，其中不少是清華物理系畢業的。如最早當選的美國兩院院士的都是清華物理系的畢業生，畢業於 1933 年的林家翹當選為美國科學院院士，也同時畢業於 1933 年的戴振鋒當選為美國工程院院士等。

女物理學家，當選過美國物理學會會長的吳健雄教授，在五○年代楊振寧和李政道獲得諾貝爾獎之前，是吳健雄這位「師姐」為他們設計了實驗，並證實了「弱相互作用守稱不守恆」定理才獲獎的。吳健雄被尊稱為「中國的居里夫人」，她與葉企孫也有間接的師承關係。吳健雄畢業於南京中央大學物理系，系主任施士元是 1929 年與王淦昌同時畢業於清華大學首屆物理系，而後去法國留學，是老一代居里夫人唯一的中國學生。（錢三強則是第二代居里夫人——約里奧·居里培養的唯一中國留學生，他們兩人師承上整整相差一輩。

口 淒苦晚年——冤案二十載

葉企孫先生在文革運動中備受摧殘、迫害、蒙冤二十載，他終生未娶，無兒無女，晚景淒涼，含恨去世。八○年代中期，華羅庚在給葉企孫親屬的一封信中寫道：「道及葉企孫老師不覺淚盈盈，他對我的愛護是說不盡的，而他的千古奇冤，我竟不能設法尋根究柢，實殊難為人」。「他生前對我的教誨，我當銘記不忘。」

文化大革命中，人人自危，華羅庚說的：「我竟不能設法尋根究柢，實殊難為人。」是華羅庚這位忠厚長者發自內心的對恩師的愛戴和無限感激之情，無法回報的懺恨。在當時環境和條件下，華羅庚自己也像「泥菩薩過河，自身難保」。不要說華羅庚，就是比他有權有勢的人，也只

能「各人自掃門前雪」，哪能管人家的「瓦上霜」。

　　葉企孫先生的冤案是怎樣產生的呢？

　　冤案來自他的學生熊大縝。

　　葉企孫的學生熊大縝到冀中以後，找到張珍，張珍看到熊大縝的一身打扮：西裝革履，打著領帶，怕他不能吃苦，熊大縝把西裝領帶脫下一丟，說你能吃苦，我也能吃苦。張珍又問他有沒有什麼病？熊大縝胸脯一拍，我沒病，我還是學校足球隊的運動員呢！

　　熊大縝到冀中後，憑著他的愛國心、高超技術，和組織能力，認真負責的工作作風，很快就被提升為軍區供給部部長，印刷廠廠長，並立即著手籌建技術研究所，準備進行烈性炸藥、雷管、地雷和無線電通訊設備的研製工作，因此需要購買原材料和尋找技術人員。熊大縝就請葉企孫先生幫忙。當時葉企孫頗替熊大縝擔心：認為剛去冀中，便任軍區供給部部長，在冀中又沒有可靠的朋友和熟人幫助，恐無好結果。然而全國抗戰時期，熊大縝需要的東西，葉企孫無不悉數滿足，把所要的物資偷偷運進冀中，其中有製造雷管用的原料和鋼殼，製造地雷用的鉑絲和控制爆炸用的電動起動器等。

　　購買這些物資的款項，都由葉企孫先生籌募。冀中技術研究所的成員帶領戰士在平漢鐵路保定附近埋設地雷，成功地炸毀了日本人的軍用機車車頭。

　　熊大縝等人的抗敵工作開展得很有成效，葉企孫知道之後，很是高興鼓舞，對冀中一些尚待解決的具體技術問題，葉先生想親自去解決，但孫魯對他說：「恐怕你身體不行，這裏還有很多現實問題需要你幫助解決！」

　　儘管葉企孫在天津從事這些活動，所冒的風險也相當大，但在民族生死存亡的關頭，葉企孫也就顧不得許多了。

　　後來敵人發現了葉企孫的行動，準備逮捕他。葉企孫聽到了風聲，就急忙離開天津南下上海，經香港到達昆明。

　　葉企孫對他的老同事陳岱孫先生說：「要是日本人沒有發現的話，我還要在天津待下去，我覺得應該這樣做。」

　　1939 年底，葉企孫心中籠罩的不祥的預兆終於明朗化了，他整整一年沒有收到熊大縝的來信，加之孫魯到昆明帶來了熊大縝在魯中被拘禁的傳聞。

　　1940 年 2 月 12 日，葉企孫接到天津發來的電報，證實了熊大縝被捕的消息，但實際上，在這封電報發出之前半年，熊大縝即已含冤九泉之下，被自己部隊槍斃了。

　　一名對抗日赫有功的科技人員，不倒在敵人的槍口和屠刀之下，而是害在自己同胞手中，真是令人不可思議！

　　原來案情是這樣的：

　　熊大縝去冀中不久，即被提升為軍區供給部部長，其實這是他的才智過人和戰事所需，但是軍區中有部分領導認為這麼快提升不妥，產生妒忌，並對他的來歷有些懷疑，便派另一人去監視。熊任部長以後，充分發揮了自己知識和才能，組織了不少青年學生和技術人員長期或短期來冀中工作，這些人來去比較自由，生活沒有一定規律，他們對軍區的生活紀律不大習慣，有點格格不入，因此相互間產生一些隔閡和猜忌。加上供給部和技術研究所成績突出，這更招致了「樹大招風」之嫌。這是一。

　　其次，最最主要的還是國民黨河北省政府主席鹿鍾麟與共方建立的「天津黨政軍聯合辦事處」問題。共方代表王綏青希望熊大縝與鹿進行合作，共同對敵。葉企孫也有這個意思，曾寫信給熊大縝，熊大縝曾回信給葉企孫先生說：「擬漸謀雙邊之溝通。」

　　1938 年秋，鹿鍾麟派員來冀中接洽，熊大縝熱情接待

（這是熊大縝政治上不夠成熟，對共產黨的組織性、紀律性不夠了解所致），結果遂有被人猜忌拉呂正操的部隊到國民黨去的嫌疑。加上後來國共雙方關係急轉直下，熊大縝正碰上這個風口浪頭上，莫須有的罪名，八口莫辯。

　　1939年4月，冀中軍區除奸隊以「國民黨派遣特務」的罪名逮捕了熊大縝，連帶平津學生幾十人也同時被捕，張珍當然也不例外。

　　冀中逮捕了這麼多知識份子，影響很大，引起上級黨組織的重視，派員前來調查。認為這是除奸擴大化，應予糾正，結果除熊大縝一人定為特務之外，其餘皆釋放。

　　7月份，在機關轉移途中，押解人員沒有得到組織決定，擅自將熊大縝野蠻處死（這名押解人員後來受到處分）。三個月後，組織上正式宣佈「熊大縝為漢奸、國民黨特務，已被處決。」云云。

　　真是：

　　「出師未捷身先死，

　　　長使英雄淚滿襟」。

　　葉企孫與熊大縝情同父子，關係密切的師生，熊大縝一死，葉企孫就被牽連，厄運不斷。

　　1957年，厄運開始了。

　　6月間葉企孫被北大紅衛兵揪鬥、關押、抄家、停發工資，送往「黑幫勞改隊」勞改。

　　1958年，中共軍委辦公廳將他逮捕關押。

　　1959年11月被釋放，但北大的紅衛兵組織繼續對他實行「隔離審查」。此時，葉企孫病重，前列腺肥大，小便失禁，雙腿腫脹。

　　在文化大革命運動中，葉企孫再度因熊大縝案受到牽連、被捕，竟誣陷連一個普通國民黨黨員都不是的葉企孫

爲 c.c.特務，將他逮捕扣留一年多，使他心身受到嚴重摧殘，釋放之後，仍繼續審查。

1969 年，放回北大，葉企孫仍以熊大縝案爲念，呼籲要求平反。

1970 年起，每月只發給葉企孫 50 元生活費，仍被隔離審查。

1972 年 5 月，北京大學有關方面對他做出：「敵我矛盾按人民內部矛盾處理」的結論，宣佈對他「專案審查」撤銷，但仍未完全恢復自由。他的海外學生、同事、老朋友任之恭、趙元任和學生林家翹、戴振鋒、楊振寧……等回國時要求去探望葉企孫先生，但均遭有關方面拒絕，一個也不許前往探視。

又過了三年，到 1975 年才被解除隔離。

1976年春節，同事陳岱孫、吳有訓、錢臨照、王竹溪，和錢偉長等人到葉企孫先生住所拜年問候。

1977 年，葉企孫先生由於長期患病，得不到治療，病情日益惡化、加重。最後送到醫院時爲時已晚，1 月 13 日終於與世長辭，總年 79 歲，葉企孫先生終生未娶，無兒無女，中國一代物理學宗師就這樣走完了他晚景淒涼的一生。

葉企孫先生生前，對自己這段參加抗戰的經歷，很少跟外面人提起，他只是覺得自己盡了一個中國人的義務而已，不足爲外人炫耀，以致除了熊大縝這段冤案之外，他的這一抗戰事蹟很少爲外人知道。

關於熊大縝一案的情況，他的同學、同事，以及參與抗日鬥爭的同伴是最清楚的。

清華大學化學系第五屆研究生林風，1938 年畢業後跟隨葉企孫在天津參加抗日的祕密工作，因此遭到敵人的逮捕，解放以後，林風任石油工業部石油化工研究院院長，

現在找到了當時他寫的一篇回憶錄，詳細說到了當時葉企孫、熊大縝、姚依林（當時改名叫姚克廣）等七名清華人及其他愛國志士從事祕密抗日的事蹟，它能幫助我們深入了解葉、熊、姚等人堅苦抗日的工作情況，可做爲這起千古冤案的佐證。現將此回憶錄附錄在這裏：

「我開始接觸葉先生，是 1935 年到 1937 年我在清華大學做研究生的時候。我是化學系研究生，但我喜歡物理學，選讀了幾門物理課，其中有葉先生所授的課。大約在課業中期，經過期中測驗考試後，葉先生個別通知我到他家裏去。我去到他家裏，準備聆聽他做爲理學院院長的教誨，而葉先生以極其平易的態度問我的學習和論文實驗進展情況和計劃，問我的家庭情況和我個人經歷等。談話時間不長，由於他言詞有點困難，他實際說話並不多，但我所得印象是他知道我的情況很多，他平常說話和他講課一樣，條理清晰，言簡意賅。以後我還去過他家幾次，都是他約我去的。儘管他說過，我有問題可以找他，但因他是理學院院長，我不敢主動上門找他。在葉先生家我認識了熊大縝，但同他沒有多說話，僅僅打招呼而已。

1937 年「七‧七」事變後，北平局勢混亂，清華大學南遷。我借燕京大學化學系之地繼續做畢業論文實驗，意欲完成研究生的學習。清華同學錢偉長偶而來燕大看書，告訴我葉先生仍在天津，住在天津同學會。那時日寇侵略節節逼進，國家存亡日益危殆。燕大地下黨員陳進見我一個人仍在實驗室裏工作，常進來談些大局形勢。1938 年放暑假前幾天，陳進來告訴我，他很快要離開燕大，擬介紹我去會見一個重要人物，囑我等他來信，並按他信上說的時間地點前去。過幾天我收到他的信說：要我七月初（7 月 4 日或 5 日）去天津英租界 13 號路 13 號天津清華同學會，在那裏住下，晚上有人來找，信裏還再三囑咐千萬不要錯過。我按時去天津清華同學會，並在那裏住了下來，我白天到，先去見葉企孫先生。葉先生見我來，好像有些興奮，問我的情況和打算。我向他報告說，我把畢業論文的實驗做完了，論文也寫完了，已把一份寄給了昆明的導師黃子卿先生，現在在北方已

沒事情，想到昆明去，請教葉先生意見怎樣。葉先生說，
「昆明可以去，但現在那裏是一片混亂，你去那裏同樣
不能做什麼事，不如留下來可以做一點有意義的工作。」
然後他告訴我，熊大縝等幾個人已經到冀中呂正操部隊
那裏參加抗日去了，熊捎信來說，游擊隊需要知識份子
和物資。葉先生還說，他這裏正找人，想利用租界的特
殊地位籌集一些物資運到游擊區去，希望我也參加進來
一起幹。聽了葉先生的話，根據在學校時知道的雖是很
少一點關於葉先生為人的印象，我傾向於相信葉先生的
出發點是真誠愛國的，但參加進去的決心馬上還是下不
了。我對葉先生說，容我想一想。我要想一想，因為我
先已對陳進說了，我準備參加八路軍去，所以他才介紹
我會見一位重要人物。我不想背離初衷。當天晚上，我
住在一間小屋裏，天黑以後果然有人來找，一看，原來
是清華化學系的學生姚克廣。姚告訴我，他是什麼時候
和怎樣離開學校的，等等。並問我的打算，我把葉企孫
先生對我說的話告訴他，並問他知道不知道葉先生做這
樣的工作，這事該不該幹。姚說，他知道葉先生等在幹
這樣的事，並認為應該幹。第二天，我回答葉先生，我
決定參加他們的工作，同他們一起幹。隨後我見到了同
班同學汪德熙，他比我早幾天來參加葉先生的工作。汪
見我來很高興，並告訴我他正籌備在天津製造炸藥，地
方有了，但他自己想到游擊區去，要我接替他的工作。
我未多加思索同意了。在汪德熙來之前還有北平大學電
機系畢業的劉維，在我之後又有清華地學系畢業的李琳
（後來聽說改名李廣信）先後參加葉先生的工作。

　　做炸藥的地方，是一位夏威夷美籍華人楊錦魁在英
租界盡頭開的一個很小的寶華油漆廠。楊經理只同意我
一個人來做炸藥，還特別關照不讓別人來，原料、藥品、
用具全由他廠子代買，買來之後我把錢交給他。這小廠
子總共只有3名工人，看門、收發、送貨、生產都在內。
楊本人包攬其他一切事情。工人聽經理指揮，其他一切
不知道。楊經理要求我不要跟工人多說話，工人當然不
問我幹什麼，楊經理自己下班離開辦公室的時候，也叫

我停止工作回家，看門人就把工廠門關上了。禮拜天經理自己不工作，當然也叫我不要去工作。我一個人用大搪磁鍋做炸藥，工作時間有限，又要隨時預防發生事故，自然做不出很大量。我分批把做成的 TNT 炸藥製成肥皂條狀物，混裝在肥皂箱裏，由劉維、李琳設法祕密運到游擊區。我眼看一個人能做成的炸藥量有限，乃建議大量購買硝酸銨、硝酸鉀、氯酸鉀等當做化肥運到游擊區去，同 TNT 混在一起增加炸藥量。

我在天津工作開始後，每隔一兩個星期晚上時間姚克廣就來看我一次，談談抗戰形勢，問問我們的工作情況。我總是把我們工作進展情況詳細告訴他，還徵求他的意見。我這樣做是一因為我的初衷是既投身抗戰就去參加八路軍。二因為我不願我參加的這個工作有朝一日會被誤解。姚對我們的工作總是贊同。這裏還要補充一句：是姚先告訴我，天津有個黨政軍聯合辦事處，頭頭叫王若僖，葉先生和他有來往。大約兩個月後，姚克廣不再來了。那年冬天，我見到他的堂弟、地下黨員姚克因，克因告訴我姚克廣已離開天津到晉察冀邊區去了，改名姚依林。

我和葉先生在天津一起過了幾個月，常常看到他殷切盼望大縝的信。熊的信寫在很薄的綿紙上（方便祕密捎帶）字很小，每信總是好多張紙，甚至十餘二十張。葉先生自己看後，交給我們幾個人傳閱，然後把信按順序貼在一本老式帳簿上，保存著。平常各人忙各人的事，到星期天因為楊經理的小油漆廠關門休息，我不能去做炸藥，除非劉維、李琳有事找我幫助，我一般沒有事；葉先生有時找我一同外出散步。一次散步時葉先生問我：「林，您有沒有加入什麼黨呢？」我說：「沒有」。「那很好，不受什麼約束，可以獨立思考。熊大縝到冀中區去，我對他說了，不要急急忙忙加入這個黨那個派，要獨立思考。」我想反問他，「那麼，葉先生，您是不加入什麼黨派的囉？」話到嘴邊，我縮回來了，因為我想他的話明明是說他是不加入什麼黨派的，再問等於重複，沒有意義了。在另一次散步中葉先生說，「鹿鍾麟當了

河北省主席，如果鹿和游擊隊聯合起來多好，大家同心協力，各有長處，對付日本力量就強多了，我也願意參加進去一起幹。」葉先生考慮款項來源問題很多，在一次散步中對我說，「給游擊隊購物的錢剩下不多了。現在用的錢是清華小學的基金，現在小學辦不成了，我把錢用在這個用途上，以後回到學校解釋清楚，估計能得到 all right。」一次我因故出去，他說準備去開濟礦務局找清華同學王崇植談談，看能否通過他捐點錢。走到礦務局不遠處，他說：「算了，不去了，王先生也沒有辦法，不能叫他為難。」就逕直走過去了。葉先生沒有因為是在出門幾步就是敵戰區內做抗敵工作而忽視了交往禮節。他告訴我，「天津有個黨政軍聯合辦事處，主任員王若僖，我去看過他兩三次，他知道我住在這裏，卻一直不來看我一次。一個人幹這種事，可能太害怕，害怕到禮節都不顧了。」聽他說這話，當時我就想到姚克廣說過他知道葉先生認識王若僖是確實的，但僅僅是禮法範圍內的關係而已，平日也未見有其他來往。

　　到那年十月間葉先生對我說，他能不能繼續留在天津要看學校的決定，他希望能留下來同大家一起工作，但學校如果催他去，他也只好去，過了不久，他說學校來信催他去昆明了，他可能不去。但看得出他心裏不平靜，好像對天津工作放心不下。離開天津前一天，他把貼著熊大縝信的本子給我保管，嘆息著說：「這些天熊大縝一直沒有來信，叫人不放心。」，停頓了一會又說：「其他事已經交代給李琳了，希望你們堅持下去，剩下的錢不多，我到南方去想辦法。」

　　葉先生離開天津後，我沒有得到他的信息。我想念他，因為我從在學校對他所得印象，沒有料到他會親自參加共產黨領導下的抗日救亡工作，但是他卻真的參加了，而且一片愛國之心那麼認真純正，沒有膽怯退縮之情。他支持冀中抗日游擊隊，心懷坦蕩，在我印象中，對來訪者只要他認為不是投敵奸細，他都據實相告，完全想不到萬一傳話不慎可能發生的危險，顯然認為做一個中國人幹點抗日救亡工作是理所當然的事。入冬以後，

楊錦魁經理說，再買不到（炸藥）原料了，我看他樣子，同時也有幾分擔心時間長了怕被外間發覺的意思。我做炸藥的事乃不得不停止了。我把餘下來運走的成品包括一部分雷管藥，按以前辦法運到冀中游擊區去了。過後不幾天，熊大縝祕密來到天津，我和他在黎明前後在小花園裏見面談了一段時間。熊提出要我採購大批炸藥原料，把它運到冀中區去，然後人到區裏去，可以毫無顧忌地大量製造炸藥。我說，原料全部是進口的，在天津現在已經買不到了，想法很難實現。熊談了別的想法，如印製解放區的鈔票，火燒日軍飛機場等等，他要我幫助採購印刷鈔票的紙張、印機、油墨等等，其他事則由他另想辦法。我們說了半天話，東方才開始發白，在園裏只見三五個人，我們想坐著說話太久容易引人注意，天氣又冷，乃起來邊走邊談，最後走出花園到附近一家白俄咖啡館裏喝了一杯熱咖啡，相約再聯繫，然後互道珍重分手；熊去後不幾天，劉維、李琳相繼離開天津進入游擊區去了。

　　我一個人在天津堅持著，同游擊區派來的一個姓瞿的一道選購了大量可印刷鈔票用的紙、油墨、印刷器具等，分批運進游擊區去。這部分用款，全是瞿從游擊區帶來的。我期待熊大縝派人來聯繫，大約是 1939 年初春節前，忽然獲悉葉先生在天津時從游擊區派來搞祕密運輸的姓傅的人被日本憲兵逮捕了，這人知道清華同學會地點。為防萬一我把熊大縝的來信燒掉了。大約三月間一個清晨，英租界巡捕領著日本憲兵忽然來清華同學會搜查，在我住的小屋裏翻箱倒櫃，好容易翻出我用英文寫的畢業論文副本，上面有實驗設備的照片，照片上有用真空管做的擴大器，以為是什麼祕密東西，面目猙獰地喊：「這是什麼？」我說，「那是我的畢業論文，我就是為寫這篇論文住在這裏的。」那憲兵看不懂，又指著照片說：「這又是什麼？」我說：「那是論文實驗設備的照片。」他不相信，可再提不出什麼問題來。日寇憲兵退出時，英租界巡捕把我和另一位在耀華中學教書的姓劉的清華畢業生帶到工部局。我們在那裏坐到下午，

工部局把我們放了，據說，日本憲兵要把我們帶走，大概因為沒有搜出什麼證據，工部局沒有同意。

就在日寇憲兵來搜查前幾天，游擊區派人來到天津找我，說熊大縝等已轉移到平漢鐵路西面去了，並說上邊開會決定派他來傳達意見，要我和來人一起在天津採購軍火。那時日寇包圍天津租界越來越緊，進出關卡時搜查極嚴。我試探向外商洋行採購，沒有，乃建議來人去香港同英美洋行聯繫，並借了路費促他成行。

大約 5 月底或 6 月初，游擊區來的瞿回游擊區去。在天津我成孤身一人了，去香港又無歸期，我估量他不會有結果。7 月初我離開天津到北平，準備進入游擊區去匯報工作。來到北平，在街上無意中碰到游擊區來人從香港回來，一問果然是毫無結果。我從北平去游擊區，第一次走到半路上一打聽，前面日軍把守極嚴，過不去，只好回來。第二次準備另取道路，忽然遇到特大暴雨，平漢鐵路被沖毀，走不成，只好在北京等候。這期間游擊區來人去到天津，墮入中學同學漢奸的圈套中，被日寇憲兵逮捕了，供出我，我在北平亦遭逮捕。我在日寇獄中期間，遇有從冀中區被捕來的，向他們打聽游擊區情況，回答說：「聽說熊部長出了事被捕了，但不知道詳細。」我大惑不解。1945 年 9 月，日本投降，我被釋放出來後，見到解放區祕密回到北平的教會長老黃浩，問他是否知道熊大縝問題，他說他自己也是因熊案被逮捕的，後來上邊來人調查後被釋放，但不知道熊問題是什麼；又說不知道熊案下文，可能熊已不在了。大約十月下旬，我參加清華復校工作。住在騎河樓清華同學會，十一月上旬被國民黨軍統逮捕，並關進日寇憲兵曾經關押我的監獄裏；第二年，1946 年 5 月間幸得張東蓀、張懷、張子高先生等營救，乃得出獄。後來我知道，葉先生在大後方知道了，也出了大力。」

「書生上馬能擊賊。」這是一篇十分重要的回憶錄。想當年葉企孫等師生，不顧自己生命安危，愛國抗敵的熱情躍然紙上。可是，到頭來，命運的安排給熊大縝和葉企

孫等人太不公平了。

　　七〇年代後期，清華大學物理系 1935 年畢業生與全國政協副主席錢偉長先生，曾為他的老師葉企孫先生的冤案做過一番考證。那年錢偉長先生在人民大會堂參加蔡元培誕辰百周年紀念會上，收到一本高平權先生編的蔡元培年譜，從中見到葉老師自天津南下在港滯留期間曾訪問過蔡元培先生，並為支援冀中抗日游擊根據地一事請蔡元培先生轉求宋慶齡副主席幫助。這就足以證明熊大縝通過葉老師得到的資助絕對不全來自反動派。為了得到更確切的證明，錢偉長先生曾寫信給和宋慶齡副主席最接近的廖夢醒同志，請她查明在港期間宋副主席是否曾見到過葉企孫老師的信？是否談過支援冀中游擊區的問題？後由廖夢醒同志轉來宋副主席辦公室同志正式來函，確證此事屬實。錢偉長先生曾以此和何成鈞、錢俊瑞同志和錢臨照教授商量後，把廖夢醒同志的來信及錢偉長的說明書一起轉到黨中央有關部門。大約三年後，中共河北省委正式為熊大縝同志平反，其時葉企孫先生因病情惡化早在 1977 年含恨去世了。

　　「榜樣的力量是無窮的。」為了向自己敬愛的老師葉企孫先生學習，他的老同事和老學生 18 個人於 1992 年 5 月自動捐贈了幾萬元，成立「葉企孫獎」基金，以獎勵品學兼優的學生。在首屆授獎儀式上，基金會名譽主席錢偉長教授深情地說：「葉先生一輩子大公無私，從不為個人考慮，他終身不娶，視學生如兒女，對所有青年的關係都非常親切，他不僅向學生傳授知識，而且以身作則，以實際行動影響了大批科學工作者，團結大家，努力做好工作。我們懷念他，他的朋友和學生們自願捐款設立這個獎……它代表一種心意，是一種很高尚的精神力量，可以鼓勵青

年學生愛國奮發上進。我們要把葉先生那種偉大的人格、真正爲國爲民的品德繼承下來。」

　　至此，成爲一代師表的葉企孫先生，他的冤案經過一波三折之後，最後終於徹底澄清了，這亦足以告慰先生於天之靈了。

　　葉企孫先生，您安息吧！

文理兼通奇才顧毓琇(1902～2003)

～回眸百年，傳奇一生～

□ 前　言

　　2003 年 9 月 9 日，我國旅美著名科學家、教育家、小說作家、詩人、音樂家、戲劇家顧毓琇先生不幸病逝美國俄克拉荷馬大學醫療中心，享年 100 歲。在 9 月 1 日舉行的追悼會上，國家主席江澤民和國務院總理朱鎔基等領導人通過駐美大使館向顧毓琇先生敬獻了花圈。我國駐美大使楊浩篪和中國駐紐約總領事張宏喜等出席了追悼會。

　　顧毓琇先生是世界著名學者、教授、是享有國際聲譽的電機工程學家、自動控制學家和教育學家，他是我國無線電和航空教育的奠基人，又是著名的小說家、詩人、音樂家和戲劇家。他在麻省理工學院和賓夕法尼亞大學獲得科學博士和法學博士雙學士，發明了國際上一致公認的「顧氏變數」。

　　他是江澤民主席五十多年前在上海交通大學讀書時的老師。1986 年，江澤民親筆給他題了一首詩：

　　　重教尊師新天地，
　　　艱辛攻讀憶華年。
　　　微分運算功無比，
　　　耄耋恢恢鄉國篇。

顧毓琇先生把這首詩高高地懸掛在他在費城寓所的客廳裡。

1977 年 10 月，江澤民主席訪美期間，專程到費城親自登門訪問，在一幢公寓大樓的雙層樓房裡看望了 95 歲的顧毓琇和王婉靖夫婦。江澤民深情地對顧老說：「您是我的老師，今天見到您，又想起了 51 年前您教我們運算微積分的情景，記憶最深的就是您上講台講課沒帶書，不用講義，全部記憶在您的腦海。您實在了不起，您不僅是電機博士而且是戲劇家、詩人。」

1999 年，朱鎔基總理訪美時，也特地會見了顧毓琇教授。

2000 年 9 月，江澤民主席到美國紐約出席千年首腦會議，又一次會見了顧毓琇和王婉靖夫婦。

顧毓琇在 1950 年赴美定居前，先後在國內近十所著名大學任教，其中包括中央大學、清華大學、北京大學、交通大學、浙江大學，並且擔任過浙江大學電機系主任、清華大學工學院院長、南京中央大學校長和中央政治大學校長。由於他博學多才，他還創辦了紡織技術學院（即今上海東華大學的前身）和上海戲劇專科學校（現今上海戲劇學院的前身），又曾是國立音樂學院（即中央音樂學院的前身）的首任院長。

顧毓琇先生興趣極為廣泛，他在小說、詩歌、音樂、戲劇等方面造詣很深，他寫作和翻譯了許多小說。顧毓琇從 1938 年開始寫詩填詞作曲，對我國古典詩詞有很深刻的研究，他寫作了 700 多首詩，1000 多首詞曲，曾出版過包括《蕉舍吟草》、《海外集》、《樵歌集》、《松風集》……等詩歌集 36 部，比一般專業詩人創作的詩歌還豐富。九〇年代以來，清華大學出版社、南京大學出版社、東南

大學出版社、人民文學出版社和江蘇人民出版社陸續爲之出版了《水木清華》、《顧毓琇詩歌集》、《顧毓琇詞曲集》……等著作。

1997年，國際聯合桂冠詩人組織贈予他名譽會員、「桂冠詩人」稱號和證書。

他還是話劇運動的先驅，在清華大學求學時，曾組織了戲劇社，有聞一多、梁實秋……等一起參加。他任社長，他自編、自導、自演了不少愛國戲劇，在抗日戰爭時期，他編寫的〈岳飛〉一劇公演時，曾轟動了整個大後方。

顧毓琇先生在文、理多個領域裡都有建樹，而且成績斐然，他在中國文學史上也占有一定地位。

到2000年爲止，顧毓琇先生寫過100多篇極富有創造性的學術論文，出版過多部有關電機工程方面的重要專著。他的各種著作，包括學術著作、小說、詩歌、劇本等在內共有87部之多，眞可說是著作等身的了。他眞不愧爲「中西融貫，文理兼通」的奇才，國之瑰寶。

所以人們稱讚顧毓琇先生是：「二十世紀第一位能在科學與文學藝術方面兩個領域取得卓越成就的中國第一位學者。」

□ 顧毓琇生平

顧毓琇先生字一樵，別號錫山樵翁。1902年12月24日出生於江蘇無錫虹橋灣。論身世，顧毓琇先生出身於名門之後。其祖上爲越王勾踐，上代族中有三國時吳國丞相顧雍及清代碩儒顧亭林，以及顧炎武、顧愷之……等，近代名人有顧維鈞、顧孟餘、顧頡剛……等。

顧毓琇的祖父去世較早，祖母秦氏是位博學正直的名

門閨閣千金，她愛好文學，善於寫詩填詞。秦家是個極有
聲望的名門望族，甚至可以邀請乾隆皇帝御駕親臨秦家花
園（即今無錫寄暢園）。皇帝接見了秦家的一些傑出學者，
對他們深表讚許。顧父晦農長於法政，爲人急公好義，娶
書聖王羲之的 66 代嫡孫女爲妻。王氏氣質剛毅，遇事堅韌
不拔，育有六子一女。顧毓琇先生排列第二。從他家庭的
簡歷中也可以看出顧氏家族在國內顯赫的聲望：

　　大哥顧毓琦，畢業於同濟大學醫學院，攻讀內科學，
獲得了德國漢堡大學醫學博士學位。

　　顧毓琇，1923 年清華學校畢業，隨後進入美國麻省理
工學院，獲得電機工程博士學位，後又在賓夕法尼亞大學
獲得法學博士學位。本文將詳述。

　　三弟顧毓琭，1927 年畢業於上海交通大學，第二年考
入美國康乃爾大學，1931 年獲得工業工程專業的博士學位。

　　四弟顧毓珍，1928 年從清華大學畢業，同年秋考入麻
省理工學院，1932 年獲得化學工程專業的科學博士學位。

　　五弟顧毓瑞，考入英國倫敦經濟學院，後再入美國哥
倫比亞大學，最後入外交界工作。

　　六弟顧毓琛，畢業於上海交通大學土木工程系，後在
台灣任教。

　　妹妹顧毓桐，畢業於上海滬江大學經濟學專業，後與
留德經濟學博士王廉結婚。

　　顧毓琇自幼深受書香的薰陶，培養了濃厚的學習興趣，
和端正的品德。1906 年，顧毓琇即在家裡開始接受私塾的
教育，那時顧才 5 歲，實際上只有 4 歲。

　　1915 年，顧毓琇 13 歲時到了當時的北平，考取了清華
學校的初中部，師從錢基博、林語堂、孟憲承……等名師。

　　1923 年，顧氏畢業於清華高等科，並於 8 月間赴美留

學。同行的有朱物華（曾任交通大學教授、校長）、謝冰心、吳文藻（冰心丈夫）、張哲鈺（中國科學院南京紫金山天文台台長）、陳植、全站瑕、梁思成（清華大學教授、建築系主任）、梁實秋、孫立人（台灣國民黨著名將領）、吳景超……等一百多人。顧毓琇進入麻省理工學院攻讀電機工程。

1924 年～1925 年，他修完了該階段的專業課程，寫了一篇題爲：〈電氣機械中的核心損耗〉的論文，因而 1925 年 6 月獲得了電機工程的理學士學位。

1926 年 2 月，發表：〈四次方程通解法〉一文，受到麻省理工學院的注意，（現在電子計算機所用程序即根據此法）因而獲得電機工程碩士學位。1928 年，他連續發表了多篇很有見地的學術論文，獲得了科學博士學位。在四年半的時間裡，接連獲得學士、碩士和科學博士學位，成爲麻省理工學院獲得科學博士學位的第一位中國人。

後來他在麻省理工學院擔任客座教授，在美、英等國最權威的電機雜誌上發表了兩篇研究成果，而轟動了國際電機界。美國里海大學畢雷院長評論道：「顧氏與德荷載等六人爲現代電機分析的奠基人，爲對電機理論的最有貢獻者。」

1929 年 2 月，顧毓琇先生應聘回到祖國，歷任浙江大學電機系教授兼系主任，杭州電氣局顧問工程師及電汽實驗所主任，中央大學電機系教授兼工學院院長，清華大學電機系教授兼系主任，兼任北京大學物理系教授。他是清華大學工學院的創始人，並在其任內與葉企孫先生一起創辦了清華大學無線電研究所和清華航空研究所等五所研究所，即後來通稱的清華特種研究所。

1933 年，顧毓琇出任國民政府教育部政務次長，兼任

國立音樂學院首任院長。

1944 年，接任蔣介石之後的中央大學校長的職務。（1943 年～1944 年蔣介石曾兼任中央大學校長）中央大學鼎盛時間歷任校長爲朱家驊（1930 年～1931 年）、羅家倫（1932 年～1941 年）、顧孟餘（1941 年～1943 年）、蔣介石（1943 年～1944 年）、顧毓琇（1944 年～1945 年）、吳有訓（1945 年～1947 年）周鴻經（1948 年～1949 年）等，其他幾位均先他去世，顧毓琇是中央大學校長中最年高壽長，最後一位去世的人。

1945 年 8 月 16 日顧毓秀辭去中央大學校長職務。

1945 年元旦，國民政府授予他「景星勛章」。

1945 年抗日戰爭勝利，1945 年 9 月 9 日，顧毓琇以國民政府文職人員的身份參加日本投降儀式。

1945 年 9 月 12 日，上海市政府成立，顧毓琇又被任命擔任教育局局長。面臨著爲上海四百萬人民提供初等、中等以至高等教育的艱鉅任務，他提出適齡兒童都應接受免費教育。除了初、中級教育之外，他對一些私立大學如：聖約翰大學、滬江大學、中國大學、光華大學、大同大學、震旦大學等進行了整頓梳理，並創辦了紡織技術學院和上海戲劇專科學校。其時還兼任了交通大學電機系和運算微積分課教授。就在這時，他成了在該校求學的江澤民的老師。

1947 年，任國立南京政治大學校長，再次接任蔣介石原先擔任校長的職務，並當選爲國大代表。

1949 年去台灣任教。

1950 年移居美國，先後任麻省理工學院和賓夕法尼亞大學客座教授。

五〇年代，他與美國科學家維納等人開創了現代自動

控制理論體系，被公認爲該領域的國際先驅。

1959 年當選爲台灣中央研究院第三屆院士。

1972 年元旦退休，但又被聘爲賓夕法尼亞大學電機系的榮休教授兼系統工程系榮休教授。

1972 年 3 月，美國國際電機及電子工程師學會爲表彰他在電機研究方面所做出的突出成就，特頒贈顧毓琇「蘭姆」金質獎章。

1972 年末，中國電機工程師學會也授予他金質獎章。

在離開祖國，離開部分子女和親友二十多年之後，在 1973 年，顧毓琇由倫敦經香港輾轉回到國內，8 月 29 日晚上周恩來總理在百忙中抽出時間接見了顧毓琇先生和夫人王婉靖女士。

此後，顧毓琇夫婦多次回國探親、訪友。

1986 年，他專程飛往上海，訪問了他的學生，時任上海市市長的江澤民。

1992 年 5 月，顧毓琇回國參加北京現代物理研討會。

同年 6 月 1 日到 3 日，顧毓琇先生又在北京參加國際現代物理及流體力學會議。

6 月 2 日這天，江澤民總書記特地邀請顧毓琇夫婦及兒媳等到中南海做客，並宴請。

江澤民出訪美國時也數次會見了顧毓琇夫婦。

1997 年 10 月 30 日，並特地到費城他的佳所蕉舍拜訪了顧毓琇先生和師母王婉靖女士。

江澤民和顧毓琇相互題詩贈詞。

江澤民贈的就是本文開頭、顧毓琇掛在客廳上的：

重教尊師新天地，

艱辛攻讀憶華年。

微分運算功無比，

耄耋恢恢鄉國篇。

顧毓琇的贈言是：

和平統一興中華，

天下為公達大同。

朱鎔基總理是清華畢業的，論資排輩，朱鎔基可說是顧毓琇的再傳弟子。1999 年，朱鎔基訪問美國時，特地拜會了顧老，顧老很是高興，並贈朱鎔基十六個字：

智者不惑，

勇者不懼。

誠者有信，

仁者無敵。

2000 年 9 月 9 日，江澤民訪美時，在紐約中國常駐聯合國代表團會客廳，又再次會見了顧毓琇夫婦，並共進午餐，歡晤暢談了二個多小時。

顧毓琇先生非常關心、熱愛祖國，他曾多次向中央領導同志提出建議說：僅有文藝而科學不發達，則技術不能創新；經濟開發要防止大的起伏和波動；政治要開明，要「公平」與「公開」，政府對人民要寬容、厚愛。

□ 顧氏變數

顧毓琇先生在美國麻省理工學院電機系獲得學士學位的第二年，即 1926 年 2 月，顧毓琇在乘火車的旅途中，發現了「四次方程的遞解法」，由於這一發現，他在基礎數學方面取得了突破性的成果。該論文後來刊登於 1926 年美國《數理雜誌》第 5 卷第 2 期上。

1926 年秋，顧毓琇在麻省理工學院攻讀博士學位，主修電機工程，副修數學。

　　1927 年，顧毓琇通過了口頭資格考試，然後系裡進行正式考核。系裡所有教授都參加了。論文題目是〈電機瞬變分析〉。過去對電機瞬變這一問題還沒有滿意的解答。顧毓琇用亥維富「運算積分」理論進行旋轉電機的分析，利用亥維富的「轉換定理」將之擴展為由固定座標移至轉動座標，發明了〔f.b 變數〕，即後來的所謂「顧氏變數」。人們稱這一轉換為「顧氏變換」。

　　後來「同步電機和感應電機的瞬變分析」經過實驗驗證，並以示波圖的形式表示，與顧氏的結果完全吻合。

　　1927 年秋天，顧毓琇通過了博士論文。隨後他又發表了「顧氏圖解法」和「顧氏定則」，從而奠定了他在國際電機界的崇高地位，他成為國際上享有極高聲譽的電機工程專家和自動控制學家。

　　顧毓琇從 1923 年 9 月到 1928 年 2 月，總共只花了四年半的時間獲得了麻省理工學院學士、碩士和博士三個學位，這一優秀的紀錄常為後人提及。

　　顧毓琇於 1929 年 2 月回國，國立浙江大學邀請他到電機系任教授兼系主任。顧氏在任浙江大學電機系主任時，他與浙江大學工學院院長李熙謀博士、潘銘新、南京惲震等人創辦了《電工》雜誌，顧毓琇任編輯，並與李熙謀發起成立中國電機工程師學會。《電工》雜誌就成了學會的會刊。

　　顧毓琇的著名學術論文〈電機瞬變分析之二〉，〈同步發電機之非同步應用〉和〈同步電機之基本方程式及常數〉均先後發表於〈電工〉雜誌的英文版上，並被收入《美國電工雜誌》，《AIEE 學報》。

　　論文〈擴展於電網分析的麥克斯韋爾定律〉發表在 1932 年 12 月的《清華理科報告》第一卷第 6 期上。該論文經過

擴充後發表在美國的《富蘭克林研究所學報》第 253 卷第五期上。

在杭州這段時間，他還擔任杭州電氣局顧問工程師及電氣實驗所主任。

在抗日戰爭期間，顧毓琇始終未拋棄科學研究工作。1937 年 9 月，美國電機工程師學會會刊發表了他的〈擴展於多相同步電機的雙重反應理論〉。另一篇論文〈多相同步電機之普遍分析〉則登在《清華理科報告》上。

1945 年，顧毓琇做爲特約來賓，參加瑞士科學社成立200 周年紀念大會，來賓中有英國皇家學會會長、牛津大學教授、巴黎大學校長、發展量子力學的薛定諤教授。在瑞士著名核物理學家謝爾勒教授的安排下，瑞士總統赴蘇黎世與顧毓琇晤面。總統對中瑞兩國科學家交流十分感興趣，並親自向蔣介石提出合作建議。

顧毓琇是我國少數幾個與世界著名哲學家羅素討論過世界和平問題的人。

1946 年 12 月 15 日，中國電機工程師學會第 9 屆年會在上海舉行，顧氏以學會會長的身份主持會議。

前面曾經提到，五〇年代他與美國科學家維納等人，開創了現代自動控制理論體系，被公認爲該領域的國際先驅。

1958 年，顧氏出版了《非線性系數的理論與控制》一書。

後來 1967 年時，又出版了另一本《線性系統》專著。

顧毓琇是美國著名的《富蘭克林研究所學報》的主編。

1959 年時，顧毓琇當選台灣「中央研究院院士」。由於他的學術成就，台灣頒贈給他金質學術獎章。

1972 年 3 月，美國電機及電子工程師學會鑒於顧毓琇

在科學研究上的特殊貢獻，協會頒贈給他「蘭姆」獎。獎詞為：「為表彰他在交流電機和系統瞬變分析方面的傑出貢獻」。該協會的「蘭姆」獎只頒獎給「為電機、電子機械或系統的發展做出卓越功績的人」。「蘭姆」獎相當於電機工程系統的諾貝爾獎，這是電機界的最高學術獎勵。

1974 年，顧毓琇被選為紐約科學院院士。

顧氏的主要成就體現於兩個方面：

第一：電機學基本理論，尤其是顧氏變數的發現與應用，這促進了同步電機分析的發展，並隨之擴展到感應電機和轉向電機研究。

第二：為解決非線性電路和控制系統問題提出了一套分析與圖解方法。

國際電工界人士普遍認為：顧氏無疑是世界上六位對電機分析理論做出卓越貢獻的奠基者之一。正由於這六位工程師的思想與實踐，才使得瞬間非平衡條件下電機平衡問題得到解決。

非線性系統的穩定性是非線性理論的關鍵問題之一。

顧氏提出的穩定性標準幫助解決了這些問題。

顧毓琇的研究還涉及到多個重要課題。例如非線性系統的優化，以及對隨機輸入系統的研究，並發展了系統轉換途徑，使得研究工作能用線性微分方程加以描述。……

「國際電機及電子工程師學會」、「國際理論及應用力學聯合會」、「國際非線性振動會議」經常在世界各地，如法國、德國、瑞士、丹麥、加拿大、英國、蘇聯以及美國華盛頓、紐約、費城等地舉行，會議都邀請顧毓琇參加，並被選為理事或會長，幾乎每隔一、二年就出國一次，在大會上做報告或宣讀論文。

他在美國時，與回旋加速器之父，諾貝爾獎得主勞倫

斯相識，顧毓琇坦率地邀請他幫助中國建造一座新的回旋加速器，勞倫斯一口答應。在顧毓琇的要求下，以勞倫斯的名義致信蔣介石，在中國建造一座加速器，以供中國物理學家發展研究之用。

從 1926 年到 1982 年，顧毓琇總共發表學術論文 100 篇。

1986 年又與陳維先博士研究魔方構造法，論文發表在 1986 年 6 月號的《富蘭克林研究所學報》上。與陳維先合著的《魔方構造法》一書，由西南交通大學出版。

1987 年，又與陳維先合作，在《富蘭克林研究所學報》上發表了論文〈關於魔方構造的一些定理〉一文。

1989 年，開始研究「混沌學」（Chaos），與孫曉光合著的〈關於非線性系統—混沌〉（On Nonlineas-Chaos），在《富蘭克林研究所學報》上發表。

1999 年 12 月 10 日，美國電機及電子工程師學會的「電路系統學會」為慶祝成立 50 周年，為褒獎顧毓琇，頒贈他「金禧獎章」。

2000 年 1 月 24 日，國際電機及電子工程師學會通知他獲得慶祝 2000 年的「千禧獎章」。

在顧毓琇先生獲得「金禧獎章」和「千禧獎章」時，我國科學院院長路甬祥、台灣中央研究院院長李遠哲、諾貝爾物理獎得主楊振寧、李政道、朱棣文、崔琦、美國電機及電子工程師學會會長，以及其他一些國家知名人士都寫信去電向他祝賀。

2000 年 7 月 7 日，第七屆世界華人和平建設大會在香港召開，大會贈顧毓琇先生與夫人王婉靖女士祝壽「雙百銀屏」。題詞：「大同宗師，澤被環宇；中華人瑞，道貫古今」。顧毓琇以 98 歲高齡得此殊榮，真可謂「學德雙

輝」。顧本人也以 98 歲高齡得此殊榮爲幸。

☐ 著名的教育家

「關懷天下，服務民眾，業精於理，學博於文，淡泊自持，以教育英才爲終身職業」，這是顧毓琇先生一生爲人治學的處世之道。

自 1929 年學成回國到 1950 年赴美國定居這段期間，他先後在國內近 10 所著名大學執教，這其中有中央大學、清華大學、北京大學、交通大學、浙江大學……等，他是我國電機、無線電和航空教育的奠基人之一。他培育了許多政治名流和科學精英。他曾選派錢學森赴美深造，諾貝爾獎得主楊振寧、朱棣文和錢偉長、曹禺都受到他的教澤，美籍華人美國物理學會會長吳健雄博士稱他爲「毓琇大師」。他在上海交通大學任教期間，他是江澤民的老師。

1928 年底，清華大學希望顧毓琇回母校服務，其時清華大學只有理學院下面附設的一個土木工程系，其工學院直到 1932 年方才成立。

1929 年 2 月，應浙江大學工學院院長李熙謀（李也畢業於麻省理工學院和哈佛大學）邀請到浙江大學擔任電機系教授兼系主任。就在這一年顧毓琇先生與王婉靖女士結婚。

1931 年，顧毓琇先生應邀赴南京，任中央大學工學院院長。他任工學院院長期間，曾付出了巨大的精力，東南大學的前身就是中央大學，現在東南大學巍峨壯麗的三層帶圓柱形的大禮堂，就是顧毓琇先生任職中央大學時親手策劃籌建起來的，他親自擔任修建大禮堂的工程委員會的主任。這座帶穹窿式圓頂的大禮堂一落成，就成爲當時中

央大學的標誌性建築，它與「梅庵」的六朝松成為中央大學的兩處精神形象。蔣介石當年一度想把中央大學做為國民政府所在地，目的就是想把這座雄偉的大禮堂拿來為國民大會堂之用。後來蔣介石僅僅在這裡召開過一次國民大會。

在這段時間，顧毓琇還應邀在金陵大學講課，講授電磁學。

1932 年，顧毓琇在清華大學梅貽琦校長堅請下赴北平母校清華大學籌建工學院，兼電機工程系主任，他是清華大學工學院的創始人。

1933 年 1 月，他任清華大學工學院院長。他在院長任內，創辦了無線電研究所和航空研究所，即後來所稱的清華特種研究所。他邀請世界著名空氣動力學權威馮・卡門教授為航空研究所名譽教授。更令清華人自豪、生輝的是這位聞名於世的權威於 1937 年 7 月 3 日果真應邀來到清華大學講學，並由顧毓琇陪同馮・卡門赴南昌視察新建的 15 英尺的航空風洞。然後陪同到廬山與蔣介石夫婦會面，共進午餐。馮・卡門教授還向蔣介石提了一些建議。

1944 年，顧受命接任蔣介石擔任中央大學校長之職。他雄心勃勃想盡自己的努力使中央大學進一步發展壯大，使它成為國內第一流大學。憑中央大學的實力，他主張「今後中央大學應注重學術研究，提高研究空氣，改良研究人員待遇，蓋尊重學術為教育人才和培養文化的根本原則」。他回中央大學一年，學校面貌就大為改觀。

1945 年元旦，國民政府授予他「景星勳章」。

抗戰勝利以後，調他到上海市任市政府教育局局長。並在交通大學電機系兼任運算微積分課教授。

1946 年他創立了紡織技術學院和戲劇專科學院（即今

上海戲劇學院）。

　　1947 年 9 月，顧毓琇再次接替蔣介石擔任南京國立政治大學校長。政治大學的任務是為國民黨培訓一些經過挑選的人出任政府的外交官和法官。

　　同年，顧當選為國民政府國大代表。

　　1949 年，去台灣大學任教。

　　1950 年，移居美國，先後任麻省理工學院和賓夕法尼亞大學客座教授。

　　1972 年元旦退休，後又被聘為賓夕法尼亞大學電機系榮休教授兼系統工程系榮休教授，教授研究生課程，包括瞬變電路分析、高等電機、電力輸送網路，以及供電系統穩定性等。并新開非線性系統分析、矩陣與張量分析。後來這些講稿編為《非線性系統之分析與控制》。高等電機講稿則編為《電能交換機》一書。顧毓琇還新開了〈線性控制論〉，或稱〈反饋控制論〉。就在這幾年中，他還編寫了《瞬變電路分析》、《線性系統之分析與控制》等專著。

　　顧氏還在賓夕法尼亞大學研究院中，身兼電機工程、工程機械、應用數學三門課的教授。同時指導應用數學與控制論專業博士的答辯工作。有幾年，還在博士答辯口試中擔任控制論專業小組的主席。

　　顧移居美國之後，雖然與祖國離多聚少。但他不顧自己年邁，仍先後八次回到祖國參觀訪友，舉行學術演講。

　　他對擔任過校長的中央大學及其衍生的南京大學、東南大學情有獨鍾，感情特別深刻。

　　解放以後，中央大學改為國立南京大學，1952 年，全國院系大調整中，南京大學文、理學院與金陵大學合併，搬到金陵大學，成立新的即今天的南京大學，原南京大學

工學院與國內其他大學的相關專業合併，成立了南京工學院，即今天的東南大學，校址就在原中央大學的舊址。

1988年，顧毓琇應邀回國出席東南大學爲他舉行的名譽教授和東大首屆董事會名譽會長的受聘儀式。他故地重遊，漫步在六朝松下，大禮堂前，精神十分愉快。他看到原中央大學校址依舊，而規模更達空前，風物依存，而氣象更新，表示倍感欣慰。在受聘儀式結束後，86高齡的顧教授在大禮堂爲師生作了〈關於非線性系統的分析〉的學術報告。

1992年，東南大學90周年校慶時，與學校同齡的顧毓琇教授爲東大題詞：

九十年樂育英才，

廿一世紀振興中華。

顧老且不顧90高齡之身，旅途勞累，攜同歲的夫人王婉靖女士親臨祝賀，在校慶大會上，他滿懷信心，激情地說：「我相信廿一世紀是中國的世紀，也是東南大學的世紀。」充滿了對中華民族和東南大學的希望。

校慶期間，東大師生在他親手籌建的雄偉大禮堂隆重地舉行了二老90華誕的慶祝會。他自譽爲老和尚，他說：「老和尚不能離自己的廟，而這裡就是我的廟。希望2002年，一百周年校慶時，我們還能相聚一堂。」

顧老塡過一首詞：〈齊天樂‧憶南京〉。其中深情地寫道：

……

想，月影梅庵，

風翻琴譜。

老幹蒼松，

仰天迎翠羽。

　　按：梅庵爲東南大學校園的一景。

　　　　「老幹老蒼」即指東南大學的「六朝松」。

　　顧老97歲時，爲南京新建的閱江樓題匾。事後，他在美國還託舊友爲他拍了閱江樓及題匾的照片寄給他。

　　南京大學校慶時，他曾做詩誌賀。南京大學另在校園內立了一尊銅像，顧老在銅像的基座上書寫了「學者、詩人、教授、清風、明月、勁松」的題辭。

　　2000年，無錫市吳文化公園把「錫山樵翁顧毓琇百齡堂」開館的喜訊告訴遠在美國費城的顧毓琇，顧老欣喜萬分，連聲說謝謝！謝謝！他對吳文化公園辦成全國青少年愛國主義教育基地深爲讚賞，即專書匾額，且題聯：「科教興國功垂萬世，樂育英才光耀千秋」。「百齡堂」展出了顧毓琇的照片、著作、題詞、證書、賀信、賀卡等300多件。

☐ 小說家

　　顧毓琇受家學淵源的影響，從小喜愛文學，只是由於對科學、電學的特別偏愛，才不得不把文學放在次要的地位。

　　五四運動時期，他受五四運動和新文化運動的影響和薰陶，顧毓琇便積極投身於新文化運動，並採用當時提倡的白話文寫作。他雖學習理工，但他文學著作甚豐。因而他成爲「文理兼通、學貫中西」的「中國現代文化史中突出的文理大師。」

　　1920年，他在清華求學，這年夏天開始，他翻譯了30篇英文短篇小說，其中有莫泊桑的〈亡妻〉，泰戈爾的〈勝利〉、馬克·吐溫的〈生歟死歟〉……等。有三篇登在當

時的報刊上。次年又翻譯了七個短篇小說和二個劇本。亦在這年 1921 年，他加入了書報社，組織了一個研究短篇小說的小團體。1921 年 11 月 20 日，書報社發展成為清華文學社。早期的成員有聞一多、梁實秋、朱湘……等人。顧毓琇是小說組會員。由於他對戲劇特別愛好，他又兼任了戲劇組的主席、他曾保存了一份早期文學研究會會員的名單，現存於中國現代文學館裡。顧是文學研究會的第一批會員，文學研究會的第一批會員均已作古，顧毓琇是最後的一位。

1922 年，顧毓琇開始創作短篇小說，這一年一共完成了 15 篇。其中有中篇小說《芝蘭與茉莉》。小說控訴了封建包辦婚姻制度對青年愛情的扼殺。許山地稱讚它是當時的一部好作品。後經文學大師鄭振鐸推薦編入文學研究會叢書，1924 年由商務印書館正式出版。近一年他一共寫了16 篇小說。同時還翻譯了哈姆生的「牧羊神」。顧毓琇堪稱「業精於理，學博於文」的文壇翹楚。這是顧毓琇先生與他人不同的地方。

1923 年 5 月 30 日，顧毓琇第一次把自己的一篇小說譯成英文。

1923 年 8 月，顧毓琇赴美留學，在海輪上與許山地、梁實秋、謝冰心……等同船，這些志同道合的留學生在一起，便在船上編輯出版了《壁報》。文藝欄「海嘯」刊登了謝冰心的詩〈鄉愁〉、〈紙船〉；許山地的短篇小說〈海世間〉；梁實秋的〈海嘯〉、〈夢〉等。這些文藝作品後來在《小說月報》上刊出，成為文壇上早期的典故。

1924 年，除出版了中篇小說《芝蘭與茉莉》之外，還出版了傳記文學《我的父親》等文學著作。

1975 年冬天，開始匯編《禪宗師承記》，一共包括十

章。傳記條目中共有 73 位禪宗大師，禪宗師承圖 8 張，正文 326 頁。1976 年 7 月由台灣台北的眞善美出版公司出版。

1976 年又撰寫了《禪宗師承記》的姐妹篇《日本禪僧師承記》，於 1977 年 5 月出版，它包括 14 章，另有大型圖表 2 張，小型圖表 27 張，正文共 205 頁。

後來又寫了包括 16 章的 340 頁英文著作《禪史》，由台北英杰公司於 1979 年 11 月印刷出版。該書包含了不少關於中國部分的章節。這是一部對禪宗歷史研究頗具價值的參考書。

1991 年 12 月，文學作品集《齊眉集》，由北京人民文學出版社出版。

1993 年，另一部散文集《耄耋集》，由清華大學出版社出版。

1994 年 4 月，《水木清華》一書也由清華大學出版社出版。

2000 年 4 月，《顧毓琇百齡自述》，由江蘇文藝出版社出版。

這年的多天，《顧毓琇傳》由南京大學出版社出版。

英文自傳：《一個家庭，兩個世界》由南京大學出版社在國內再版發行。其中譯本則由上海人民出版社出版。

口 詩人

顧毓琇自幼深受能詩善詞的祖母的影響，從小開始朗誦唐詩宋詞。他對中國的古典詩詞有極大的愛好和興趣，並有極深的造詣，他經常沉浸在詩歌的寫作之中。他創作的詩詞，格調高雅、清新。半個多世紀以來，他創造的詩歌總數達 7000 多首，詞曲 1000 首以上。顧毓琇創作的這

些詩詞，深受人們的喜愛，譜寫成的溫婉的歌曲常爲人們傳唱。

在這些眾多的詩詞中，有相當多一部分是爲紀念他心愛的次女夭亡而寫的。

1941 年 2 月，顧毓琇的次女顧慰慧生病。顧毓琇夫婦竭盡全力找能請到的每一位醫生醫治，不幸仍不治而去。1945 年，抗日戰爭勝利，顧毓琇所有子女全部離開重慶，只有慰慧一人遺骸留在縉雲山，顧毓琇傷心欲絕。正因爲失去了次女，顧毓琇開始了文言古體詩的創作。1961 年出版的文集中，卷首就是一篇獻給他的次女慰慧的散文。

美籍華人唐德剛教授稱讚顧毓琇先生時說：「雖然他是電機工程界的泰斗，實際上也是專業詩人。」

早在顧毓琇在美國留學時，開創白話詩新風的胡適博士看到他的文藝作品，曾笑著勸他攻學文學。顧毓琇後來說：「我既選 定了麻省理工學院，選定了電機工程，就絕不可行。後來北京某校邀請我去當戲劇系主任，我也只好辭謝不就了，但我在上海還是創辦了市立戲劇學校。蕭伯納來上海參觀訪問時親自簽名的全集，便贈予此校。」

清華大學在 1996 年 11 月編輯出版了《顧毓琇詩歌集》。

1997 年 7 月，中央大學校友詩社也爲顧毓琇出版了《顧毓琇詩詞集》。

如果不嫌枯燥，從下面列出的他的詩作年譜就可以看出顧毓琇詩歌創作力的旺盛。

1945 年，顧毓琇的首部詩集《蕉舍吟草》在上海出版。1948 年，此書很快經過修訂重新再版。

第三本詩集則收錄了 1961 年到 1963 年的作品《樵歌集》也出版了。

　　1964 年 8 月 1 日，出版了第 4 本《松風集》，它收集了 1963 年到 1964 年寫的作品。

　　1966 年 3 月，出版了第五本《蓮歌集》。

　　1968 年出版了第六本詩集《崗陵集》。

　　1970 年出版了第七本詩集《梁溪集》。

　　1971 年，第八集《惠泉集》出版了。

　　1972 年，出版了第九集《錫山集》。

　　1973 年，第十集《太湖集》也跟著出版了。

　　從 1945 年到 1973 年，共出版了十本詩集。

　　1980 年，顧毓琇的又一本詩詞選《潮音集》出版。

　　1981 年，出版新收錄的 560 首作品的《長春集》，以紀念父母百年誕辰。

　　中國詩詞藝術有所謂〈律詩〉——即詩一類，和長短句形成的〈非律詩〉——即詞曲。顧毓琇將自己的作品分選為「律詩 1000 首」和「長短句 500 首」，在台灣出版，做為紀念品贈送給友人。

　　1950 年時，顧毓琇選了 30 位詩人的 63 首英文詩歌譯成中文，集為一冊，稱為《海濱集》，將譯詩做為附錄收入律詩千首中。這些英文詩歌的原作有莎士比亞、歌德、席勒、易卜生、雨果、普希金等。有的配有莫札特、貝多芬、舒伯特、柴可夫斯基的音樂。

　　1964 年，顧毓琇的《唐宋歌譜廿五調》由台北商務印書館出版。

　　1966 年 7 月，第一本《唐詩歌譜四十五調》，亦由商務印書館印行。卷一宋詞二十五調，其中十首依照明樂譜，其餘自行編訂。卷二宋姜夔《白石》名歌曲二十首，其中十四首為白石自度曲。

　　隨後出版了《樵歌十首》，內有英文歌詞五首。

顧毓琇的一些詩作，還由幾位當代中國作曲家爲之譜曲。這些作品有一部分被獨唱家及唱詩班們唱過。

1977 年，詩集《旅遊雜詠 300 首》出版。

1983 年 11 月，顧氏的《和淮海詞及其他》出版。

1985 年 10 月《和唐詩 303 首》出版。

1989 年，《和夢窗詞及其他》出版。

1995 年 12 月，《蕉舍詩詞》，由清華大學出版社出版。

1999 年 2 月，《顧毓琇詩詞集》由南京大學出版社出版。

《顧毓琇詩詞選》的中英對照本的由高等教育出版社出版。

前面曾經介紹過，顧毓琇創作的格調高雅，性靈的詩歌共有 7000 多首，詞曲 1000 多首，共出版了 36 部詩歌專集，比一般專業詩人的作品還要豐富。

鑒於顧毓琇在詩歌創作上的巨大成就，1975 年 12 月，巴西人文學院授予顧毓琇「金質獎章」。

1976 年，在巴爾的摩城舉行的第三屆詩人大會上，會長徐松博士授予顧毓琇「國際桂冠詩人」的榮譽稱號。

□ 音樂家

顧毓琇對音樂很有專長，且造詣很深。

1940 年，國民黨國民政府教育部在南京建立國立音樂院，任命顧毓琇爲音樂院的首任院長。國立音樂院是現在北京中央音樂學院的前身。

顧毓琇還是中央音樂學院蕭友梅音樂促進會的名譽顧問。

1940 年的夏天，顧毓琇將席勒的〈歡樂頌〉、〈貝多芬第九交響曲第四樂章〉從德文中譯出，在國家交響樂團伴奏下演出。

顧毓琇在音樂上的貢獻，主要是破譯了中國古代樂譜中的疑難問題。根據明版歌曲樂譜整理出五十調，並在台北演出成功。他又將姜白石之自度曲譜翻成五線譜，在紐約公開演奏，還整理成三十五調，譯成中文。

1982 年 3 月 14 日，顧毓琇的「樵歌五首」在費城老松樹大街教堂演唱。將我國古典音樂傳播於海外。

1997 年和 2001 年，北京先後舉辦了顧毓琇個人作品音樂會，一時成為國內樂壇的佳話。國家主席江澤民，國務院總理朱鎔基，國務院副總理李嵐清出席了音樂會。這次音樂會由中央音樂學院和歐美同學會主辦，演出的曲目都是顧毓琇的作品，由顧作詞作曲，或作詞訂譜，有的格調高亢，清越雄健，有的氣韻優雅，意境雋永。音樂會開始前，江澤民、朱鎔基、李嵐清會見了顧毓琇教授的親屬和主要演員，並請他的親屬轉達對顧毓琇先生和夫人王婉靖女士的親切問候。中央領導丁關根、曾慶紅、丁石孫、王兆國、錢正英、王剛、劉延東……等都出席了這次音樂會。

□ 戲劇家

顧毓琇早年投身於「五‧四」新文化運動，他在清華求學時，除創作小說和詩歌外，也特別青睞於戲劇，與聞一多、梁實秋、朱湘等人一起組織了文學社和戲劇社，他是當時清華戲劇社的首任社長。

他先後創作了 13 部大型話劇，他被譽為「中國現代話劇的先驅者之一」。

　　1921 年，他翻譯了二個話劇劇本，即契訶夫的〈悲劇者〉和洛斯的〈一個囚徒〉。

　　1922 年 3 月 23 日到 26 日，他僅僅花了三、四天的時間，就創作了第一部 4 幕劇〈孤鴻〉，這是我國現代話劇的最早劇本之一。劇本經過修改以後，發表在 1923 年 3 月的〈小說月報〉上。

　　1923 年 4 月 21 日，班上同學委託他編寫一部話劇以供畢業慶典之用，他接受這個委託，遂編寫了三幕劇〈張約翰〉。5 月 13 日印成小冊子。6 月 17 日由顧毓琇本人執導，由 1923 級同學在清華學生禮堂公演。由趙敏恆演男主角，梁實秋、吳文藻（冰心女士的丈夫）分別反串演戲中的女主角，演出後在校內引起轟動。後來劇本刊載於《文藝評論》第 10、11 期上。

　　留美期間，顧毓琇與洪深、余上沅、熊佛西、趙太侔等倡導「國劇」。

　　1924 年 10 月 10 日，大波士頓地區的華僑和中國留學生會舉行集會，慶祝國民黨的國慶。顧毓琇寫的三幕劇〈國手〉上演，由他自己擔任導演。

　　他創作的劇本有一個最大的特點：絕大多數是謳歌歷史上的愛國英雄，不少戲劇演出時他既是編劇，又是導演，有時還親自參加演出。

　　他的處女作〈孤鴻〉上演後，就一鳴驚人。從此顧毓琇就一發不可收拾，隨後又寫了上面提到的〈國手〉、〈國殤〉及〈荊軻〉、〈項羽〉、〈蘇武〉、〈岳飛〉、〈西施〉等歷史劇和〈古城烽火〉、〈白娘娘〉神話劇。

　　1924 年，顧毓琇開始編寫〈荊軻〉。荊軻是位愛國的壯士，他試圖刺殺秦始皇，結果未遂，而壯烈犧牲。1932年 1 月 28 日，淞滬戰爭爆發，19 路軍從南京奔赴淞滬前

線。顧毓琇以中央大學工學院院長的身份，率領學生親到
下關火車站送行。這些戰士將有不少人再也無法回到南京。
眼前的一幕使他回憶起舊作〈荊軻〉：「風蕭蕭兮易水寒，
壯士一去兮不復返」，荊軻出征的一幕壯舉。他將劇本進
行修改後，重新付印，發行全國。

〈項羽〉一劇是顧毓琇 1925 年寫作的另一部歷史劇。
項羽是「力拔山兮」的勇猛霸主。公元前 206 年，他與漢
高祖劉邦爭奪王權，項羽在戰爭中失敗自刎於烏江。顧毓
琇寫這部劇本的目的是希望能激發全國的反帝運動。

1925 年 9 月，中國學生聯合會在錫拉丘茲大學召開東
部留學生聯合會時，中國科學社、中國工程師學會、中國
化學會舉行聯合年會，除宣讀論文之外，還特別召開國防
問題討論會。會中顧氏受託編導〈國殤〉。〈國手〉和〈國
殤〉兩個劇本皆由南京教授會創辦的雜誌《時代公論》上
發表。

在留美期間，即 1925 年，顧毓琇、冰心、梁實秋一起
搭班子在波士頓美術劇院公演顧氏寫的〈琵琶記〉，由梁
實秋譯成英文，顧毓琇自己擔任該劇的編導，兼飾宰相。
冰心女士飾演宰相之女，梁實秋飾蔡中郎。聞一多和趙太
偉聞訊，特地從紐約趕來助興。聞一多幫助他們佈置設計
服飾，並繪製了一幅屏風，上面畫著碧海紅日，白鶴翔翔
起舞，燦爛奪目，令觀眾大開眼界。趙太偉負責照明，另
兩位朋友余上沅和熊佛西也從紐約趕來幫忙。這次演出是
中國現代戲在美國劇戲舞台上的首次亮相。

1926 年，顧毓琇又寫了另一部歷史劇〈蘇武〉。蘇武
是漢朝使節，被匈奴扣押、流放，淪落在北邦牧羊，前後
共達十九年，雖冰天雪地，飢寒交迫，但立志不移，「蘇
武留胡節不辱，雪地又冰天…」為後人所稱崇。

1930 年的夏天，顧毓琇根據許仙、白娘娘和法海的傳說，寫了劇本〈白娘娘〉，在 1938 年出版。

1938 年 9 月，顧毓琇的劇本〈古城烽火〉在重慶公演，男女主人公是戰鬥在北平城外西山的游擊隊隊員，描述他們痛擊北平日軍傀儡的故事。這一劇本後來成爲國統區許多劇團爭先上演的最受歡迎的劇目。

顧毓琇的父親是位傑出的學者和書法家，他很欣賞岳飛的〈滿江紅〉：「怒髮衝冠……靖康恥，猶未雪，臣子恨，何時滅！駕長車，踏破賀蘭山缺。壯士飢餐胡虜肉，笑談渴飲匈奴血。待從頭，收拾舊山河，朝天闕。」吟誦樂此不疲。使顧毓琇思想上深受影響。這首〈滿江紅〉萌發了顧毓琇在 1932 年寫出岳飛悲劇一生的劇本。他用〈滿江紅〉唱出了人民奮起抗敵的心聲：

上國衣冠，淪夷狄，風淒雨歇；執干戈，龍騰虎嘯，犧牲壯烈。寸寸黃金長城土，團團白雪燕京丹，好河山，終不讓人占，心長切。

偏安恥，猶未雪，失地恨，何時滅？要從頭，完整金甌缺！民衆同仇拼骨肉，將士敵愾塗膏血。到最後勝利定屬我，彌前闕！

1940 年 4 月 1 日到 5 日，這個劇本在中國的戰時陪都重慶首次演出，大獲成功，轟動了大後方，對鼓舞民心士氣產生了深遠的影響。

1940 年底，顧氏的歷史劇〈岳飛〉再度在重慶國泰大戲院演出，專門招待美、英、法、蘇等國的外交使團，觀者無不爲之動容感嘆。

顧毓琇是我國少數幾個接待和訪問過世界著名戲劇大師蕭伯納的人。

第二次世界大戰結束不久，世界著名劇戲大師蕭伯納

來華訪問，顧毓琇負責接待，並陪同參觀。蕭伯納並為顧
毓琇簽名拍照留念。

1946 年，顧毓琇赴歐美參觀訪問，在離開倫敦前夕，
與陳源教授及以上演〈王寶釧〉一劇打破倫敦舞台連續上
演紀錄的熊式一到郊外拜訪了年已 90 高齡的蕭伯納。當時
蕭伯納正從寓所出來，經草地走下坡，朝他的工作室走去，
蕭伯納用兩根手杖。他不喜歡在舒適的洋房裡工作，他喜
歡在草地邊上的樹林邊的茅屋中寫作。茅屋很小，只能容
他一人勉強鑽進去，坐下後就別無空隙。所以同去訪問的
人在茅屋門口成了守護神。蕭伯納寫作不起草稿，寫的是
速記符號，女秘書很快用打字機打出驚人的文章來。

顧毓琇把帶去的書請他題字，蕭伯納問顧氏姓和學位。
熊式一稱顧為 Dr. Ku。蕭就問是不是醫生，熊式一回答是
Dr. SC.(科學博士)。蕭不久前摔了一跤，於是顧趕快抽空照
了幾張相，便珍重地握手告別。方始從容地開始參觀蕭翁
的書房、飯廳、展覽室的手稿，各種圖片畫片，賀信、賀
卡……等。

顧在上海創辦了上海戲劇專科學校，請熊佛西擔任首
任校長。

1990 年 2 月，《顧毓琇戲劇選》由江澤民題寫書名，
由北京商務印書館出版、發行。

顧毓琇在 1930 年在杭州創作的〈白娘娘〉一劇，在
1990 年再次在上海劇戲學院公演，傾倒了全場觀眾，獲得
極大好評。朱鎔基、黃菊、汪道涵、陳至立……等均前往
觀看。兩年後〈白娘娘〉一劇還應邀到新加坡國家劇院演
出。

□ 文人從政

顧毓琇的一生中，曾有過一段仕途生活。

抗戰勝利以後，協助當時中國陸軍總司令何應欽將軍處理日本在南京的投降事宜，並以中國當時政府文職人員的身份參加了 1943 年 9 月 9 日在南京舉行的日軍投降儀式。日本方面由日本司令長官崗村寧茨出席投降儀式。日本軍官代表台灣日軍出席，稱日方歸還台灣、澎湖列島給中國中央政府。這是顧毓琇一生中最爲快慰的事情。由此不難看出，顧毓琇先生的人生閱歷的確十分豐富奇特。

1937 年，顧毓琇被指定出任國民政府教育部政務次長，要求注意整個教育事業。不僅僅是高等教育，也包括中等教育和初等教育，以及有利於聯合抗戰的普及教育。責任範圍包括尚未遭戰爭影響的國統區，也包括在戰火邊緣的地區。而且還包含了日占區。這期間顧氏跑遍了後方各大、中、小學。

1941 年，顧毓琇以中央政府行政院代表的身份視察形勢嚴峻的東南省份福建，政府希望他能解決福建人民糧鹽短缺的困難，顧氏他們了解到福建民眾糧油短缺的關鍵在於分配不當。加上官僚主義，更是雪上加霜。於是顧毓琇他們向省裡提出補救方案，立即實行，很快從農村調來大量糧食進入城市。做爲行政院的代表，顧毓琇命令鹽務官發給每人免費一斤食鹽，這導致鹽價下跌，危機解除。當時國民政府主席林森是福建人，見顧氏此行解決了福建的危機，不覺大爲高興。

1942 年，顧毓琇在國民政府任職期間，會見了當時美國共和黨總統候選人溫德爾・Ｌ・威爾基和美國副總統華

萊士，並由他陪同參觀了重慶附近的一些學校。

1943 年 2 月，顧毓琇經國民政府任命，率中國文化代表團訪問了印度，會見了印度總理，印度教育顧問，各地省長，並訪問了一些大學。

1945 年，以教育部的名義視察了城固的西北聯合大學、右路壩的西北工學院、武功的西北農學院和重建的中山大學、湖南大學、藍田師範大學和浙江大學。

顧毓琇做為教育部的代表訪問了新疆。新疆地方政府要求教育部派遣教師到新疆，在當地學校服務兩到三年，教授漢語、文學、歷史、地理和現代科學。顧毓琇此行就率領一批援疆教師和他們的家眷，以支援新疆的教育事業。

他以教育界代表的身份，戰後數次訪問了日本。訪問了日本京都大學和 1949 年獲得諾貝爾獎的湯川修樹教授及戰前在台灣帝國大學的荒勝教授。也會見了日本原子彈之父仁科芳雄博士。

1944 年，國民政府授予顧毓琇「景星勛章」。

1945 年，顧毓琇再次陪同美國副總統華萊士訪問了一些中國大學。在這段時間裡，顧毓琇極為關注戰時的經濟問題。他認為應該保證「耕者有其田，食者有其糧」，地主體系實在過於陳舊，後來他把自己這種觀點以〈耕者有其田，食者有其糧〉為題發表文章刊登於 8 月份的《國是》雜誌上。

在抗戰期間，顧毓琇已經擔任了六年教育部政務次長之職，身心已感疲憊，希望能有一段休息時間。但辭職尚未獲准，又受命繼蔣介石之後接任中央大學校長之職，1931 年到 1932 年，顧毓琇曾擔任過中央大學工學院院長之職，此次是第二次來到中央大學了。

1945 年 8 月，辭去中央大學校長職務。次日又被任命

為上海市政府教育局的局長。戰後的上海，千瘡百孔，百廢待興，全市的許多舊學校需要維修、重建，城區和鄉村應建立新的小學，所有適齡兒童都應接受免費教育。這期間他還創辦了紡織技術學校（即今上海東華大學的前身），和上海戲劇專科學院（即今天上海戲劇學院的前身。）。

他還作為舊中國的親善大使和麥克阿瑟、華萊士、陳納德、魏德邁、李承晚……以及印度、菲律賓、日本、韓國、英國、美國等國的領導人有過多方面的接觸和交往。

1946 年，他在赴東京路過上海的加州理工學院空氣推力研究所主任威廉‧Ｈ‧皮克林等的建議下，到東京去一趟，請麥克阿瑟盟軍總部特選一批科學研究設備（以廢除日本軍國主義的名義）運回國內，作為對中國大學的補償。顧氏和魏德邁將軍早在重慶時就相識，顧從魏德邁處獲得赴日本的通行證，麥克阿瑟總部為顧毓琇此行升了綠燈。但遺憾的是顧去晚了一步，日本的回旋加速器已經被扔進了日本海。為此麻省理工學院院長卡爾‧Ｔ‧康普頓也向華盛頓軍事領導人提出過抗議。顧毓琇走訪了許多日本實驗室，挑選了一些尚未遭到破壞的風洞，在東京帝國圖書館時，顧毓琇發現若干箱善本圖書，係從南京中央圖書館搶奪而來，要求歸還中國。後來這批圖書得以物歸原主。

1946 年 11 月，南京國民政府召開國民大會制憲會議，顧毓琇做為工程師代表參加。

1947 年間，顧毓琇發表了一系列關於中國經濟改造方面的論文，反覆強調「耕者有其田，食者有其糧」，即「分田於農，給食於人」。同時也應重視工業化進展，貨幣也應進入生產領域，才能防止通貨膨脹。

同年選舉新「國大代表」時，顧毓琇做為民主人士及教員資格當選，參加了 1948 年 3 月的第一屆國民代表大會。

　　1950 年，顧毓琇在美國會晤印度尼赫魯總統之妹，時任印度駐美大使潘迪特夫人。

　　為解救德黑蘭美國大使館人質危機，顧毓琇在 1980 年 1 月 3 日寫信給卡特總統，提出解救人質和當時阿富汗的蘇聯威脅問題。

　　1980 年 1 月 17 日，顧毓琇收到卡特總統助理的回信，對他的建議深表讚賞。在顧毓琇先生和王婉靖女士 80 歲時，卡特總統和第一夫人羅莎琳為顧毓琇和王婉靖夫婦的 80 大壽寄來了賀卡。

　　顧毓琇在理科和文科方面有很多建樹，在政治舞台上也做出了豐碩的成績。顧氏真可以說是一位文人從政的典範。

☐ 愛國情懷

　　顧毓琇在「五・四」運動期間就積極參加愛國運動。

　　5 月 4 日當天，他正在北京城裡舅舅家中作客，與他同歲的在北大唸書的表兄當天被捕。由於城門被封，清華學生進不了城。第二天一早，顧毓琇就回趕清華，商議節省糧食為學生運動首批捐款，直接參加到運動中去。

　　「五・四」運動提出的「民主」、「科學」的口號，被公認以為改革中國積習的良方。通過這場運動的洗禮，顧毓琇雖學理工，但從此也開始涉足文學事。

　　1923 年春，在又一次學生運動中，顧毓琇率領清華同學進城遊行時與軍警發生衝突，遭到毆打。

　　1937 年 9 月 18 日，日軍侵占遼寧省省會瀋陽，標誌著抗日戰爭的全面爆發，全國各地都出現了由高校學生組織的抗日愛國運動。10 月，南京各大學學生舉行大規模遊行。

外交部首當其衝，成爲憤怒的學生們最直接的目標。外交部長王正延被迫辭職。國民政府改組，林森出任主席，成爲國家元首，蔣介石則辭去行政院院長職務，後改任總司令。

　　1932 年 1 月 28 日，淞滬戰事又爆發。第二日，十九路軍離開南京，奉命開赴前線，保護上海及其周邊地區。顧毓琇先生帶領中央大學師生到下關火車站爲部隊送行壯志。

　　同年 8 月，清華大學校長梅貽琦到南京訪問顧毓琇，邀請顧毓琇回母校任新增設的電機工程系系主任。1933 年初，顧氏還兼任清華工學院院長。這年 12 月，爲了支援抗日前線，顧毓琇身爲工學院院長，他組織了一個有教授和學生參加的團體，製造防毒面具。

　　地處抗日前線的綏遠省主席傅作義將軍發現原先向意大利購買的防毒面具因天冷而失效。傅作義請求清華大學支援。身爲院長身分的顧毓琇組織了一座有全校師生教職員工參加的小型工廠，負責製造了一萬多具防毒面具，送到前線。

　　顧毓琇早年求學美國，1950 年又赴美國定居和工作，可算是中國人中的一個老美國了，但他一直沒有申請參加美國籍，一直保持中國人的身份。直到 1973 年，國際理論及應用力學會議在莫斯科召開，當時美國政府規定：非美籍學者不能辦理簽證。做爲一名終身從事科學研究的工作者，他不能放棄這一重要的學習交流的機會，於是在萬般無奈的情況下加入美國籍。

　　兩個月以後，顧毓琇便冒著風險由倫敦轉道香港回到祖國大陸，與闊別了二十四年之久的子女、親友重聚，參觀了北大、清華和眾多故知舊友。

　　8 月 29 日，周恩來總理親切接見了他們伉儷及其在北

京的親屬。他感謝周總理對他的關懷。他力求爲祖國多做貢獻。他衷心祝願祖國變得愈來愈繁榮、昌盛、強大。

由於歷史因素，顧毓琇原來是台北「國大代表」，1979年初，他毅然辭去台北「國大代表」一職，表明自己的立場。

七○年代以後，顧毓琇多次回到大陸探親、訪問、講學，先後受到周恩來總理、鄧小平，和後來的江澤民、李鵬、朱鎔基、王震、錢其琛、吳邦國、汪道涵……等黨和國家領導人的親切接見。

顧毓琇富有遠見卓識，對祖國一往情深，從八○年代以來，他便推心置腹地建議中國應實行「三開」政策，所謂「三開」，詳細地講來，就是：

一、文化開發：文化包括文藝與科學，徒有文藝而科學不發達，技術不前進，則國家富強不能深望。而思想開發更爲重要，否則經濟亦不能發展。

二、經濟開發：在思想眞正搞通，並需要正確理論指導，方可不斷向前邁進，謹防大起大落與波動。

三、政治開明：主要在於「公平」與「公開」。講信用、重道德，政府對人民要寬容、厚愛，增加福利，以固民本。他說：「仁者無敵」、「誠者有信」、「智者不惑」、「勇者不懼」。智仁勇之外，再加以誠信，可以興邦。

1983 年 9 月 8 日，顧毓琇偕夫人王婉靖再次回國。9月 10 日，鄧小平和王震接見了顧毓琇夫婦。顧氏建議派趙紫陽訪美，並邀請里根總統於明年 4 月訪問中國。鄧小平深表讚許。1989年，趙紫陽出訪美國，中美邦交大大改進。

1989 年，顧毓琇回到北京參加建國 40 周年慶祝宴會。10 月 2 日在中南海訪問了江澤民總書記，由丁關根作陪，

接受接見並宴請。4 日訪問王震副主席。6 日，在紫光閣訪問了李鵬，向他提出了一些建議，後陸續被採納。

11 日在上海時，上海市市長朱鎔基曾會見顧毓琇，並宴請。

1991 年，再度由紐約飛抵北京，4 月 24 日與夫人王婉靖女士應邀訪晤江澤民總書記。26 日參加王震副主席的宴請。29 日飛上海。5 月 30 日上海市委吳邦國書記舉行宴會、宴請。上海交大為顧毓琇先生及夫人王婉青女士慶祝 90 壽辰。

1992 年 5 月，顧毓琇又偕夫人應邀回到祖國，參加 5 月 31 日在北京召開的「現代物理研討會」。由李政道主持，台灣中央研究院院長吳大猷以及周培源、趙忠堯、王淦昌、汪德熙、吳健雄等出席。嚴濟慈教授致開會詞。會後中央領導江澤民、楊尚昆、李鵬、宋平、溫家寶等參加接見。

同年 6 月 1 日至 3 日，參加「北京國際理論物理及流體力學」會議，由林家翹教授主持。

6 月 2 日，江澤民總書記邀請顧毓琇夫婦到中南海作客。

1997 年 10 月 30 日，江澤民總書記在美國進行訪問後，從華盛頓特地趕到費城蕉舍顧毓琇先生寓所晤談，並與顧毓琇攝影留念。顧毓琇贈言：

和平統一興中華，

天下為公進大同。

1999 年元旦，江澤民給顧氏的親筆信中祝顧毓琇先生和夫人王婉靖女士：「起居健康，萬事如意」。江澤民、李鵬、朱鎔基等領導每年都給顧老寄去了賀年卡。

上面曾經提及：顧毓琇先生每次回國差不多都要回到

南京訪問他自己擔任過校長的中央大學原址，和由中央大學衍生的南京大學和東南大學。

2002 年東南大學一百周年校慶時，與學校同齡的顧毓琇先生因遵醫囑不能遠行，他無法親自前來參加校慶盛典。但他一直在期望這一天的到來，他預先精心寫好了題詞：

理工並重地入廿一世紀，

樂育英才共祝百齡壽辰。

蒼勁有力的大字，寄託著這位世紀老人對東南大學的情深厚意和殷切期望。

校慶以後不到四個月，顧毓琇先生就一病不起，與世長逝，終年正好 100 歲。

數學大師華羅庚（*1910～1985*）

～自學成才的典範～

華羅庚先生是我國著名的數學大師，是世界聞名的數學家。他的研究成果使國際數學界讚嘆不已。他一生寫了數百篇論文和豐富的學術著作。他的一篇〈典型域上的多元復變數函數論〉被國際學術界譽稱為「華氏定理」。他多次應邀出國訪問、講學，在國際數學界享有極高聲譽，英國數學家稱讚華羅庚不但是當代著名數學家，而且在世界數學史上也占有一定地位。

但你可知道：華羅庚戶口簿和履歷表「文化程度」一欄上，填的竟是「初中畢業」。即使在國外，人家問他什麼學歷，他總跟人家說：「我的最高學歷是初中。」人家問有什麼文憑，他總是回答：只有一張文憑，就是初中畢業文憑，除此之外就沒有了。

的確，華羅庚是我國自學成才的典範。

☐ 勤能捕拙，苦學得真知

上世紀六〇年代，華羅庚在《中國青年》雜誌上寫過一篇文章，文字中提到他每天都收到許多來自全國各地青少年朋友寄給他的信件，信中除向他請教數學問題和為學之道以外，都稱他是數學天才。華羅庚先生在文章中寫道：「他既不是天才，也不是神童，只是在學習上，比別人多花一些力氣而已。」

華羅庚先生 1910 年 11 月 12 日生於江蘇省金壇縣。華羅庚出生時，父親已經 40 歲了。40 得子，夫妻倆喜出望外，把兒子視做掌上明珠。華羅庚剛一呱呱落地，就按照當地的迷信習俗，被放進一只竹製的籮筐裡，上面再扣上另一只籮筐，據說這樣就可以消災避禍，平平安安地長大成人，「羅庚」，這個名字就是這樣來的。

華羅庚的父親叫華瑞棟，早年參加過辛亥革命，並經過商，後來家道中落，回到金壇縣鄉下，開了一爿小小的名叫「乾生泰」的雜貨鋪，養家餬口。這雜貨鋪前面是店堂，後面是居室，相當於今天城市裡的「夫妻老婆店」。

華羅庚唸小學時，數學成績是很差的，幾次考試都沒有及格，但他並沒有因此垂頭喪氣、灰心。華羅庚知道自己學習不如人家，就加倍努力用功。華羅庚學習很注重預習和複習，對於要上的課，他總是事先進行預習，把難點和疑點一一找出來，把它們仔細研究一番。然後在上課時就仔細聽老師講解，課後更是趁熱打鐵，抓緊時間複習，把功課鞏固下來。別人一遍就看懂的文章，華羅庚總要仔細地看它幾遍，直到徹底明白為止。久而久之，華羅庚的學習基礎就比較牢固、紮實了，知識面也比較豐富，從而對數學樹立了學習的信心，並產生了濃厚的興趣。他漸漸覺得數學是一門豐富多采、內容廣泛而博大精深的科學。

華羅庚小學畢業後，考進了金壇中學。有一天老師出了一道「物不知其數」的數學題。老師說，這是「孫子算經」中的一道有名的算題。題說：「今有物不知其數，三、三數之剩二，五、五數之剩三，七、七數之剩二，問物幾何？」老師話聲剛落，華羅庚就脫口回答是：「二十三。」當時他並未看過《孫子算經》，他是用這樣的思路進行思考的：「三、三之數剩二，七、七之數剩二，餘數都是二，

此數可能是 3×7 ＋ 2 ＝ 23，再用五除它進行校對，餘數正好是三，所以肯定 23 就是所求之數了。」

三十年之後，華羅庚成為舉世聞名的大數學家，他在《從孫子的神奇妙算談起》這本書的扉頁上，寫了一首詩：

「白髮才知智叟呆，

埋頭苦幹是第一。

勤能補拙是良訓，

一分辛苦一分才。」

他認為為學必須腳踏實地，勤奮鑽研，他不承認自己是天才。

華羅庚家境清寒，華羅庚 15 歲初中畢業後，到上海進入中學職業學校，那個學校給他免了學習費，但華羅庚還是交不起伙食費，就不得不輟學在家，幫助父母照顧店鋪。

然而，華羅庚生性好學，外門有人來買東西，他常常視而不見，聽而不聞，人雖在店裡，心卻在書本上。有次他母親在後面洗衣服，聽到店門口有人喊買東西，華羅庚兩眼卻一直盯在書本上，壓根兒沒有聽見。母親不覺火從中來，從後面直奔出來，一把拎著華羅庚的耳朵，一直拉到顧客面前，母親一邊拎，華羅庚一邊側著頭，兩眼仍不離書本，母親拿他沒有辦法。

華羅庚很喜歡數學，但那個時候，他只有一本大代數，一本解析幾何，還有一本薄薄的只有五十頁的微積分。他每天就啃這幾本書，他每天花在數學上的時間差不多有十幾個小時，就是在吃飯、走路、或睡覺時，若是想到一個問題，或者一種解法，他就立刻把它記下來。幾年中，不知不覺地他記滿了厚厚的十本筆記本。

起初父親也經常責怪兒子，說：「人生在世，最要緊的是解決生活問題。」可是華羅庚生性難改，父親看到他

那麼勤奮用功，後來也不再說什麼，隨他去了。

不久，他母親去世了。

真是禍不單行，這年秋天，金壇發生了流行病，華羅庚不幸染上了可怕的傷寒症，熱度高達 40℃，躺在床上整整六個月，險些送命。多虧他的愛人吳筱元精心料理，保留了一條命，總算活了下來。但左腿關節變了形，留下了終生走路一拐一拐的殘疾。

人們見了華羅庚走路的樣子，無不憐憫地嘆息，說：「年紀輕輕的，成了殘廢，往後的日子可怎麼過啊？」

華羅庚聽了人們的感嘆，心裡很不好受。但華羅庚人殘志不短，他下定決心，重新拾起自己心愛的數學。他想：「幹別的，我沒有本錢，也沒有設備，幹數學這一行，只要有紙，有筆就行了。」

口 幸遇伯樂

1929 年，18 歲的華羅庚發現大學教授蘇家駒的論文有誤，就寫了一篇〈蘇家駒之代數的五次方程式解法不能成立的理由〉的文章，寄給上海《科學》雜誌，很快就在《科學》雜誌第十五卷第二期上發表了。接著，華羅庚又寫了幾篇論文。這些論文引起了當時清華大學數學系系主任熊慶來的注意。熊慶來對這些論文大加讚賞，稱讚不已。

熊慶來先生是 1914 年留學法國的數學博士，是當時國內數學界的權威，他對國內數學界瞭如指掌，但他從未聽說過華羅庚這個名字，對華羅庚非常陌生。

他問周圍的人，「這個華羅庚是誰？哪個大學畢業的？」

大家左右相視，答不上來。

熊慶來又問：

「他是哪國留學的？」

人們還是面面相覷，不能回答。

熊慶來第三次又問：

「他在哪個大學教書？」

人們仍舊搖頭，表示不知道。

熊慶來先生以為華羅庚是新近從國外留學回來，在某大學任教的先生。熊慶來是一位「生不願封萬戶侯，但願一識韓荊州」的人，他急著想見識見識華羅庚，便給華羅庚寫了一封信，請《科學》雜誌編輯部轉交。熊先生在信中寫道：「日後出差來北平（今北京市），請到清華園一聚。」

華羅庚接到熊先生的來信以後，真是喜出望外。和父母吵著要去北平見熊先生，父母拗不過華羅庚的死纏軟磨，只好想法湊足路費，讓他北上。華羅庚高興得顧不上給熊先生寫回信，到了北京，就直奔清華大學。

華羅庚來到清華大學，向門口通報了自己的姓名以後，聲稱要求見熊慶來先生。

熊慶來先生是清華大學的一級教授，數學系系主任，一般人是難得一見的，那門衛把華羅庚從上到下瞅了好半天，然後叫他到會客室裡等著，才給熊先生撥了個電話。就逕自忙自己的活兒去了。

熊慶來先生聽說華羅庚來了，真是又驚又喜，驚奇的是華羅庚怎麼這樣快就到了北平。就親自到會客室去迎接。

熊先生來到會客室，見到會客室只有一個衣衫單薄的男孩，門衛碰巧又不在，熊先生以為那個男孩是門衛的兒子。在門外徘徊了一陣以後，還不見華羅庚的影響，以為華羅庚去辦別的事情去了，就踱回辦公室，等候門衛的通

知。

過了一會兒，電話又響起來了。熊先生來至會客室，問門衛華羅庚先生在哪裡，門衛朝裡指了指那個男孩說：「他就是華羅庚！已經等了一個多小時了。」熊先生大吃一驚，快步走了過去，緊緊握著華羅庚的手，說：「就是你呀！失敬了！失敬了！」

熊慶來很重視華羅庚的才能，知道了華羅庚家境困難情況和處境以後，覺得這位數學天才埋沒在民間、雜貨舖裡實在太可惜了，就挽留華羅庚在清華大學工作。華羅庚大喜過望，熊慶來先生讓華羅庚在數學系裡當助理，除管理一些資料之外，還幫助系裡刻講義。華羅庚趁這個機會，把每本講義的內容都認真地學習了一遍，把它們深深地印在腦子裡。

業餘時間，華羅庚去旁聽熊先生的課，不然就鑽進圖書館，像海棉吸水那樣吸收知識。

華羅庚在數學上進步很快。一年以後就自學完數學系的全部課程。熊慶來決心提拔華羅庚擔任助教。但清華大學歷來對教師的學歷是很嚴格的，華羅庚只有初中學歷，怎麼能當教師？因此會上的爭論很劇烈，有些教授表示反對，這時理學院院長，物理系系主任葉企孫先生在總結時，拍案而起。他大聲地說：「清華出了個華羅庚，是清華的光榮。」葉企孫在清華大學教師隊伍中享有極高威信，他又是理學院院長，他一搥定音，得到了大多教授的支持贊同。一個初中畢業的華羅庚，就這樣走上清華大學的講台。華羅庚在清華大學工作和學習，就像魚兒放回大海裏遨遊，雄鷹在空中遨翔。他的學問增長是很快的，他自學了英文、法文和德文。不久他就能用英文寫作數學論文。二十五歲時，他的數學論文已引起國外數學家的注意。

1930 年到 1935 年，華羅庚在清華大學教書時，從助理員開始，到升為助教、講師，他一面工作，一面聽課，開始研究數論，並發表十餘篇論文，還被聘為中華文化教育基金會研習員。

1936 年，25 歲的華羅庚考取公費到英國劍橋大學留學、深造，他一邊進修，一邊從事研究工作。在此期間，他在「堆壘素數論」方面取得了顯著成果。華林問題、泰利問題和哥德巴哈問題等都是這個學科中的著名問題。華羅庚對這些問題進行了深入的研究。他的研究成果將他歐洲同事們的工作包括殆盡，並獲得了以他名字命名的「華氏定理」。

華羅庚在劍橋大學的短短兩年中，他在「華林問題」、「泰利問題」和「奇數的哥德巴哈問題」…等等方面，寫了 18 篇論文，先後發表在英國、德國、蘇聯和印度等國的雜誌上。

1937 年，中日抗戰開始了，清華大學、北京大學和天津南開大學遷到雲南，在昆明成立了西南聯大。1938 年，華羅庚由英國回國，在西南聯大數學系任教，並被選為中央研究院院士和資源委員會會員。

華羅庚如果沒有遇到熊慶來先生這樣的伯樂，他以後的人生道路是很難說的，很可能不上幾年就成了一個小生意人了。

□ 窮教授，富教授

大學教授的生活待遇，抗日戰爭是一條分水嶺。抗日戰爭以前，教授的待遇是很不錯的。一般的教授收入為 300～400 元，最高可達 500 元。同時每位教授還可以有一

幢新住宅。講師的工資爲 120～200 元，助教爲 80～120 元。一般職員 30～100 元。工人 9～25 元。教授的收入是一般工人工資的 20 倍。工人也要維持一家的起碼生活，可見教授的生活條件是如何的優越了，這正應著一句：「萬般皆下品，唯有讀書高」的俗語了，學問是很值錢的。

但到了抗戰時期，教授的生活一落千丈，教授成了「下品」了。

當時華羅庚雖然成了教授，但他只不過是一個窮教授罷了。那時的教授眞個是「越教越瘦」，教授養不了自己一個家。

西南聯大校長梅貽琦先生也是窮教授，家徒四壁，兩袖清風。爲了補貼教授們的家中開支，梅校長不得不組織教授們爲社會服務：搞設計，搞修理，以增加收入，相當於現在的「三產」。梅校長夫人韓詠華約了幾個教授夫人，自己動手做「定勝糕」拿到街上去賣，製粉的製粉，做糕的做糕，上街賣的上街，忙得不亦樂乎。所謂「定勝糕」，就是取「抗戰必勝」之意。

華羅庚說過一個眞實的笑話：一個小偷跟在一個教授後面，想偷他的皮夾子，後來教授發覺了，就對小偷說，我是教授。小偷聽了，就連忙走開了。因爲小偷知道，教授身上沒有什麼油水的。

華羅庚就是這樣一個窮教授。

那時候，華羅庚住在城外二十里地的一個小村子裡，全家住在小廂房的樓上，樓下是豬圈、牛棚。晚上蒼蠅、蚊子嗡嗡成群結隊，老鼠則四面吱吱喳喳著找食。華羅庚回憶說：「晚上油燈如豆」，所謂油燈，就是一個破香煙罐，上面置個小油盞，盛了菜油，用棉花捻成燈芯。爲了節省菜油，把燈芯捻得很細很細。晚上牛擦癢，擦得整個

房子咯吱咯吱地搖晃搖晃，彷彿就要倒塌下來的樣子。就在這樣艱苦的環境中，華羅庚白天教書，晚上搞研究，竟然還寫出了六十多萬字的有名《堆疊素數論》。當時這本書國內沒有條件出版，只好用俄文在蘇聯出版，新中國成立以後，才將俄文重新譯成中文。

1945年，華羅庚應蘇聯科學院邀請到蘇聯訪問、講學。

從1946年開始到1950年，華羅庚應邀到美國講學，先後在普林斯頓大學和依利諾大學任教授。當時伊利諾大學以數十萬美元的年薪與華羅庚簽訂了終身教授的聘約。華羅庚先生的身價一下子「闊了起來」，他有一幢擁有前後花園的獨立洋房，有五、六間臥室，每間臥室都有獨用的衛生間。還有一間可容五、六十人舉行宴會的大客廳。學校給華羅庚配備了四個助手，一個英文打字員和一個中文打字員，以及兩輛高級轎車。華羅庚要寫書，只要口述，助手和打字員馬上幫他打印出來。

中華人民共和國成立以後，華羅庚放棄了伊利諾大學終身教授的職務，和優厚的生活待遇，帶領全家，乘上一艘輪船，於1950年2月從美國動身回國，在香港，他給留學美國的中國學生寫了一封公開信，信中說「朋友們！梁園雖好，非久居之鄉。歸去來兮！……為了國家民族，我們應當回去；為了為人民服務，我們也應當回去；就是為了個人出路，也應當早日回去，建立我們工作的基礎。」

就這樣，1950年3月16日，華羅庚帶著妻子子女，到達北京，受到了黨和國家領導人的熱烈歡迎，他最初住在清華大學，擔任清華大學數學系的教授。

當年，北京的生活也是很艱苦的，與在美國相比，簡直天壤之別，不可同日而語。當時《光明日報》的記者，曾拜訪過華羅庚，對華羅庚回國後的生活做過如下報導，

說：「我去清華大學宿舍裡，看見他的時候，在一間擠著五張床和箱子、雜物的小房間裡，他一家正在唯一的一張狹長的小桌子上吃午飯……。這樣的生活，比在美國時的『闊教授』生活相比，不知道要艱苦多少倍。然而華羅庚教授以苦爲樂，忙著在那裡寫講義、備課。」

華羅庚先生就是這樣一位無私奉獻的愛國主義者。

☐ 華羅庚自學成才的體驗

華羅庚是我國自學成才的典範。他生長在一個貧窮的家庭裡，由於生活的艱難，迫使他不得不中途輟學在家。在流行病猖狂時期，他患上了可怕的傷寒病，臥床半年，奄奄一息，高熱不退，依靠他愛人的悉心料理，方撿回一條命，但他左腿已變形彎曲，落得終身殘疾。就是這樣一個只有初中學歷的殘廢人，不屈服於命運的擺佈，迎著與厄運抗爭，奮發圖強，刻苦學習，如醉如痴地沈浸在數學的汪洋大海。他終於像一顆東方升起的明星出現在中國數學研究的大地上，發出令人目眩的灼灼光輝。僅僅初中畢業的華羅庚，居然走上名聞遐邇、教授如林的清華大學講壇，這談何容易。28歲的華羅庚當上了大學教授。

別人幫他算了一筆賬：華羅庚僅用一年半的時間就自學完數學系的全部課程，別人要十五至二十年才能爭取到的教授資格，他只用了十年的時間。

華羅庚的數學研究成果，令國外同行刮目相看，無不爲之喝采。他連續創造了「華氏定律」、「華－王（元）定理」，在國際上享得崇高聲譽。

他多次應邀到美國、蘇聯、英國、法國、日本……等國講學，獲得了美國、法國……等國一些大學的榮譽博士

學位。

　　華羅庚從初中畢業到國際著名數學家，他靠的是什麼？他靠的是就是艱苦的自學。

　　華羅庚把他自學的體驗歸結為下列七個方面：

　　第一：自學最起碼的一條是踏踏實實，獨立思考；

　　第二：自學應該有周密的計劃，不能隨心所欲；

　　第三：在自學過程中應該多想多練；

　　第四：要長期堅持，要有克服自學中碰到困難的決心；

　　第五：自學要善於抓重點，突破重點，由點及面、融會貫通；

　　第六：要有不恥下問精神；

　　第七：自學要注意與自己的需要或工作結合起來。

　　下面一些事例可做為華羅庚自學的一些佐證。

　　有一次，中學老師佈置學生在假期中閱讀胡適的《嘗試集》，要求每人寫讀後記，華羅庚閱讀之後，覺得胡適有些詩句在邏輯上有些毛病，就寫在讀後記裡，直言不諱地提出了自己的觀點。胡適是大名鼎鼎的學者，北大教授，華羅庚當時只有 14 歲，就敢於批評胡適，不迷信名家和權威。大有「初生之犢不怕虎」的精神，這種敢想敢說，獨立思考的作風，恐怕和後來敢於突破前人數學上的框框取得了驚人的成就分不開的。

　　華羅庚小時，白天幫助父母在店裡買賣，到晚上才是屬於自己的時間。在一間小板房內，在昏暗的菜油燈下，進行刻苦攻讀數學。三九寒天，屋頂上積了厚厚的白雪，屋內又沒有爐子，冷得像冰窖。手指凍得僵了，放在胸口上暖一暖，腳趾凍得奇痛難受，就在冰冷的地上來回走一陣。六月大熱天，被強烈太陽曬了一整天的木屋，熱得像個大蒸籠，汗水從頭上、背上直往下淌，身上的背心短褲

全濕透了，寫字的紙就如同水裡撈出來的一樣。這樣的學習是很辛苦的，但華羅庚從不覺得艱苦。

華羅庚有段時間幫金壇中學做會計兼庶務，會計是專門學科，華羅庚自學了記賬和出納的方法。他過手的賬目經得起檢查。有了工作，華羅庚自學的時間就更少了，但他絲毫沒有放鬆。他一大早起來，先幫助父母把店裡的貨架整理好，然後到學校去上班，會計和庶務都是忙活，別人下班回家了，他還要檢查學校裡的方方面面和各個角落，把門窗全部關好，要到晚上七、八點鐘才能回家。回家後還要幫家裡清理賬目，準備好需要增添貨物的數量，只有等家裡人睡了，他才能開始學習。華羅庚抓緊每分每秒的時間進行自學，這種習慣他一直堅持到老。

華羅庚長期在雜貨舖工作，但他安之若素。有時同班同學在店門前走過，他們有的謀了很好的美差，有的進了大學，西裝革履，昂首挺胸，得意洋洋，看都不看華羅庚一眼。華羅庚心裡像針一樣的刺痛，但他不悲觀，不消沉，不怨天尤人，不埋怨自己命運不濟，他決心在艱苦的條件下磨練自己。

華羅庚曾用上面提到的詩句總結自己自學的經驗：

「勤能補拙是良訓，

　一分辛苦一分才。」

對廣大青少年，華羅庚更寄予厚望，因為今後的世界是他們的。後浪推前浪，他希望一代勝過一代，他做詩加以鼓勵：

「發奮早為好，苟晚休嫌遲。

　最忌不努力，一生都無知。」

□ 華羅庚數學上的成就

1936 年至 1938 年，華羅庚在英國劍橋大學，搞研究工作，主要研究「堆壘素數論」。

1938 年至 1946 年，華羅庚執教於西南聯大數學系。

在西南聯大任教期間，華羅庚的研究興趣拓寬到「矩陣幾何學」、「自守函數論」、「多變數論」與「群論」。他倡導並主持了各種討論班，參加過他的討論班、以後成名的數學家有段學復、閔嗣鶴、樊𤸷和徐修賢等人。

在 1945 年 2 月至 5 月，華羅庚應蘇聯科學院和蘇聯對外文化協會的邀請，到蘇聯進行訪問，並在一些研究所和大學講學。

1946 年到 1948 年，赴美國，任普林斯頓大學高級數學研究所研究員，從事數學研究。

在 1948 年到 1950 年，華羅庚應美國伊里諾大學之聘任終身教授。他指導的幾個研究員以後均成爲著名的數學家。這期間除「數論」之外，華羅庚還涉足「有限域上的方程論」，「典型群」與「域論」等領域。

1948 年，華羅庚當選爲中央研究院院士及資源委員會專門委員。

1949 年，中華人民共和國成立了。1950 年，滿腔熱情的華羅庚回到了祖國首都北京，受到了政府和廣大人民的熱烈歡迎。開始時他擔任清華大學數學系教授，並積極籌建中國科學院數學研究所。他在清華大學講的第一堂課，聽眾者之多，眞可謂盛況空前。偌大一個階梯教室擠滿了人，就連走廊上都沒有空間，窗台上也爬滿了人。來聽課的除本系的學生之外，還有外系的學生，更有白髮蒼蒼的

老教授。講學時，華羅庚神態自若，並且不慌不忙，不時在講台前來回走動，聲音有時低，有時高，不時在黑板上寫出一串串長長的公式，他仔細地一一論證。他的精彩講解，使聽眾不時發出一陣陣讚嘆聲。

華羅庚一方面在清華大學任教之外，另一方面兼任中國科學院數學研究所和應用數學研究所所長。

1955 年被選爲中國科學院學部委員（即今天的院士）。和數理化學部主任、中國數學會理事長。

1958 年開始，華羅庚擔任中國科技大學數學系系主任、副校長。

1978 年起，任中國科學院主席團委員、副院長、中國科協副主席。

中國執行開放政策以後，1979 年英國伯明翰大學授予華羅庚客座教授，法國南錫第一大學和法蘭西大學授予名譽博士。

1982 年，華羅庚被選爲美國全國科學院外國院士。

1983 年，被選爲第三世界科學院院士。1983 年和 1984 年又先後得到香港中文大學和美國伊利諾大學榮譽博士學位。

1985 年，被選爲德國巴伐利亞科學院國外院士。

華羅庚的名字被列爲美國芝加哥科學技術博物館中 88 位數學偉人之一。

華羅庚在數學上的貢獻是多方面的，他對「典型群解析數論」，「矩陣幾何」，「自守函數論」，「多複變函數數論」等都做出了卓越的貢獻，他是上述研究領域的創始人與開拓者。1954 年～1955 年，他著有《數論導引》、和《典型群》，組織了討論班，培養了一批出類拔萃的人才。在華羅庚的精心培育下，數學研究所不斷出人才、出

成果，成為世界上聞名的數學研究中心之一。他的學生中，萬哲先在代數方面有突出成就；陸啓鏗在函數論方面有創造；王元、陳景潤等人在數論方面有重要貢獻；龔昇在複分析方面有獨創性的成果。

華羅庚在 1953 年著的《多個複變數典型域上的調合分析》獲自然科學一等獎。

四〇年代，華羅庚寫的《堆壘素數論》當時沒有辦法在國內出版。1947 年，華羅庚先生用俄文由蘇聯科學院數學研究所出版。其後 1959 年德國萊比錫出版了德文版。1965 年，美國數學會出版英文版；1959 年匈牙利布達佩斯出版了匈牙利文版。中文 版則於 1955 年出版。

1957 年出版了《數論導引》。

1958 年著有《數學引論》第一卷。

1963 年，譯成中文的《指數和的估計及其在數論中的應用》也出版了。同年，還出版了《高等數學引論》與《典型群》（與萬哲先合著）。華羅庚用研究班的形式指導了大量研究生。

他與王元合作開展了近代數論方法在近似分析上的應用研究，所取得的成果被稱為「華－王方法」。 論文「典型域上的多元衰變數函數論」被國際學術界稱為「華氏定理」。

1983 年，西德出版了《華羅庚選集》。

華羅庚注意理論聯繫實際，重視數學方法在工農業生產中的應用。為了推廣「統籌方法」和「優選法」的推廣應用，1964 年他寫了《統籌方法》和《統籌方法平話及補充》，在實際應用中開展應用統籌方法。

他從 1970 年起，在全國各地普及優選法，著有《優選法》和《優選法平話》。

　　華羅庚對青少年的教育十分重視，他還是一位著名的科普作家。1956 年起，他先後寫了《給青年數學家》、《從楊輝三角談起》、《從祖沖之圓周率談起》、《談數學歸納法》、《從孫子「神奇妙算》談起》……等多種科學普及的書籍，為培養青少年興趣起了很大作用。

　　1979 年，華羅庚應邀到英國、法國、西德、荷蘭……等國進行歷時八個月的訪問、講學，在英國伯明翰大學、法國南錫大學…進行了多次學術報告，受到各國同行的熱烈歡迎。

　　在結束歐洲之行時，他對新華社記者說：「在我幾十年從事數學研究的生涯中，我最深刻的體會是：『科學的根本是實，我已是古稀之人，但仍以此告誡自己：

　　樹老易空，人老易鬆。

　　科學之道，誠之以空，誠之以鬆。

　　我願一輩子從實以終。

口 甘當人梯、鋪路石

　　華羅庚 60 歲那年，中國科學院和清華大學等有關單位，為他舉行了祝壽活動，來賓中有他的同事、朋友、學生和國際友人。他在大廳裡一一與他們握手致謝。當門外接待人員傳來「熊慶來先生到」的時候，華羅庚快步迎出大廳，扶著熊慶來先生走進大廳，華羅庚這匹千里馬就是熊慶來這位伯樂發現的。所以熊慶來是華羅庚的恩師，華羅庚對他十分尊敬。

　　華羅庚受到熊慶來先生的幫助，從一個初中畢業生進入了科學殿堂。由於自己的親身經歷和體會，華羅庚特別注重對青年人的培養。他在多種場合下說過：他願意當人

梯，讓青年人一步一步地走上去，青出於藍勝於藍。他也
願當鋪路石，讓青年人從他身上踏著走過去，後浪推前浪，
一浪高過一浪。華羅庚先生這樣說，也是這樣做的。著名
數學家陳景潤就是他發現並培養成長的。

　　陳景潤在中學時就以「怪」出名，他中學時是在福州
市英華中學度過的，他在這裡唸了高中，當時英華中學叫
英華書院，過去有人到福州英華中學做過一些調查，他們
翻閱了學校圖書館的一些數學參考書上的借閱卡片，其中
很多書卡上都有陳景潤借書時的簽名，其中數理方面的參
考書就有：大學叢書《微積分學》、《達夫物理》、哈佛
大學講義《高等代數引論》、《郝克士大學代數》以及《實
用力學》……等等。有些書還不止借過一次，可見陳景潤
在高中時就開始鑽研大學的數學，向高層次、深度進軍了。

　　1953 年，陳景潤以優異成績從國立廈門大學數學系畢
業，被分配到北京工作，安排到中學教書。陳景潤雖然學
識淵博，精通數學，但他性格內向，不善言語，一上講台，
面對 50 多雙狡黠的眼睛，使他手足無措，全身發抖，訥訥
地講不出話來，教師這一崗位對他來說是很不適合的。他
又不善於交際，所以在校中的處境十分尷尬被動。

　　一次中學校長碰上來北京開會的廈門大學校長王亞南
先生，中學校長把陳景潤的情況告訴了王亞南，說：「你
們學校怎麼培養出這樣的學生來？」，王亞南聽了大吃一
驚，陳景潤是廈門大學的高材生，他知道這是分配上出了
問題，就說：「你們不要，可以還給我。」於是陳景潤就
重新回到母校廈門大學。

　　華羅庚編著的《堆疊素數論》出版以後，受到國內外
數學界的好評，從沒有人提出異議。然而，有一天華羅庚
收到廈門大學圖書館署名陳景潤寄來的一封信，在信中，

陳景潤談到《堆壘素數論》一書中的「他利」問題有幾個地方值得商榷。

華羅庚看了這封大膽而又坦率的來信，不僅沒有暴跳如雷，也不是置之不理，他高興地對同事說：「這個年輕人眞有想法！」他向數學界推荐了陳景潤，並要求把陳景潤從廈門大學調到北京中國科學院數學研究所任實習研究員，做自己的研究生。

那時華羅庚是數學研究所的所長。華羅庚親自指導陳景潤進行數學研究，並給他一個寬鬆的研究環境。1962 年，陳景潤任助理研究員，1977 年升任研究員，到 1988 年，轉為一級研究員，並被選為中國科學院數學物理學部委員，他的論文〈大偶數表為一個素數及一個不超過二個素數的乘積之和〉，對求證「哥德巴哈猜想」做出了重大貢獻。後來又寫出論文〈算術級數中的最小素數〉，把最小素數從原來的 80 推進到 16。這樣一塊原來未經琢磨的璞玉終於露出了燦爛的光澤。陳景潤花了十多年時間證明世界數學難題──哥德巴哈猜想，一舉成為世界級的聞名數學家。

陳景潤的成長與恩師華羅庚的幫助是分不開的。

1984 年 3 月，陳景潤從書店買書回來，被一輛飛速駛來的自行車撞倒了，撞得昏了過去，經過搶救，雖然恢復，但身體大不如前。陳景潤又一次去書店買書回來，被公共汽車的乘客擠倒在地，從此身體一直不好。

幾個月以後，陳景潤又患上了帕金森綜合症，一直住在醫院裡。

1985 年，華羅庚先生在日本講學期間，因心臟病發而去世。消息傳來，舉國上下悲痛萬分，為失去一位優秀的數學家而惋惜不已。失去了恩師的陳景潤更是悲傷不已。在華羅庚先生開追悼會的那天，陳景潤依然病重住院，體

溫 40℃，心跳和血壓都不正常，難以站立，可是他還是要求別人攙扶著參加了華羅庚先生的追悼會。面對恩師的遺像，陳景潤痛哭失聲，淚流不止。華羅庚對他孜孜不倦的教誨，他永遠銘記心中。

🔲 逃過三劫

華羅庚在一生幾十年的數學研究生活中，亦絕非一帆風順，他不時遭遇一些波折，最大的有過三次劫難。

第一次劫難是在十八、九歲時，當時他母親剛剛去世，他也患上了重症。當時一場可怕的瘟疫在金壇流行開來了。1930 年，本來身體很壯實的華羅庚染上致命的傷寒症，使他一病不起，發燒 40℃以上，燒得口乾舌燥，嘴唇糜爛，臉色蠟黃，後來轉爲灰黯，眼睛深陷，服用的幾十帖中藥一點也不起作用。老大夫也已失去開藥的信心，小聲地對家裡人說：「吃藥已不中用了，不用服藥了，剩下的日子恐怕不多了。他想吃什麼，就給他吃點什麼吧！」聽了老大夫的話，全家人頓時哭成一團。

華羅庚躺在病床上昏昏沈沈，迷迷糊糊地奄奄一息，氣有出無進，父親的叫喊，妻子的號啕，他壓根兒就沒有聽到。

這樣挨了幾個月，然而奇蹟終於出現了，華羅庚在病床上躺了六個月以後，高熱居然自己退了。華羅庚大難不死，有一天他竟然想要下地，然而他不能，腿壞了，站不起來了。

華羅庚有次回金壇母校向同學訓話時說過：要是在今天，他的腿是不會壞的。現在大家都知道，如果生病在床上久了，不翻身，會發生組織壞死，所以不管痛不痛，都

要隔一段時間翻一下身，可那個時候，既進不了醫院，也沒有哪個人知道這個常識，所以病後起來就不會走路了。從此一拐一拐，走路必須拄著拐仗，右腿向前邁了一步，左腿在空中畫了一個圓弧。落下了一個終生殘疾，這是第一劫。

第二劫是在反右派運動中，華羅庚從右派的泥潭中爬了出來。

1957 年 4 月 27 日，中共中央發佈了〈關於整風運動的指示〉。《人民日報》在五月一日這天，全天刊登了這個《指示》。五月二日《人民日報》又配發了社論〈為什麼要整風〉。

〈指示〉強調這次整風，「是一項既嚴肅、認真又和風細雨的思想教育運動」，「堅決實行，知無不言，言無不盡，言者無罪，聞者足戒；有則改之，無則嘉勉。」的原則。

在當時舉行的最高國務會議的座談會上，毛澤東誠情邀請各民主黨派負責人和知名無黨派人士幫助共產黨整風。參加會議的除毛澤東本人外，還有劉少奇、周恩來、朱德、陳雲、鄧小平、彭真……等，總之中共中央的主要領導人全部出席。會議在象徵中國最高政治權力的天安門城樓上進行的。

毛澤東一邊放眼被紅燈籠、彩旗、鮮花裝飾起來的充滿節日氣氛的首都，一面環顧左右：高朋滿座，好友如雲，指點江山，縱論國是，大有躊躇滿志之意。他說：幾年來都想整風，但找不到適當機會，現在找到了。整風需要造成空氣，沒有一種空氣是不行的。現在造成這樣的空氣，今後幾個月內，不在各民主黨派內和社會上號召整風，而要繼續展開對中共缺點、錯誤的批評，以使中共整風切實

收到成效。他著重號召民主人士揭露教育、衛生等部門的官僚主義，多攻一下，切實攻一下，在報上發表，可以引起大家的注意，否則，官僚主義永遠不能解決。

他還用極其誠懇、認真的語氣加了一句讓儲安平先生日後當真的話：「大家對小和尚提了不少意見，希望對老和尚也提出意見。」（見戴晴的《毛澤東在1957年》）。

毛澤東說得多好，多動聽，給人多麼鼓舞啊！使不少朝夕相處，肝膽相照的民主人士潸然落淚。也正因為毛澤東的這番話，使後來相當多的高級知識份子——科學家、教授戴上了大右派的帽子，這是後話了。

毛澤東這番話的直接後果，使社會上原本最關心國家大事，最關心民族命運、前途的知識份子聞風起舞。毛澤東的話他們覺得像盛夏中的一陣涼風，久旱的甘霖，出於知識份子的良知，本能的忠心，他們對黨的領導提了一些意見。

當時北京有六大教授，八大教授之說，他們無非對自己的切心體會，對黨在教育領導方面提出一些改正意見和建議。華羅庚就是這八大教授之一。

他們認為黨在高等學校中存在好些問題，他們提出：

一、有許多黨員同志對黨中央的團結、教育、改造知識份子的政策認識不足。

二、有許多黨員同志沒有掌握學術機關的特點。錯誤地把它和一般的政權機關等同起來。

三、有許多黨員同志的民主作風不夠，高等學校中的重大措施很少和群眾商量，甚至有些人錯誤地以為一切由黨包辦，才算是實現黨的領導。

四、有些黨員同志沒有充分認識到知識技術力量在近代國家建設中所起的重要作用。

　　五、有些黨員同志對於目前要辦好高等學校，究竟應該依靠誰，沒有明確的認識。

　　除了這些有關思想認識的原因之外，他們認為學校的領導機構也存在著一些問題，對黨委負責制也表示了不少意見。譬如在高等學校中究竟應該依靠誰？他們認為主要應該依靠老教授。

　　這些意見在今天看來並沒有什麼過錯，然而在五十年前對黨領導提出批評是大逆不道的。毛澤東採取了「引蛇出洞」的「戰略」以後，引誘廣大知識份子從各方面向黨提出意見，毛澤東看準已是火候的時候到了，結果整風運動就完全變成反右運動，八大教授無一例外的都成了大右派。華羅庚不斷受到圍攻和批鬥，家被抄了多次，拖著殘腿進行勞動。萬幸的是由於他的特殊身份，解放以後放棄國外優厚的生活待遇，回到祖國的國際聞名數學家，在海外有深遠的影響，這樣才得到了毛澤東和周恩來的格外寬恕，把他從右派的泥潭中拉了出來，免於一切處分，逃過了一劫。後來全國上下知識份子，從白髮蒼蒼的老教授、老科學家，到剛進大學校門乳臭未乾的青年學生，不知有多少人被劃入右派，打入「地獄」。「臭老九」，成了知識份子的代名詞，當年梁漱溟先生曾寫過一首詠「臭老九」的詩，冷雋的辛酸，入木三分。

　　詩曰：

九儒十丐古已有，
而今又名臭老九。
古之老九猶如人，
今之老九不如狗。
專政全憑知識無，
反動皆因文化有。

假若馬列生今世，

也要揪出滿街走。

華羅庚的第三劫發生在文化大革命的時期。

有人說：「文革」是第二次反右運動。反右中的「右派份子」幾乎無一不吃第二遍苦：批鬥、遊街、蹲牛棚、送勞改隊、掃地出門回原籍……等。

在「文革」時期，對黨右派份子有了新的叫法。

已經摘帽的稱爲「摘帽右派」；未戴帽子的叫「漏網右派」；未摘右派帽子的稱爲「老右派」。這些人統統稱做「階段敵人」。「文革」中還新添一批當權派，稱爲「走資派」。他們受到比地、富、反、壞、右更爲猛烈的衝擊批判。

在「文革」中，華羅庚頭上的帽子不謂不多，什麼「漏網右派」、「反動學術權威」、「唯生產力論」啦！「以目亂綱」啦！「走白專道路」啦！……不一而足。華羅庚在文化大革命中，不斷受到批判、抄家、圖書和手稿散失殆盡，連圖書館也不讓進。華羅庚搞統籌學、優選法受到廣大工人、農民的歡迎。華羅庚需要在全國到處跑，四人幫派爪牙一直在後面監視，一不小心，就要遭受他們的冷箭和暗算，給你穿小鞋。

這期間碰巧國外又來請他去講學。老朋友都爲他擔心，認爲華羅庚長期沒有搞理論研究了，這次出國一定會摔跟斗，要露底，出洋相，一世英名都斷送掉了，但是人家不知道華羅庚白天緊張地推廣優選法，上午跑四個廠，下午再跑三、四個廠，一天跑七、八個廠，晚上就自己進行理論研究。不過那時候搞理論還不敢說。如果哪一天暴露出來了，等一會監督的人就會說：你看，這個華羅庚死抱住理論書本不放，用優選法、統籌學做幌子，實際上半夜在

搞理論研究。這種人，理論不多，實際本領又不高，但他
們手裡有棍子，你搞理論，他們就打你的理論。這次華羅
庚出國的時候，心裡也很不踏實，雖然十幾年中他偷偷摸
摸地搞了一些理論，但畢竟損失很大，而且手稿也在抄家
時抄的抄了，燒的燒了，偷走的偷走了，研究成果大部份
沒有整理寫下來。但是華羅庚比人家有一個上算的地方，
就是外國數學研究機構和大學數學系知道他的名字，有書
出版就寄他一些。這樣，他不通過圖書館，也可以知道一
些外國的情況。當然，出國如果立刻上講台，華羅庚自己
說：「確實有些擔心。」幸而出去以後，開了兩個學術性
會議，正好放暑假，有三個月的時間。華羅庚就利用這三
個月時間，把研究成果整理了一下，列出十個方面，讓對
方選擇，結果華羅庚大獲成功，收到很多來信。其中有封
荷蘭科學家寫給他的信中說：「你在安吶本的演講，是真
正令人讚嘆不易。您向大家證明了：一個好的學者，即使
是在惡劣的逆境中，仍然可以做出出色的成績。您使我們
這些生活在安逸和穩定環境中的人們，只能感到羞愧！」
這個人，華羅庚並不認識，所以他的話對華羅庚這次訪問
取得的成果評價是有一定代表性的。

□ 優選法與統籌學

　　華羅庚很注意理論聯繫實際，非常重視數學方法在工
農業生產中的推廣應用。

　　1955 年以後，華羅庚開始研究把優選法應用於工農業
生產中去。為此，他編寫了《優選法》、《優選法平話》、
《統籌學》、《統籌學平話》等通俗科普著作，以此推廣
優選法和統籌學。他寫的書，做的報告，不光大學生、中

學生能看得懂，聽得明白，就連廣大工人、農民也能看得明白，聽得清楚。

他在《優選法》一書中，講了一個很通俗、生動的例子：

客人來了，要燒水、沏茶。他拿這件小事來分析如何安排最能節省時間。

客人來了，要燒水沏茶，這件小事，可以分解爲四步來完成：燒水、洗杯子、拿茶葉、沏茶。這四個動作，哪個在先，哪個在後就大有研究了。

一種方式是先洗杯子，把茶葉放進去，然後燒開水，水開了，沏茶。

另一種方式是先燒開水，再洗杯子，等水燒開了，再取茶葉放進杯子，最後沏茶。

還有一種方式是一邊燒開水，一邊洗杯子，杯子洗好了，放進茶葉，等水燒開了，沏茶。

你看，同樣圍繞沏茶這件事的四個動作：燒開水、洗茶杯、取茶葉、沏茶，如果按部就班第一件完成後再做第二件，那就要花更多的時間。如果在燒開水這種較長的過程中，交叉進行洗茶杯、取茶葉，這樣時間就可以節省很多。當然這只是一個極其普通簡單的例子。

在實際工農業生產中，情況千差萬別，各種各樣，數不勝數，但處處都可以應用優選法。如田間農作物的套種，種子的優選，產品的質量析查……等等都是。

《統籌學》從字面上解釋是「運行和規劃的科學」，這是國民經濟建設中選擇最優化方法的一種科學。比如，消除商品流通中的浪費和不合理現象等等。華羅庚帶領一支「小分隊」從研究所中走出去，把優選法送到工廠，送到農村。華羅庚帶著殘腿，在全國二十多個省、市自治區

的 100 多個城市和上千個工廠企業、農村做過幾千次的報告，他曾爲此寫詩形容自己深入生產第一線的感受和興奮的心情。

　　　　向在城市裡，
　　　　今來大地邊。
　　　　東風勤拂拭，
　　　　綠滿萬頃田。
　　　　規劃處處用，
　　　　數學入田間。
　　　　移植誰之力，
　　　　靠黨非靠天。

　　優選法與統籌學的傳播與擴廣，十幾年來，從一個鄉間，一個村莊迅速傳遍了全中國，在增加產量提高質量、降低消耗等方面取得很好的效果。

　　就拿大煉鋼鐵、節約焦碳來說吧！一般的焦鐵比例是 1：6 或 1：7，能達到 1：8 已經很不錯的了，但在鎮江應用了優選法以後，焦鐵比達到 1：18，比最高的高出一倍還多。

　　在 1979 年，華羅庚以古稀之年再次應邀橫渡英吉利海峽，去英國各地講學。這中間又應邀到法國、荷蘭、德國訪問了一個多月。在一次倫敦數學會的報告上，華羅庚向英國的數學家們介紹了在中國把數學方法交給群眾的作法，外國同行聽了很感新奇。事後倫敦數學會秘書長辛麥斯基博士給華羅庚寫信說：「你的經驗，除了中國外，對其他許多國家的情況也是完全適用的。我希望一些數學團體能把您的榜樣銘記在心，去處理一些實際問題。」

□ 下棋找高手，弄斧到班門

我國有句成語，叫做「班門弄斧」。意思是在行家面前去賣弄本領。把意思引伸開來，就是說不要到行家高手面前去賣弄自己，否則會「貽笑大方」的。

華羅庚在學術研究上，反其道而行之。他有句名言：「下棋找高手，弄斧到班門。」他主張下棋時要找水平高的對手，如果找水平低的對手，你天天贏他的棋，贏得哈哈大笑，笑得前俯後仰，但你有進步嗎？但如果你碰到了問題，你經過認真的研究、思考，你這才有進步，有收獲。

學術研究也是這樣，你向別人報告學術問題，討論問題，都挑自己最拿手的高深的問題講，別人既聽不懂，也提不出意見，對自己毫無幫助，沒有收獲。

1980 年，華羅庚第三次回江蘇金壇中學向同學做報告時，他特別提到這個問題。

他說：「到一個地方去，與其講我自己所長的，不如講我自己所短的。」譬如說：「我在這兒跟同學們講『哥德巴哈猜想』……，大家都聽不懂。你們會得出一個什麼結論呢？華羅庚的報告，大家都聽不懂，一定是有學問的。可我自己有收獲沒有，我自己沒有，得不到東西。」所以華羅庚從不做這種裝腔作勢去嚇唬別人的事情。通常他在要求講的專題報告之外，他還要講一些相關的、自己還在考慮的和不專長的問題，讓大家思考、討論、發揮意見。他認為這樣對自己對人家才會有很大好處、收穫。

1979 年，華羅庚先生在文革長期受到衝擊，身處逆境之中，而且又在推廣優選法、統籌學，在全國農村、工礦企業一線到處奔走之時，外國邀請他去講學。上面曾經提

到：一些老同事、老朋友都爲他捏了一把汗，爲他擔憂。華羅庚把自己研究的課題，整理了一下，整理好以後，給對方一個單子，單子上提了十個方面。一般來說，提出幾個專題就可以了，拿自己最擅長的專題就夠了，可是他提了十個方面。這是什麼涵義呢？是不是華羅庚在外國人面前炫耀自己，表示自己學問廣、博、精、深，十個方面都有研究？這不是華羅庚的想法。華羅庚的想法是到一個地方去，與其講自己所長的，不如講自己所短的。他認爲講自己所長的，別人不一定聽得懂，提得出意見，覺得太深奧，認爲華羅庚眞有學問。這樣一來，既對人家沒有好處，對自己也沒有收穫。講自己所短的，讓別人提意見，如果他說你有缺點，或不完善，一指點，自己就有了收穫，下一回就好了。如果別人點頭，說明我們的工作有相當成績，這就叫做「拋磚引玉」、「滿招損、謙受益」。

人們常說：「不要孔夫子面前去讀四書，不要到關老爺面前去耍大刀。」華羅庚的看法正好相反：「你這個耍大刀的人，就是要到關雲長面前與他對兩刀。對兩刀他當然不會一刀劈你下馬，可是我們與他對兩刀有好處，水平就能夠提高了。」

找水平高的人下棋，每次都輸給他，輸半年下來，你的棋藝能沒有進步嗎？我國古代的古訓有句話說：「切忌到班門去弄斧。」華羅庚的看法是要倒過來的：「弄斧必到班門」。要耍斧頭，就要敢於到魯班那兒去耍，別去旁人面前耍，如果魯班說你有缺點，一指點，自己就有收穫了。

所以華羅庚說的：「下棋找高手，弄斧到班門。」就是這個意思。

□ 豐功偉績永留人間

　　1985 年，華羅庚先生已是 75 歲的人了，他應日本亞洲協會的邀請，於這年的 6 月 3 日率領科學代表團到日本進行訪問，這次訪問原定只安排華羅庚先生做一次演講。華羅庚患過二次心臟梗塞，而且腿部手術也已超過了保險期 20 年。所以，隨行人員中配備有一名保健醫生，她就是華羅庚的長媳柯小英同志。柯小英還臨時兼任華羅庚的私人秘書。

　　到達日本以後，華羅庚受到日本朋友的熱烈歡迎和盛情招待，華羅庚的心情也極為愉快。

　　華羅庚在訪日開頭的幾天，一直在思考如何做好這次報告。他既是中國數學研究所的所長，又是中國科學院的副院長，這次報告應該與以往有所不同。他要總結過去，而且也要回顧從 50 年代以來的工作。

　　華羅庚的體力已大不如前了，時時感到力不從心，精力像燃油的燈一樣，漸漸枯竭了。他用顫巍巍的手，寫了幾百個字的提綱，字體有點模糊歪斜。可是他的思緒還是十分清楚的。他畫了一張表格，寫下了「年代」、「理論」、「普及」三個欄目。年代部分又分為四欄；50 年代、60 年代、70 年代和 80 年代，其中 70 年代和 80 年代欄目中寫下了「數值積分」與「偏微分方程」幾個字。華羅庚口授給柯小英，要柯小英務必按他表格的形式，將他的工作打印成一張完整的表格。柯小英整理好之後，華羅庚親自過目認可。

　　6 月 9 日，華羅庚從箱根回到了東京。為了準備好這次報告，他閉門謝客，謝絕一切來訪和邀請活動，整整過了

三天。12 日下午一點半，他離開旅館，2 時正，到達日本學士院，會見了日本數學界的一些院士，華羅庚興致勃勃地把他最近剛出版的《華羅庚科普著作選集》一一分贈給院士，院士們也將自己的著作做為禮物，回贈給華羅庚。由於華羅庚做過手術的腿病痛得相當厲害，所以那天參觀天皇和學士院的辦公室時，華羅庚不得不坐著輪椅，由人推著。

參觀後，應日本朋友的要求，在留言簿上寫了：

十分榮幸地來訪問日本學士院，祝兩國科學交流日益繁榮。

這是華羅庚一生留下的最後手跡。

華羅庚的學術報告被安排在東京大學的報告廳裡舉行。下午四時，華羅庚在日本數學會會長小松彥三郎的陪同下，手扶拐杖，笑容滿面地走進了報告廳，會場頓時響起了一陣熱烈的掌聲。

日本數學會會長致歡迎詞之後，華羅庚推開輪椅，開始走上講台，進行演講。他自始至終都站著講。

華羅庚用漢語講，翻譯把漢語譯成日語，速度非常慢，華羅庚覺得通過翻譯既費時，又不方便，而且效果也差。他徵求會議主席和聽眾的意見，說：「能不能用英語直接講。」大家熱烈鼓掌，表示支持。華羅庚改用英語以後，速度既快，效果也好得多了。但他講著，中間既沒有停頓，也沒有休息，不一會兒他就滿頭大汗。他先脫下西裝，後來又解下領帶。他看了一下錶，規定的 45 分鐘講演時間已經到了。華羅庚又一次徵求會議主席和聽眾的意見，「演講規定時間已過了，我還可以延長幾分鐘嗎？」，大家報以熱烈的掌聲和歡呼聲，華羅庚又講了十幾分鐘，前後加起來一共講了 65 分鐘。最後華羅庚說了一句：「謝謝大

家」。就在暴風雨般的掌聲中回到了自己的座位。他的日本朋友白鳥富美子女士手捧了一束鮮花向講台走去，就在這時，華羅庚突然從子椅上滑了下來，整個會場出現了一陣驚恐和叫喊聲。中國的隨員和日本的教授及醫生驚慌地前去扶他，但他雙眼緊閉，而且由於缺氧，面色呈現紫醬色，完全失去了知覺。

在場的日本學者、專家和教授分頭給醫院急救站打電話，並請來了東京大學醫學院心臟病權威杉木教授。杉木一到場，立即進行搶救，並親自給華羅庚做人工呼吸及心臟按摩，這時，儀器上出現了脈搏跳動的痕跡，華羅庚似乎有了一點呼吸，醫生們暫停人工呼吸和心臟按摩，進行觀察。但儀器顯示華羅庚的呼吸極其微弱，醫生再次進行人工呼吸，並迅速把華羅庚送到東京大學附屬醫院進行緊急搶救。

到晚上 8 時 27 分，醫生從病房裡出來，對等候在外面的中國駐日大使館官員和華羅庚的陪同訪問人員說：「從 6 點 15 分起到現在已經兩個多小時過去了，我們不停地使用人工呼吸與心臟起搏器，但仍無血液循環，心房也沒有收縮力，是否停止一切措施，宣佈逝世？」

在場的人們懇求醫生不惜任何一切代價繼續進行搶救，建議是否可採用動手術或換心臟等措施。醫生遺憾地說：「東京大學醫院的急救部是東京搶救和治療心臟病最有實力的單位，我們已經盡了最大的努力，沒有任何可能性把華羅庚教授搶救回來，我們是按照日本慣例來徵求家屬的意見的。」

1985 年 6 月 12 日晚上 10 時零 9 分，東京大學醫院宣佈華羅庚的心臟完全停止了跳動。華羅庚先生為國際學術交流奮鬥到最後一分鐘。

　　我國偉大的數學家華羅庚先生就這樣走了，消息傳來，舉國上下無不傷痛萬分。雪花般的唁電從全國各地，從五大洲紛至杳來。開追悼會的那天，黨和國家的領導人、他的學生、同事、朋友和國際友人，從四面八方趕來，聚集在一起，濟濟一堂，向華羅庚先生的遺像深深地鞠躬，做最後的告別。

　　華羅庚先生走了，但他的豐功偉績將永遠留在人們的心中。

附錄　歐本海默的一生
～從原子彈之父到階下囚～

　　原子彈是美國首先研製成功的，而且在日本廣島和長崎投擲了兩顆原子彈，開天闢地的第一次使用了原子武器。這幾乎已成為家喻戶曉，人盡皆知的事實了。然而在第二次世界大戰期間，英、美同盟國和法西斯希特勒敵對政府雙方之間圍繞著原子彈的製造，曾經經歷了一場你死我活的生死搏鬥。

🔲 希特勒孤注一擲研製原子彈

　　第二次世界大戰爆發之前，德國科學技術領先世界，德國擁有許多傑出的物理學家，當時全世界獲得諾具爾獎金的德國學者最多，是美國獲獎人數的三倍，德國的原子核科學技術已經達到相當高的水平。

　　1939 年 4 月 24 日，漢堡大學教授保爾‧加爾代克給德意志帝國國防部寫了一封信，信中敘述到核物理的最新進展時說：「這可為製造一種破壞力比常規炸彈大許多數量級的爆炸物開闢了道路。」

　　原來，在 1938 年 12 月科學家們在研究中獲得一個意外的發現：發現鈾^{235}原子核在中子的轟擊下能產生鏈式分裂

反應，可以產生難以想像的巨大能量。這一消息引起後來爲世界大戰所困的敵對雙方最高軍事當局的注意。美國軍事當局搶先爲原子武器的研究撥出了大量資金。該情報很快就落到了德國人的手裡。德國深知美國和英國有從事發展原子武器的可能。於是希特勒馬上召開有關各方面軍事負責人參加的緊急會議。會後成立了以舒曼爲首的研究小組，調撥了大批資金，搜羅了一大批科學家，建立了規模龐大的研究機構。

當時急須研究解決的關鍵問題是：除了尋求最有效的方法分離鈾同位素之外，最重要的工作就是研究鈾和減速劑如何配合對生產原子武器最爲有利。

大家知道，天然鈾中，能產生分裂的只有含量占千分之七的鈾^{235}，其餘的百分之九九點三是不能分裂的鈾^{238}。鈾^{238}雖不能直接分裂，但它可在中子的作用下，經過幾次蛻變，可以變成另一種新的，可以分裂的核燃料鈈^{239}，它是一種比鈾^{235}更爲高級的原子彈材料。研究證明，爲了使中子能更好地與原子核發生作用，必須減慢中子的速度以便中子有更多機會與原子核碰撞，這就需要用減速劑，減速劑最好選擇那些既能減慢中子的速度又不吸收中子的物質。

德國物理學家布雷諾教授根據研究和計算，認爲核物質鈾^{235}理想的中子減速劑是石墨。布雷諾教授的研究所找到一家馳名全球的西門子公司，請他們生產石墨減速劑。西門子公司又把這項任務下達給被德寇占領下的波蘭拉齊市的普拉尼亞工廠，這是一座專業的碳素廠。工廠在接受這項罕見的訂貨時感到十分意外和驚訝。因爲這項訂貨數量很大，規格也十分特殊，公差尺寸要求很嚴，而且純度爲前所未有的高，最令人費解的是這項任務的緊逼期限。這家工廠職工中一直存在一個強有力的反法西斯組織。正因

如此，總工藝師埃爾溫・施密特決定破壞這些石墨塊的成份。結果他們生產出的石墨全部混進了二硫化鐵、鈣和硫等雜質。這些石墨送到研究所時絲毫也未引起教授的懷疑，很快就被投入使用。可是多次試驗都失敗了。布雷諾教授以爲他的理論有問題，要不就是他的計算出了差錯。與他共事的海森貝格教授對布雷諾一向沒有好感，他把這場失敗看成是布雷諾教授的無知，並認爲石墨不能用做減速劑，於是另起爐灶，想以其他途徑探索新的減速劑。經過試驗分析，最後確定採用「重水」做減速劑。於是法西斯德國便開展了一場「重水戰」。這樣一來，原已指日可待製成原子彈的日期便被推遠了。

1939 年，德國物理學家海森堡研究證明：普通水不適合做減速劑，除非把天然鈾中的鈾[235]的含量增高，否則分裂出來的中子會被水全部吸收掉，入不敷出，核反應就會停止。可是提高鈾[235]的含量，需要建造規模巨大的同位素分離工廠，而且還要消耗幾十萬以至上百萬瓩的電力，而用重水（D_2O)做減速劑則可以直接採用天然鈾。權衡得失利弊，他們認爲生產重水取代複雜的同位素分離更爲有效。用重水做減速劑，反應堆核燃料臨界體積（即可以使反應堆起動的最少核燃料用量）可以大大減少，對生產可裂變物質極爲有利。顯然，這一點在同位素分離技術未臻完善的當時，顯得更爲重要。

在第二次世界大戰後期，法西斯德國不斷遭受空襲，飛機工廠被炸，坦克工廠被毀……，軍工部門嚴重受到破壞，工業生產也處於崩潰的邊緣，各處戰場節節失利。爲挽救戰局，希特勒決定孤注一擲，用最後的力量來製造能大量殺人的祕密武器。他下令在當時被陸軍占領的挪威修建一座祕密工廠製造重水。這座工廠建在敖斯克附近的崇

山峻嶺之中。這就是爲什麼希特勒竟然願意化費巨額資金
去生產那種外人看來與戰爭並無直接關係的重水的原因。
當時，除少數科學家之外，「重水」這個名詞還很少爲人
所知。

　　1941 年夏天，海森堡與杜比爾在萊比錫用 150 公升重
水建成了第一座鈾堆。1942 年 2 月 26 日，研究人員將研究
結果向德國軍事研究委員會做了匯報。隨後鈾堆計劃移交
給國家研究委員會管理。同年 6 月，又舉行了柏林會議，
研究人員把鈾計劃向軍需部和最高軍事負責人做了報告。

　　這個報告對軍事上處於困境的希特勒來說，無異是一
劑「起死回生」的「靈丹妙藥」。希特勒認定只有發展原
子武器才是扭轉戰爭上劣勢的唯一出路。希特勒下令不惜
一切代價加速研製原子彈，並把敖斯克重水工廠的生產從
年產量 1 噸半提高到 5 噸。

　　可是好景不常，1942 年夏天，德國在敖斯克生產重水
的秘密被盟國諜報人員所獲，這一消息使美、英諸國大爲
震驚。當時美國原子彈的研究工作也正在進行，然而萬一
原子彈武器落在希特勒手中，那麼後果不堪設想，戰場上
的形勢就會完全改觀，敵我雙方將來「鹿死誰手」就很難
定論了。因此，英國戰時內閣決心要炸掉這座重水工廠及
其貯存的重水。

　　爲什麼法西斯德國不在國內建造重水工廠，偏偏把這
座視做命運的重水工廠修建在遠離本土上千公里，又隔著
汪洋大海的挪威絕不是偶然的。因爲挪威地處北歐，終年
冰雪覆蓋，然而水力資源非常豐富。加上境內崇山峻嶺，
峰巒重疊，地形異常顯要。重水工廠建在懸崖峭壁之中，
不要說飛機難以偵察，就連鳥兒幾乎也飛不進去，因此採
用轟炸的手段破壞重水工廠是難以奏效的。要消滅這個工

廠，除派遣突擊隊員進行偷襲之外，別無其他選擇，但工廠四周警衛森嚴，通向廠區的所有道路都有希特勒精銳部隊把守，三步一崗，五步一哨，要想接近工廠也是很困難的。

幸而天無絕人之路，當時挪威抗德運動十分活躍，幾經波折，英國當局終於打入工廠內部的抗德分子地下組織，中央情報局很快搜集到了重水工廠的詳細情報，英國戰事內閣的聯合行動作戰部下達了命令，對重水工廠進行突然**襲擊**。

1942 年 10 月的一個夜晚，命名為「行動燕子」的四名突擊隊員出發了，他們神不知鬼不覺地被空投到離重水工廠約二百公里的山區，經過十五天的滑雪，他們穿過荒無人煙的崎嶇山區，從懸崖絕壁上下到一條通向諾克水電站附近的山谷，並與工廠內部地下抗德組織接上了關係。

過了十天，英國又派了兩架「哈利法克斯」轟炸機牽引兩架滿載著空降爆破特遣隊員的滑翔機，在它們原擬降落的冰湖附近墜毀了，所有倖存的都被德國部隊俘獲，全部處決。

真是因禍得福。不知什麼原因，德國人認為突擊隊要**襲擊**的並不是重水工廠，而是水電站附近的水壩，因而一夜之間守衛水壩的士兵，一下子增加到一百多名，而守衛重水工廠的士兵只留下十二人。根據情報，英國總部重新部署了作戰計劃，改用「獵槍隊行動計劃」。1942 年 12 月，即「行動燕子」出發後的兩個月，另外六名突擊隊員又在一個風雨交加的黑夜裡，在離重水工廠五十公里的斯克里肯湖的冰面上降落了，這裡距「行動燕子」藏身之地四十公里。在與暴風雨進行了三天三夜的搏鬥之後，當他們精疲力盡的時候，突然發現兩個滑雪人，原來這是來尋找他們的兩只「燕子」，他們終於和第一批突擊隊會合了。

他們一起討論了襲擊方案，並根據地下組織提供的崗哨位置、換崗時間、工廠大門和道路方向等詳細情況，共同制訂了周密的計劃。他們乘著黑夜，從會合地點向襲擊目標進發，避開了德軍自動亮起的探照燈，匍匐前進，靠近工廠，與此同時，在衛兵室裡值班的德軍，突然被幾支湯姆生手槍堵住了胸口。說時遲，那時快，隊長一聲令下，一個隊員手拿大鐵剪衝向大門，卡嚓一聲，鐵鏈被剪斷了，大門打開了，突擊隊員迅速魚貫進入工廠，找到了地下電纜管道，他們在地道中爬行，把十八包炸藥堆放在關鍵性的部位上，然後點燃引火線，只聽轟隆一聲巨響，工廠被炸毀了，比金子貴重得多的半噸重水潺潺地流進了陰溝，蕩然無存。

可是，德國人第二年就修復了這座工廠，並重新生產重水。他們吸取上次的教訓，把生產出來的重水裝上「海特各」號輪運回德國。英國接到情報後，立即命令地下組織炸掉這艘運送重水的輪船，地下組織費盡心機，在「海特洛」號起航之前，將定時炸彈放進了船首的艙底，1944年12月的一個早晨，正當「海特洛」冒著延斯佐湖的狂風惡浪急速前進時，突然從艙底傳來一陣沈悶的爆炸聲，定時炸彈爆炸了。頓時船身劇烈地搖晃，然後逐漸傾斜，五分鐘以後，德國的最後一批重水隨著「海特洛」號全部沈入湖底。希特勒夢寐以求製造原子彈的計劃受到了致命的打擊。

這次事件，給希特勒以極大的震動，他命令納粹黨徒嚴密監視參與原子彈研究工作的科學家的活動，命令科學家們繼續加緊進行核武器的研究，違抗的按軍法論處。

希特勒的獨裁統治和在第二次世界大戰中軍事上的全線崩潰以及瘋狂虐待、屠殺大批猶太人的行為，使正直的

科學家們膽戰心驚，特別是猶太出生和有猶太血緣關係的科學家及外籍研究人員，更是憂心忡忡，他們開始大批外逃。

在第二次大戰期間，先後離鄉背井，遠走高飛逃離德國和被占領區的著名科學家有愛因斯坦、哈恩、施特拉斯曼、梅特涅、賴納、弗里施……等人。與此同時，另一著名科學家恩里科・費米也離開法西斯統治下的意大利，移居美國的芝加哥。

希特勒德國本來在 1942 年就應該能夠製造出原子彈，但後來爲何未能成功，除掉上述原因之外，還可歸因於：

第一、德國缺乏一個統一的嚴密的組織機構，科研人員之間勾心鬥角，互相猜疑。

1954 年，美國物理學家、原子彈之父歐本海默 在《紐約時報》上說過：「本來德國布雷格教授會比美國早兩年造出原子彈的，只是由於他的一時疏忽，才使人類免遭一場生命的浩劫。」

第二、遭到反德組織的反對和破壞。

第三、這期間，同盟國加緊對德國進行空襲，實行閃電般的地毯式轟炸，這使德國的研究機構總是不斷搬家，試驗設備常是裝好又拆，拆了又裝，很難找到一個安靜的地方。毫無疑問，這種密集的空襲，明顯地減緩了德國原子彈的研製工作。

□ 西拉德和Ａ・愛因斯坦的功勞

後來美國原子彈首先得以研製成功，很大程度上是西拉德和Ａ・愛因斯坦的功勞。

匈牙利出生的科學家西拉德來到美國之後，於 1939 年

7月，他積極爭取到另兩位逃亡到美國的科學家威格納和特勒的支持，頂著驕陽，三個人一起去找比他們先期逃到美國的愛因斯坦。愛因斯坦是二十世紀的科學巨星，是當時公認的世界科學家中聲望最高的一位。西拉德認為：如果由愛因斯坦出面寫一封信給美國總統，那是最合適不過，最具有說服力的。

愛因斯坦果然不負眾望，同意他們的請求，簽具了一封直接送交美國總統羅斯福的信。西拉德把信寄給白宮的經濟專家薩克斯博士，薩克斯博士是羅斯福的好友，他答應把信轉呈給總統。

愛因斯坦給美國總統的信是這樣寫的：

閣下：

我通過未經發表的文件獲知 E·費米和 L·西拉德最近的一些工作，這使我預料鈾這種元素在不久的將來可能變成一種新的重要的能源。對於這一新情況的某些方面，看來政府應當引起重視，並在必要時迅速採取行動。所以我覺得有責任請您注意如下事實及建議：

過去四個月裡，由於約里奧在法國所做的工作以及費米與西拉德在美國所做的工作，已經產生了這樣的希望，就是有可能在大量的鈾當中引起原子核的鏈式反應，並由於產生巨大的能量以及大量類似鐳的新元素。現在看來，在不久的將來實現這一點，幾乎已確定無疑的了。

這一新的現象也可用於製造炸彈，而且可以想像，這樣製造出來的將是威力極強的新式炸彈——雖然這一點還不怎麼有把握。只要用船運載一顆這樣的炸彈，在一個港口爆炸，就可能將整個港口連同部分周圍地區一起摧毀。不過，這種炸彈很可能由於重量太大而不能空運。

美國只有信者量中等的、品位很低的鈾礦。加拿大和前捷克斯洛伐克有一些好的礦藏，而最重要的鈾產地則是比屬剛果。

　　鑒於上述情況，您當會認為，政府與在美國研究鏈式反應的一批物理學家之間保持某種經常性的聯繫是合適的。要實現這一點，一個可能的途徑就是，由您將這個任務委託一位您所信任的，也許能以非官方身份進行工作的人士，他的任務可包括以下兩點：

1. 政府各部門聯繫，隨時向它們報告這方面的進展情況，就政府應採取的行動提出建議，並特別注意確保美國獲得鈾礦石供應的問題；

2. 同願意捐助這一事業的私人進行接觸，請他們在需要時提供資金。另外也許還要爭取那些擁有所需設備的工業實驗室的合作，以此來加速實驗工作的進行（目前這些工作只能在各大學實驗室的預算範圍內開展。）

　　我獲悉德國已經實際上停止出售它占領的捷克斯洛伐克鈾礦所出產的鈾。德國採取行動竟然如此之早，這一點也許可以借助如下事實來理解：德國副國務秘書的兒子魏扎克隸屬於柏林的威廉皇家研究所，而那裡目前正重複進行著美國關於鈾的一些研究。

　　　　　　　　　　忠誠於您的
　　　　　　　　　　Ａ‧愛因斯坦（簽字）
　　　　　　　　　　1939 年 8 月 2 日

　　給總統的信在薩克斯的皮包裡靜靜地躺了兩個多月，薩克斯博士清楚地知道該如何才能辦好這件事，他在等待機會。1939 年 10 月 11 日：機會終於來了，薩克斯見到了羅斯福。為了避免總統會因公務繁忙把信壓在文件堆裡，薩克斯親自把愛因斯坦的信讀給總統聽。

　　羅斯福聽完以後，認為由政府馬上出面組織核武器研究不太合適，但是為了不使經濟顧問過於掃興，總統約他次日共進早餐，再做商議。

　　薩克斯一夜沒有好睡，思忖著說服總統的方法。次日一早，在餐桌上，薩克斯並不急於單刀直入，而是漫不經心，若無其事地向總統講了一個故事。他說：「當年蒸汽機的發明家富爾頓，得知拿破崙想征服英國，他建議建造

一支用蒸汽輪機做動力的艦隊，這支艦隊可以不用風帆，不管風向如何變化莫測，艦隊都能越過英吉利海峽，到達英國。拿破侖聽了以以後，嗤之以鼻，一笑置之，把這個美國人趕了出去。這說明拿破侖缺乏遠見，英國才得以倖免。如果拿破侖能夠慎重考慮富爾頓的建議，也許十九世紀的歷史就必須改寫，和今天截然不同了。」

薩克斯這個故事打動了總統的心。總統說：「你的意思是我們應當跑在納粹國的前頭，否則，我們就會挨炸，是不是？」於是他吩咐服務員拿來一瓶拿破侖時代的法國白蘭地，同薩克斯乾起杯來。

當晚，總統下令成立一個鈾顧問委員會。以後，隨著鈾分裂研究工作的不斷深入和擴大，1942 年 12 月 6 日，在日本偷襲珍珠港的前夕，羅斯福總統批准了一項製造原子彈的計劃。爲了保密起見，這個計劃叫做「曼哈頓工程」。過了好多年以後，人們才知道，美國爲了這項「工程」，總共動員了 52 萬人，投資總額 200 億美元，實際上還不止這個數目，這是後話。

那時，美國研究原子彈的工作尚處在艱難的創業時期。雖然物理學家已經發現：重水是鈾堆最理想的減速劑，是生產原子彈極爲有效的物質。可是他們手頭沒有足夠數量的重水，而建立這樣一座複雜的重水工廠起碼得花費兩年以上的時間。因此，他們不得不退而求其次，採用與法西斯德國科學家相同的石墨做減速劑。

具有諷刺意味的是：希特勒德國科學家布雷諾採用石墨做減速劑失敗了，而稍後於布雷諾教授的美國科學家恩里科·費米同樣採石墨做減速劑而大獲成功。只不過費米使用的減速劑是純淨的石墨而已。

當美國科學家把生產石墨的任務下達到一家全美生產

最好石墨的公司時，經理聽說，以往他引以爲豪的最優產品還嫌太髒——雜質含重太高，不夠純淨，而要求新產品雜質含量不能超過百萬分之一時，他大吃一驚，更令他吃驚的是，他還得一次提供成噸的這種幾乎完全純淨的石墨，而不是像以往的雇主那樣，只需提供幾磅用手提袋裝就可以打發走。他不知道這些石墨幹什麼用。

更加令人感到奇怪的是：以發明尼龍而名噪一時的杜邦·德·內慕爾的巨大化學公司竟被分配承擔從鈾裡分離和製備鈈的任務。這個龐大的康采恩企業的總經理接的要求是重新建造一批工廠和實驗室，答應給它們裝備機器、配足工作人員，所有這些合在一起，其規模大小與一座省城不相上下。

當杜邦·德·內慕爾總經理從最初的驚訝中恢復過來時，就大膽提出：他要知道這些工廠是準備幹什麼用的。他被告知：這件事不能告訴他。接著，他又提出：在這筆生意中他有多少賺頭。回答是：他肯定不可能有太多的指望。因爲事實上，他的利潤不會多於一塊美元！從所有情況來看，這是一椿奇特的事實。但因爲附有羅斯福總統的私人親筆信件，總經理二話不說，答應照辦。

幸虧這家公司已經發展了超微量的化學測試技術，研究人員才能從不到萬分之一克新元素中測定鈈的化學性能。他們設計的微量天平能稱重百萬分之一克，具有能分辨五千萬分之一克的精度。科學家憑藉容積從十分之一立方釐米到上萬分之一立方釐米的試管、燒杯和吸管，創造出一套對數百萬分之一克鈈進行化學分離的方法。看來科學家下達任務時早已心有所屬，絕不是臨時亂點鴛鴦譜。後來這套方法以幾十億倍的規模應用於生產鈈的核爆炸材料的化工廠。

□ 歐本海默青雲直上

研判原子彈是一項高度機密，而且是綜合性極強的事業。它需要理論物理學家、實驗學家、數學家、化學分析學家、計算機專家、軍事專家，以及生物學家、輻射化學家、冶金學家、爆破工程學家、精密測量學家和土木、建築……等各行各業專家協同作戰。

1940 年，美國組織起一支龐大的，包括許多國家科學家在內的研究隊伍。同年 6 月，美國成立了國防研究委員會，總統給了國防研究委員會極大的權力，其中包括在鈾問題上的權限，還定期聽取關於核研究方案的匯報。

1942 年，美國陸軍部受命承擔了物資採購和工程建設方面的任務。這年的 12 月，「曼哈頓特區」建立，主管陸軍事務的陸軍部長格羅夫斯將軍成了這個計劃的負責人，這是位聰明、正直、無畏而又有才幹的傑出軍官，以建造華盛頓五角大樓而著名。

完成「曼哈頓計劃」，需要馬上建立一個專門從事研製原子彈的，規模巨大的實驗室，這是人類歷史上最神祕、最緊張、最關鍵的工作。需要有一位學問淵博、有卓越科學研究才能，同時又有卓越的組織才能的人來做為指揮。如此，著名科學家、諾貝爾物理獎得主、康普頓效應的創世人康普頓教授向總統顧問委員會提議，把原子彈研究的最高實驗室的領導重擔交給羅伯特・歐本海默。

兩天以後的一個深夜，歐本海默接到陸軍格羅夫斯將軍從他在加利福尼亞家中打來的電話，說他剛從華府回來，必須立即前來拜訪。不一會兒，這位將軍就坐在歐本海默教授的會客室裡了。他告訴教授華府已做出決定：政府已

經選他出來負責籌劃研製原子彈的高度機密工作。將軍以認真的態度對歐本海默說：「不能把這個消息告訴任何一個人，即使是自己的妻子。」

擁有核武器的國家，在創業過程中，都有一批堅苦卓越、才力超人的開拓者和組織者，他們後來被尊之為「原子彈之父」。在美國研究原子彈整個過程中，歐本海默以他驚人的超群才能、豐富的科學知識、剛柔兼具的協調能力和充沛的精力給原子彈的研製成功做出了巨大的貢獻，爆炸了地球混沌初開以來的第一次原子彈。因此被後人稱之為「美國原子彈之父」。

這位以科學的力量最後平息第二次世界大戰中日本軍國主義不可一世囂張氣焰的人究竟是一位怎樣的人物？

1870 年，歐本海默的祖父從德國來到美洲這片新大陸開始自己的事業，並在紐約定居，為成衣業進口布匹，不久事業有成。於是歐本海默的父親朱利葉斯也在 1888 年來到紐約，當時他年僅十七歲，不會英語，但他是位有上進心的青年。十年以後，他已經成為知識淵博、舉止優雅、衣著整潔、風度翩翩，相當富裕的實業家了。他很喜歡繪畫、建築以及音樂。有一次在藝術展覽會上，他與歐本海默的母親愛拉·弗里德曼邂逅，她與朱利葉斯一樣都是歐洲猶太人的後裔。不過她家幾代前就已移居美國。她曾在巴黎學過藝術，是一位很有才華的畫家，在學校裡教授藝術。1903 年，他們倆人結婚了。

1904 年 4 月 22 日，這家有猶太血統的家庭誕生了一個小男孩——羅伯特·歐本海默，不久他們搬進了當時紐約著名的河濱大道豪華住宅區的一座公寓，面對著哈德遜河，可以俯瞰河濱公園美麗的景色，歐本海默小時就在這裡生活。他的父母心地善良，愛好音樂，經常請樂隊在家裡演

奏古典音樂。小羅伯特總是津津有味地凝神靜聽，他能從樂理、油畫、版畫及著名作品中鑒賞它們的優劣，這使父母大爲高興。這位衣著打扮入時的小男孩有各種各樣玩具、木馬以及孩子們所喜歡的各種娛樂用品，幾乎要什麼有什麼，富有的家庭又使他從小能進最好的學校，請最好的老師，接受最好的教育。

小羅伯特興趣廣泛，聰慧過人，天性喜愛鑽研。還在三、四歲時，一次他祖父給他買了一包礦石，他就興趣盎然地研究起礦石的組成，檢查裂開的表面和侵蝕的痕跡，並設立了一間收藏礦物書籍的書房。五歲時，他便學會了使用打字機同全國各地的岩石專家通信，有位教授還推薦他爲紐約礦物俱樂部的成員。

七歲時，他想做一個建築師，因而他的周圍總是擺滿了大人們閱讀的有關建築方面的書籍。後來他的興趣又轉向詩的寫作，父母就拿來古典詩人的作品給他看。後來又開始收集郵票，他嘗試著去認識發行這些郵票國家的歷史。

十二歲那年，他受到邀請去俱樂部發表演說，當父母陪他來到俱樂部會議廳時，擔任傳達的人大惑不解：他竟不是跟隨父母來旁聽的，而是這次會議的主講人——羅伯特·歐本海默。與會者無不感到吃驚，又覺得有趣，立時響起如雷的掌聲。歐本海默大大方方地走到主講台前向廣大聽眾發表演說，題目是：「曼哈頓島的磐石」，後來這次演講的紀錄被刊登在礦物俱樂部發行的刊物上。

歐本海默以班上第一名的成績畢業於倫理教化學校。這是一所爲少數最具希望的兒童創辦的。在這裡，兒童可以用自己的步調一直走下去，不會被平庸的學生牽扯不前。他代表畢業生向全校師生致告別辭。他將準備進另一所學校。這時他父親帶他到歐洲遊歷，以擴展他的見聞。他們

經希臘、意大利、德國、法國、荷蘭到達英國，他並不蓄意遊山玩水，他對各種建築式樣做了詳細記錄，推斷各個時期風尚對建築的影響，和書本上進行對證，並改正了一些錯誤。

歐本海默閱讀能力很強，速度很快，並且能立即理解那些深奧的理論，並牢牢地記住。有一次，他從聖弗蘭西斯科（舊金山）坐特別快車到紐約，他一口氣讀完了有三千多頁的「羅馬帝國的衰落與傾覆」。

1923 年，十九歲的時候，他進入哈佛大學學習。他那特異的稟賦與淵博的學識使他在同齡的同學中如鶴立雞群，贏得了美好的聲譽。一年之後，歐本海默長成了一個喜愛社交活動的人，住校的生活使他感到十分愉快，大家暢所欲言，一起討論各種問題，從深奧的哲學到實際的政治、愛情、文學等等，天下大事好像都從他們的大啤酒杯裡跑了出來。

在哈佛，一般同學只選修七門課，他卻選了十門，他把大部分時間都用在圖書館裡。他還抱怨那位著名的物理學家柏西·布里吉曼教授出的作業太容易，使這位物理學家感到迷惑，就讓他選修高一級的研究所的物理課程。歐本海默發現自己有個弱點，不擅長做實驗，他認定自己應該發展理論物理。

這位天才少年後來在哈佛大學學習理論物理學業課程，三年內就唸完四年的課程。在哈佛畢業的時候，他一舉創造了該校有史以來最好的學習紀錄。翻開 1926 年的哈佛年鑑，在歐本海默的照片下面還赫然寫著簡短的評語：「他只做了三年大學生」，這足以概括地說明這位偉大天才的早年歷史。

在獲得了哈佛大學的博士學位之後，歐本海默又前往

英國劍橋大學攻讀。後來，經他的導師兼保證人布里吉曼教授的推薦，很快在卡文迪西研究所得了一個位置，並結識了一些核子物理學的先驅。德國著名物理學波恩深爲歐本海默的數理智力所折服，勸他到歐洲研究高等數學的第一流學府去，於是他們一同前往德國，這時歐本海默只有23歲。

由於歐本海默具有非凡的語言能力，他很快就學得一口流利的德語。同年夏天，他還訪問了瑞士的蘇黎世大學，又到荷蘭的榮登大學用荷蘭語發表演說，據說他只用了六個星期就把荷蘭語學會。

此後，歐本海默先後在劍橋大學、哈佛大學、加州大學理工學院任研究員或教授，他講的課遠近聞名，風度親切和藹，語言生動，引人入勝，吸引了各色各樣的學生，甚至許多教授也特意到他的講堂聽課，對他流利的口才，淵博的學識以及清新明晰的觀念大爲驚異、傾倒。許多學生更是像著了魔似的，當學期結束，歐本海默依約到另一所大學講課時，他們奔走相告，尾隨而至。在返回美國以後，歐本海默又在伯克利和帕薩迪納的加利福尼亞理工學院建立了一些很有生氣的理論物理學派。可以說沒有一個美國人比歐本海默對物理的理論發生過更大的影響。

就在歐本海默聲名大振時，第二次世界大戰風起雲湧，走向了高潮，日本侵略者占領了中國東北幾省，德國和意大利軍隊入侵非洲，並對東歐各國虎視耽耽。匈牙利物理學家西拉德憂心忡忡地向人們發出嚴重警告：原子能的發現會給人們帶來幸福，也會危及人類將來的命運！此時歐洲大陸又傳來更令人震驚擔憂的消息：德國法西斯開始着研究鈾裂變以用於軍事的目的——投入戰場。

科學家們異乎尋常地警覺起來，他們清楚地知道：這

種武器具有可怕的爆炸力，希特勒很可能首先獲得這種炸彈。

歐本海默受聘出任了美國為研製原子彈最高實驗室的主任，擔負起主持設計原子彈的艱鉅使命，這時，他才不過 39 歲，已是一個超凡的理論物理學家和世界最重大科研項目的組織者了。

ㄇㄚ基地─美國最保密的地方

歐本海默走馬上任以後，立即投入了緊張的工作，他主張把分散在美國、英國、加拿大等地的許多實驗室集中起來，把與此項研究有關的各方面科學家集中起來，在統一領導下工作。他的這一建議立即得到了全力支持。如此，歐本海默在當年的夏天，親自前往芝加哥等地停留數周，物色最具權威的理論物理學家。歐本海默深知要解決原子彈製造過程中產生的問題，要解決如何才能使它爆炸成功，要測定爆炸以後的效果，沒有這些科學家是不行的。格羅夫斯將軍對他手下的一群軍官談到參與這項工作的科學家時，據說是這樣告誡他的下屬的：「你們將要和世界上各地集中起來的最優秀怪人處在一塊了。這些優秀的怪人是美國政府花了二十億美元把他們集中起來的。他們過去習慣於根據自己的興趣和愛好做單獨的或一個小組的研究工作，現在都被聚攏來共同做一項無比複雜的工作，這項工作進行時將會遇到難以數計的困難。而且由於情勢所迫，這項任務必須限期完成。由此可見，歐本海默肩上所負責任的艱鉅，然而他具有縱橫捭闔的機智與過人優秀的組織能力，指揮若定。

1942 年深秋的一天，有兩位陌生人驅車爬上新墨西哥

州離開塔山落菲約有五十公里的蜿蜒山路，來到座落在那兒的洛斯阿拉莫斯寄宿學校，它在海拔 2000 公尺高的台地上。其中一位魁梧的將軍那就是格羅夫斯；另一位高瘦略有一點彎腰曲背的中年學者就是歐本海默。那裡有無邊無際的松林和眾多的峽谷，有成群的飛禽走獸；除這所男子畜牧學校之外，什麼建築也沒有；道路崎嶇，幾乎與外界隔絕，連供水有時都很困難。歐本海默對這座清靜的學校很是清楚，因為他的父親在此附近擁有一座農場。歐本海默他們看過這個地方以後，立即告訴滿臉狐疑的校長：軍方要買下包括這所學校所在的一大片土地。1942 年 11 月 25 日，這片土地被用帶鈎的鐵絲網層層圍了起來，並命名為「Y 基地」（即曼哈頓計劃在洛斯阿拉莫斯的工作據點的代號。）

　　歐本海默繼續在全國到處奔波，去說服那些物理學家到這沙漠邊緣的祕密基地來工作。科學家們既不知道目的地是什麼樣子，也不知道自己工作的內容。給他們的通知上只寫著到聖菲東宮 190 號「美國工程兵辦事處」報到。聖菲離基地還有四十公里，連地圖上也找不到它們。所有來基地工作的人員都由這個辦事處送到洛斯阿拉莫斯去。

　　1943 年 7 月，第一批原子物理科學家到達。以後隨著每班火車的到來，美國、英國和其他各地的科學家和家屬源源不斷而來，第一年來了 3500 多人，過了一年，又增加了 6000 人，第三年時，已有 12000 多名「居民」了。這些科學家一到那裡就全部銷聲匿跡了，連親友也不知道他們去了哪裡，證件上的名字也改用代號或假名。負責改名的軍官很會動腦筋：讓他們保留姓前面的字母。康普頓博士有兩個名字：科馬斯先生和康斯托克先生，一個用於美國東部，一個用在美國西部。有一次康普頓博士從紐約飛往

加利福尼亞途中，他正在打瞌睡，女服務員把他叫醒，問他的姓名，這位諾貝爾獎的得主一時不知所措，「我們現在在哪兒了？」他以反問的方式回答，一面朝著機外面觀望。

他們還被告知：這裡的通信地址是：「美國陸軍 1663 號信箱」。他們相互接觸時，也嚴禁原來的博士或教授等頭銜、職稱。對應聘科學家，他們還被告知：參加這項工作的人要與外界斷絕一切聯繫。只有結過婚的人才允許帶家屬，未婚的單身漢在戰爭結束之前不許與他們的女朋友見面。

由於 Y 基地需要絕對保密，一切寄出的信件與來往電話都要檢查。有人做過「試驗」：物理學家埃米里奧‧賽圖亞和他的一家都住在 Y 基地，有次他出差外地，他在給妻子的信中夾了一根頭髮，然而她打開信時頭髮不見了。如果你打電話告訴對方最近參加一次生日宴會，對方問你在什麼地方，這時電話就會被切斷了，而且再也打不通。基地工作人員每月允許到聖菲去一次，以便購買必需品，在聖菲到處都有便衣偵察，他們專門對基地來的人進行監督，不允許他們與任何人在街上講話，即使遇上自己的父母也要裝出互不認識的樣子。

歐本海默一面忙於監督房舍的建造進程，以便所有的工作人員有住處和實驗室等工作場所，一方面還要做一項重要的工作：把玻爾、費米、查德威、勞倫斯、弗立汗、貝瑟……等等這些世界第一流的優秀學者集中起來，將他們的工作加以通盤策劃、分工、協調，使其有條不紊地進行。他不辭辛勞地工作，不單那些戴著白色徽章的高級科學家以尊敬的態度接受他的領導，就連那些戴著藍色徽章的眾多工作人員也一樣崇敬他。

　　歐本海默同時還要解決諸如孩子們的上學問題，設立醫療機構的問題，工作人員往返的交通問題，高度機密研究地區的保衛問題等等。作為指揮者的歐本海默，還要親自進行原子彈臨界體積的計算，親自查詢各個部門的實驗進展情況，驗算結果是否和原來的預計相符合……。在原子彈試爆以前的兩年半期間，歐本海默每天只睡四個小時。

　　在研製原子彈的緊張時期，人們只看到滿載礦石和各種器材的列車不分晝夜，川流不息地駛進保密工廠，就是不見有任何東西運送出來。這樣從不間斷地持續了好幾個年頭，最後只運出幾只略大於拳頭的球體——原子彈的芯塊。

口 開天闢地的第一次原子彈爆炸

　　最後的時刻就要來臨了。試驗的日期受著許多因素制約，當時日本戰敗已成定局，但仍有兩個因素促使美國盡快使用原子彈。一個因素是蘇聯，它是否及時對日本宣戰，減少美軍的犧牲？如果這樣，蘇聯是否會因此擴充它在東亞的勢力？歐洲方面，美蘇能否消除分歧，將來如何統一德國？杜魯門總統繼任不久，曾向蘇聯試探，建議再次召開美、英、蘇會議，討論戰後世界前途問題，因此要求原子彈試驗的時間和會議互相配合。杜魯門總統認為，有了原子彈撐腰，他就無需在棘手的外交問題前讓步。第二個因素是日本，儘管美國政府已公開宣佈要日本無條件投降，廢除天皇制度。但日本要保留天皇，不肯投降，因此也要求原子彈盡快地爆炸。

　　1945 年 7 月 11 日晚，歐本海默回到家中與家人告別，他們約定了一句暗語，如果試驗成功，由歐本海默打電話

回家，說：「請換條床單。」

　　然後歐本海默親臨現場檢查，看著這項價值二十億美元的原子彈吊離地面，引導到三十米高的預定位置上。這件其貌不揚的傢伙，真令人難以相信，其中隱藏著多少高難度的技術！下午，歐本海默獨自一人最後一次站立在高高的塔頂上，在被風吹得嘩嘩作響的鐵皮屋頂下，側耳傾聽遠處的雷聲，細心檢查原子彈的每一個部件。

　　格羅夫斯將軍發現：歐本海默這時已經筋疲力盡，心力交瘁，他關係著試驗的成敗，所以非常擔憂。歐本海默一下鐵塔，負責現場試驗的指揮肯尼恩·班布里奇讓歐本海默輕鬆一下，他朝歐本海默大喊：「我用一個月的薪金賭你十塊美金，保證爆炸能順利成功！」歐本海默接受了這個善意的賭注。

　　14 日深夜，天氣陡然轉變，鐵塔遭到暴風雨的猛襲。狂風捲著暴雨從四面八方撲來，到處雷聲轟響，電光閃閃，守衛原子彈的科學家由雷、電相隔的時間，推算出雷擊的距離。顯然，雷電愈來愈近了，這時離天亮只有三個小時了。原子彈試驗需要在黑暗中進行，以便於觀察。歐本海默只剩下最後唯一的選擇了，把試驗的時間推遲到清晨 5 時 30 分，希望到那時風停雨歇，不然，杜魯門總統……。

　　清晨四時，好運來了，雨停了，雲層開始散開，歐本海默同意送來的報告，並在上面簽上了自己的名字。原子彈試驗決定在清晨 5 時 30 分進行。

　　1945 年 7 月 15 日凌晨五點半，在距離洛斯阿拉莫斯約 160 公里的阿拉摩哥多沙漠的零點山，將舉行世界上第一顆原子彈的試驗。約有 1000 名物理學家、放射醫學家、氣象學家、數學家、爆炸專家、工程師、軍事參謀、政府官員、外國政府代表團等，被邀請參觀在這個與外界隔絕的地區

將產生的驚奇現象。中國的物理學家趙忠堯教授，他是當時中央大學物理系主任，代表舊中國和中央研究院應邀出席參觀。這個試驗地點也正是歐本海默選定的。

這是開天闢地以來人類第一次的核爆炸實驗。試驗用的那些極其精密的儀器必須平穩地運到零點山，不能發生一點意外，爆炸過程中的許多結果也必須記錄下來。最後的時刻即將到來，科學家們緊張地注視著前方，擴音器裡傳來報時的訊號。歐本海默這位平日處事胸有成竹的掛帥人物，此時也靠在門柱上，緊張地朝著遠方深處舉目凝望……。

五、四、三、二、一，瞬間，像是從地底下突然竄出的一種來自另一個星球的光芒，像是許多個太陽匯成的一個巨大火球，一輪前所未見、真正可怕的滾動著的「超級太陽」，在幾分之一秒的時間騰空躍升到了 3000 米的高度，而且越升越高，超出了雲層。

這個巨大火球一面上升，一面噴吐著火舌，不斷變換了顏色：由紫色變成橙色、黃色和鮮明的暗紅色。形同蘑菇的巨雲翻騰著扶搖直上，達到了 20000 米的高度。隨後而來的，便是一陣強烈的沖擊波，一種前所未聞的最沈悶的巨大雷聲，在曠野上滾滾震響，山崩地裂般搖撼著山岳，彷彿到了世界的末日……。

成功了！試驗一切順利。原子彈的威力比預料的還要巨大，相當於 2000 噸 TNT 炸藥的威力，那座安置原子彈的巨大鋼塔被幾百萬度的高溫汽化得無影無蹤；鋼塔所在的地點出現了一個幾十米深近百米直徑的深坑，連遠處的沙石都被熔化成了光亮的暗褐色的玻璃。半徑二公里以內所有建築物，有生命的東西都被破壞無遺，面對這場奇蹟，甚至連最冷靜的科學家都為之震驚，為這不到皮球大小的

兩塊金屬爆發出的驚天動地的力量而驚呆了。

　　當爆炸的蘑菇雲在遠處冉冉升起的時候，整個基地一片沸騰，有的人歡呼雀躍，有的人流下熱淚，哭了。大多數人驚呆了，轉瞬間，匯成一片歡呼聲。高呼「歐比！歐比！（歐本海默的尊稱），人們互相擁抱，彼此祝賀，緊張氣氛一掃而光。

　　班布里奇拍著歐本海默的肩膀說：「歐比，我贏了！」歐本海默正處於激動的高潮，什麼話也沒有說，抽出皮夾子翻了一陣，然後抱歉地說：「對不起，我沒有零錢。」

　　這就是人類歷史上第一顆原子彈的爆炸，隨著這石破天驚的巨響，歐本海默的名字，被深深地鐫刻在人類科學史上，從此歐本海默被世人尊稱為「原子彈之父」。

☐ 原子彈的陰影籠罩著歐本海默

　　然而，人們萬萬不曾想到：早在爆炸試驗之前，原子彈的陰影已經籠罩著歐本海默。這陰影最先緣起於他早年的那段最終未獲得圓滿、卻終身難以忘的戀情。早在進入「Y 基地」工作前，歐本海默就曾在自己的履歷表中填上了自己參加過的許多左翼組織。那是在 1936 年，歐本海默追求過一位名叫珍・泰特洛克的研究神經病學的女大學生，這位姑娘給人的印象就是一個堅定的共產黨員。通過她，歐本海默在加利福尼亞認識了幾個著名的共產黨員，並開始閱讀有關蘇聯方面的書籍，還給左翼組織提供過大量資助。歐本海默和珍的婚期幾次確定又幾次推遲，到後來這對有情人最終未成眷屬。1939 年，歐本海默遇上了在植物研究所工作的卡塔琳娜・普也寧，他們相愛，並在 1940 年結了婚。

　　但過去的未婚妻依然一往情深地愛著歐本海默，常打電話和他約會，歐本海默對她也藕斷絲連。1939 年 6 月 12 日，他還應珍的堅持邀請，暫時放下在洛斯阿拉莫斯籌建工作的重任，來到舊金山的電報山珍的家中和她會面。下午，他倆又一起登上了小山峰俯瞰舊金山的風光和海灣的景色。歐本海默告訴珍：以後幾個月也許是幾年，他們不能見面了，關於他的工作性質他什麼也不能談，將來的地址也不能講。就在這次相會的七個月後，珍・泰特洛克竟令人費解地突然自殺了。

　　1939 年 6 月 12 日和 13 日這兩天，歐本海默和以前的未婚妻的會面，受到美國軍事反間諜機關的監視。那天傍晚，歐本海默送珍回家時，諜報人員也寸步不離地在後面跟蹤。這些情況被載入了情報局的有關文件中。

　　1942 年 5 月，雖然歐本海默自己什麼也沒有覺察到，可是實際上他已成為美國當局特別注意的「對象」，認為他很可能把在洛斯阿拉莫斯所得到的科學研究資料，在未向美國政府報告之前就交給了共產黨，因此情報機關建議除去歐本海默的職務。可是基地的最高軍事代表格羅夫斯將軍堅持認為：沒有這個有名望的科學家和如此卓越的天才組織者是不行的。他建議：不要受那份情報的限制，他可以親自監視歐本海默。

　　後來，一位參加過製造原子彈工作的歐本海默的學生，由於宣傳和平主義和共產主義而被開除。情報機關懷疑歐本海默的這位學生把有關原子彈武器製造的情況也交給了共產黨組織，因而歐本海默也處於被告的地位。情報機關認為歐本海默可能只是一心一意地搞科學，但如果蘇聯政府對他的科學事業提供更好的條件，他就會選擇這個政府。

　　反間諜機構接連不斷地審問這位原子科學家。1943 年

9 月 12 日，歐本海默被召到華盛頓，在五角大樓的一個房間裏，牆上預先按裝了記錄談話用的隱蔽的麥克風和相連的錄音機。然而歐本海默堅持他在洛斯阿拉莫斯的職務是純科學性質的，如當局不同意這種觀點，他隨時可以辭職。

□ 他成為反戰戰士

美國在珍珠港事件前，在第二次世界大戰時，美國沒有直接投入多少力量。在日本偷襲珍珠港以後，軍港成了一片火海，大批軍艦成了廢銅爛鐵，軍港陷入癱瘓。美國上下大爲震驚，美國政府決心加以報復，以報一箭之恨。就在第二次次世界大戰接近尾聲，德國法西斯軍隊已處於窮途末路，日落西山之時，日本軍國主義還在亞洲垂死掙扎，美國開始行動了。

1945 年 8 月 6 日，一枚原子彈在日本廣島上空爆炸了，整個廣島成了一片火海，變成了一片焦土。兩天以後，另一枚原子彈又在日本長崎上空爆炸了，這枚原子彈原計劃投擲在日本小倉，因當天小倉濃雲密佈，於是臨時改變決定投擲在長崎，十多萬長崎居民成了替死鬼，而小倉倖免於難。──這是美國當時僅有的兩顆原子彈，日本不知道美國有多少這種炸彈，在無法得到情報的情況下，一個星期之後，日本天皇就發表了詔書，宣佈無條件投降。至此，歷時近八年的第二次世界大戰宣告結束。一個月以後，兩個遭受原子彈襲擊的城市的傷亡情況統計出來了，廣島死傷 306545 人，長崎死傷 139805，歐本海默震驚了。

1945 年 10 月 16 日，格羅夫斯將軍代表陸軍授予洛斯阿拉莫斯實驗室以榮譽證狀。會場設在洛斯阿拉莫斯小學的一幢古老建築物的前面，四周古樹參天，彩旗招展。格

羅夫斯將軍首先致辭，盛讚參加實驗室工作人員的豐功偉績。然後，歐本海默以他低沈而緩慢的語調致答詞，他說：「洛斯阿拉莫斯的每個人都以這份榮譽狀而自豪。」接著他又說了如下一段話：

　　「如果原子彈被一個好戰的世界用於擴充他的軍備，或被準備發動戰爭的國家用於武裝自己，則屆時人類將要咀咒洛斯阿拉莫斯的名字與廣島事件。全世界人民必須團結，否則人類就將毀滅自己。這場引起了如此巨大破壞的戰爭，已清楚地表明了這一點，原子彈更向所有的人揭示了這一眞理。」

　　在授獎儀式之後，歐本海默離開洛斯阿拉莫斯，重新返回加州大學從事學術生活。

　　在洛斯阿拉莫斯期間長期擔任歐本海默秘書的普麗西拉·杜菲爾德在回憶他當時的情形時說：

　　「我清楚地記得，他收到某一大學請他擔任教席的電報時是如何地高興，雖然對方的報酬少得可憐——每年10,000 美元。這種年薪對於他這種地位的學者來說，可以認爲幾乎是一種侮辱，但他如此高興，這表明他急於離開洛斯阿拉莫斯。」

　　1946 年 3 月 16 日，杜魯門總統任命巴魯克擔任聯合國討論管制原子能問題的美國代表團團長。巴魯克邀請歐本海默作爲科學家參加代表團。歐本海默拒絕了，艾奇遜請歐本海默去見杜魯門總統，動員他陪同巴魯克去舊金山參加會議，理由是如果他拒絕參加，那今後政治影響將是很壞的。歐本海默只好違心地同意去了。在聯合國大會上，歐本海默流露他內心的內疚與痛苦，他在會上竟然脫口而出：「主席先生，我的雙手沾滿了鮮血……。」這句話使杜魯門大爲光火。後來他對艾奇遜說：「以後不要再帶這

個傢伙來見我了。」

　　歐本海默反對將原子彈用於戰爭，反對製造氫彈，這
進一步引起後來艾森豪威爾政府對他是否忠於祖國的懷疑。
1952 年 7 月，歐本海默拒絕出任美國原子能委員會總諮詢
委員會主任的職務，於是關於他的忠誠問題又被提出來了。

　　更糟糕的是有人認爲歐本海默十之八九是僞裝的蘇聯
間諜，要置他於死地，以致當時的美國總統艾森豪威爾命
令將歐本海默帶回政府的機密處隔離。在聖誕節的前夕，
由原子能委員會派了兩名代表，拿著一封給歐本海默的信，
信中命令歐本海默「見此信件後直接交出所保存的原子能
委員會的全部文件資料」。並不許歐本海默接觸自己的保
險箱。

　　歐本海默的行動不僅受到二十四小時的連續監視，甚
至在別人家中作客，參加宴會時的談話都被祕密錄音。歐
本海默走到哪裡，哪裡就有聯邦調查局安裝的竊聽器。他
的私生活受到調查，他參加過的組織被「誣陷」爲非法。
好多年來他一直忍受著這種惡意誹謗的痛苦。

　　這一後果直接引起的反應是西雅圖華盛頓大學取消了
讓他擔任高能物理會議主席的邀請。

　　1953 年 12 月 21 日，原子能委員會提出的歐本海默的
24 條「莫須有」的罪狀中，有 23 條是他同共產黨有關，而
第 24 條則是他在杜魯門總統決定進一步研製「超級原子
彈」以前及以後，還「強烈地」反對製造氫彈。

🔲 歐本海默站在被告席上

　　當杜魯門總統出乎意料地獲得連選連任的勝利以後，
他在競選中一再鼓吹反對共產主義的迫害運動也付諸實施

了。1949 年初，兩院非美活動委員會把目標轉向所謂「戰爭初期共產黨滲入洛斯阿拉莫斯實驗室」時，對歐本海默的政治迫害迫在眉睫。

1950 年 6 月 25 日爆發了朝鮮戰爭，儘管總統命令加速發展超級核武器，但歐本海默仍然堅持反對研製氫彈，並寫了一份評價原子武器的專門小組報告。特勒看了以後，內心更加懊悔和沮喪。使特勒更加惱火的是小組成員之一的阿里瓦雷斯也在報告上簽了名。特勒認為這些科學家拒絕跟自己合作，很可能與歐本海默的影響有關。

1953 年 12 月 23 日，歐本海默收到了起訴書。從這時起他接觸政府的機密情報的權利全被剝奪了。歐本海默的大多數同事和社會公眾輿論都站到了他一邊，許多報紙宣稱：「把歐本海默與共產黨人的聯繫問題拿出來舊事重提，只因為這位科學家『反對製造氫彈』。」

1954 年 4 月 12 日，美國當局開始對歐本海默進行審訊。原子能委員會的 T－3 大樓是外觀簡陋的「臨時」性政府大樓中的一座，它早已超過了預定的使用年限。在這座大樓中的 2022 號房間，是一個標準的政府行政辦公用房，原子能委員會的研究部主任曾一度使用過，但現在準備用來做為小型的審訊室。

就在這種專門用來審訊的環境中，羅伯特·歐本海默將花費整整四個星期的時間來聽取對他自己一生事跡斷章取義的捏造和惡意污蔑，以及政治上的瘋狂迫害和人身攻擊。

審訊時，記者和其他任何人都不允許參加旁聽。

令公眾深感驚異的是平時像磁石一樣善於吸引聽眾，使大家為之折服傾倒的卓越演說家，這次談到自己時竟然這樣含糊不清、缺乏自信，常常使人感到他心不在焉。法

國偉大的作家安德烈‧羅爾羅在讀了審訊記錄以後說：「他不能理解，這樣一位名聲顯赫的科學家，竟能忍受自己的對手的惡意凌辱。」作家激憤地說：「他應該驕傲地站起來高呼：『先生們，我就是原子彈！』」

　　歐本海默一向謹言慎行，知人善任，然而正如我國諺語所說：「智者千慮，必有一失。」當年歐本海默邀請特勒到洛斯阿拉莫斯工作，對他來說是一個極大的失誤。後來人們知道這個人選對歐本海默造成了多大的麻煩。

　　當初特勒以為歐本海默會讓他獨立進行一項工作，發展他的「超級彈」──氫彈。特勒後來發現自己要在老同事、老朋友、實驗小組負責人漢斯領導下從事裂變武器──原子彈的研究，因此特勒就與歐本海默產生了衝突。從此不斷給歐本海默製造麻煩。即使歐本海默對特勒採取了極大容忍的態度，也無濟於事。深知特勒的人都知道，他好大喜功，個人英雄主義非常嚴重。

　　特勒與小組領導採取不合作態度，歐本海默本可以將特勒解雇，但他沒有這樣做。他認為特勒討論問題時善於找出癥結所在，有助於工作開展。歐本海默讓他如願地把他和漢斯分開。並在此後兩年時間內歐本海默還破格為唯一不是組長的科學家──特勒每周組織一次專題科學討論會。在討論上特勒仍然不斷向歐本海默挑釁、攻擊。

　　就在那次對歐本海默的審訊會上，特勒就坐在歐本海默的對面，他認為時機到了。特勒宣誓以便開始發表對歐本海默的證詞，他向歐本海默進行致命的一擊。特勒認為歐本海默是美國安全方面的危險份子。他說：「我希望看到這種對美國生命攸關的事業掌握在我更了解與更信任的人手中。」特勒欲置歐本海默於死地而後快的心情躍然紙上，使人們清楚地看到特勒多年來「小心翼翼地為自己掩

飾的冠冕堂皇詞令後面掩藏的卑鄙的內心世界。」他非常
妒忌歐本海默，他感到自己在一個具有磁力一般巨大吸引
力和過人才智的人面前顯得多麼渺小、虛弱。

　　1954 年 4 月 22 日，是歐本海默的 50 大壽，但這一天
卻是這位卓有成就的科學家的審訊日，主持者詢問了很多
證人，他們的發言都充滿著對歐本海默的讚揚，說他精力
充沛，有組織才能和忠誠。實際上，在這個小房間裡所審
訊的不是歐本海默一個人的命運，這裡所進行的辯論，關
係著一切尚未決定的新問題：這就是科學家們在社會上新
的責任與道德問題，這些問題在原子時代一開始就擺在科
學家的面前了。很多科學家都肯定地認為：他們不應該參
加製造原子彈武器。

□ 歸宿

　　歷時 10 多年的監視和審訊，使歐本海默精疲力盡，心
力交瘁。1956 年夏天，歐本海默在總結自己的經歷時，不
無感觸地說道：「我做了一場惡夢，我做了惡魔般的事情。
我現在正回到真正的工作崗位上去，獻身於純粹的研究工
作。」

　　歐本海默偏愛理論物理，這期間他從加州帶來了一批
能力很強的學生與他一起工作，並在此基礎上建立了一個
研究室。1957 年這批學生中有兩個中國人──楊振寧和李
政道，他們在「宇稱不守恆」的研究方面獲得了 1957 年的
諾貝爾獎。歐本海默說，看著他們兩人在研究所的院子裡
走路時，都感到自豪。

　　對歐本海默來說，從廢黜以後得到了解脫，反倒磨練
了他的性格。

　　由於歐本海默不再掌握權力，他力圖通過另一種方式
為促進世界和平而工作。為此，他爭取到阿格尼斯・邁耶
夫人的贊助。她是一位有錢的寡婦，丈夫曾是《華盛頓郵
報》的老板。歐本海默想召集世界最有名的知識份子，來
討論世界和平、文明的進展。邁耶太太非常高興地把他在
紐約基斯科山上的一幢房子拿出來提供會場。這樣，在1964
年夏天，他們兩人組織了在基斯科山上舉行的第一次會議。

　　隨著歐本海默在 1954 年 10 月重新當選為普林斯頓高
級研究所所長之後，聯邦調查局最後感到撤銷對他的二十
四小時的監視較為明智。同時，普林斯頓當局決定在研究
所內建造了一處賓館，專門用來招待前來訪問歐本海默的
客人和著名人物，這兒幾乎成了知識界旅遊的一處勝地，
人人都想與他會面，交談。

　　歐本海默不斷應邀到各大學講學，參加宴會，華盛頓
大學也對 1954 年取消對他的邀請寫信道歉，並再次邀請他
去參加理論物理的國際會議。法國也授予他國家榮譽勛章。

　　那一年，歐本海默最後一次回到洛斯阿拉莫斯訪問，
並參加紀念他的良師益友，著名物理學家尼爾斯・玻爾逝
世兩周年的大會，並發表了演說。全場擠滿了聽眾，歐本
海默的後一任主任諾里斯・布雷德伯里向與會者介紹時，
稱他為：「洛斯阿拉莫斯的老前輩」。並對大家說：「洛
斯阿拉莫斯完全是依靠歐本海默個人堅毅不拔的信念與性
格建造起來的。」諾里斯語音未落，全場熱烈鼓掌，並全
體起立歡呼，掌聲經久不息。這真是激動人心的「榮歸故
里」的場面。

　　同年，當他回伯克利高級研究所時，一萬二千五百名
群眾又以同樣的熱烈歡呼對他表示歡迎。這些激動的場面、
振奮人心的時刻深深感動了歐本海默深受創傷的心。

　　1957 年夏天，特勒和他的夫人到洛斯阿拉莫斯參加一個科學會議，當特勒剛要入座時，他看到一位戰爭年代一起工作的老同事波普·克里斯，特勒動情地離開了餐桌，伸出手來走到他的前面。克里斯對特勒的手投以鄙夷的目光，把臉轉了過去。當時特勒好像被人猛抽一記耳光，他蹣跚地回到自己的餐桌，坐到夫人的旁邊。終因這一打擊太大，他和夫人突然都站起來，離開了餐廳。回到自己房間時，不禁放聲大哭起來。

　　特勒雖然有「氫彈之父」的美名，但由於參加了對歐本海默審判時的惡劣誹謗，他被科學界的同事們摒斥在外。這種困境不僅在洛斯阿拉莫斯如此，在此後十年中，他在美國各處一直受到冷遇。

　　1960 年，歐本海默收到了一封不尋常的邀請信，日本人才交流委會員邀請他去東京訪問，不少科學家和朋友勸他不要去，擔心他會受到不禮貌的待遇，但他還是不顧一切地去了。在機場上，他受到一群記者的包圍，問他：「對製造原子彈是否感到內疚？」他說：「我在製造原子彈的技術上獲得了成功，我對於這一點並不感到後悔。」接著他說：「我並不是說我不認為原子彈是件壞事，我一向認為它不是一件好事。」

　　隨著甘迺迪總統在華盛頓掌權，歐本海默的處境有了很大的改善。政府新官員中，不乏開明的知識份子。他們認為歐本海默是一個出類拔萃的人。在核子工作上貢獻突出，這時歐本海默已退出了政治舞台，回到了物理學研究工作上了。有人提出應該恢復他原來的職務。1962 年，美國原子能委員會主席格倫·西博格問他是否願意申請召開一次安全聽證會來恢復名譽。據說歐本海默回答：「在你有生之年，我是不會重提此事了。」因此在政府工作的朋

友們只好另想辦法為他恢復名譽。即由原子能委員會授予他在美國規格極高的一年一度的費米獎，至此，特勒也表示贊同。1962 年 11 月 22 日，白宮宣佈：甘迺迪總統本人將在一周後親自出席主持授獎儀式。不幸當天下午甘迺迪總統在達拉斯遇刺身亡。白宮宣佈約翰遜總統仍將主持預定 12 月 2 日舉行的授獎儀式。這天恰好是艾森豪威爾總統下令在歐本海默周圍築起一堵看不見的隔離牆並對他審查的七周年。授獎儀式在白宮舉行，極其隆重，歐本海默的許多親朋好友都參加了。總統做了簡短的講話，他說：「甘迺迪總統的一項重要措施就是批准了這次授獎。」然後他代表美國人民授予歐本海默榮譽狀、獎章及五萬元獎金的支票。歐本海默稍做沉思，看了一下獎章，然後說：「總統先生，您今天來為我頒發費米獎，表明了您的仁慈和勇氣，依我看，這對我們國家是個很好的兆頭。」

1965 年，歐本海默患了肝炎，身體越來越虛弱。他不得不辭去普林斯頓高級研究所所長的職務，接替愛因斯坦擔任的理論物理的高級教授。

1966 年，他被診斷患了喉癌，又不得不把教授的職務辭掉。到 6 月份時，他只能拄著拐杖走，但他仍出席了普林斯頓大學學位授受儀式，接受了名譽學位。

隨著時光的流逝，他的健康每況愈下。

10 月份，癌症迅速惡化，他接受進一步的放射性治療。

1967 年 2 月中旬，歐本海默的聽覺和講話能力極差，感到病區相當疼痛。2 月 18 日晚上，歐本海默溘然與世長辭，終年 62 歲。

1967 年 2 月 25 舉行葬禮。這一天雖然天氣酷寒，但與歐本海默一生有來往的人，幾乎都參加了葬禮。在洛斯阿拉莫斯工作時共事的格羅夫斯將軍，以及歐本海默聽證會

上站出來支持他的人，也從四面八方乘車、乘飛機專程趕來向遺體告別，並發出了熱情洋溢的讚詞。

歐本海默的骨灰用飛機運到維爾京群島，並拋灑在那兒的大海裡。

附錄　名人和他們的小腳元配

　　在二十世紀，我國出現了一批眾望所歸的名人，他們以其各自的才能或在軍事指揮、戰略戰術方面、或在科學技術研究上、或在文學藝術方面……做出了突出的貢獻，一時聲譽鵲起，成為國內外知名人物。這些名人，其人、其言、其行已經廣為人們所知，可說已經家喻戶曉，但在他們的家庭生活方面，就不能像他們的功績那麼清楚，特別在夫妻感情世界方面，更是諱莫如深，有些事情更為尊者諱，不足為外人道也，因此也就更成為趣聞軼事了。

　　這裡我們想要介紹的一些名人是毛澤東、魯迅、郭沫若、李宗仁、胡適、茅盾和王淦昌。他們都生長在舊社會，他們的元配夫人大都沒有文化，甚至目不識丁，又纏著三寸金蓮，可是月老繫錯了紅頭繩，陰差陽錯地讓他們嫁給了這些名人。結局呢？由於這些名人的世界觀、道德觀的不同，和思想意識的差異，因而這些元配夫人的命運也就大相逕庭，有的新婚不久就香消玉殞；有的甜甜蜜蜜，手牽手的比翼齊飛，走過了漫長的一個世紀；有的則淒風苦雨，獨守空房，終其一生，做了「活寡」。所謂「活寡」者，丈夫尚在，而長期沒有同床共枕之謂也。她們從十幾歲做姑娘時代開始，歲月蹉跎，打碎了她們青春時的美麗的綺夢，直到滿頭銀霜，平白無辜地蹉跎了青春，葬送掉她們寶貴的一生。悲夫！

口 毛澤東和元配羅一秀

　　大多數中國百姓對毛澤東的第一次婚姻是不大清楚的，只知道毛澤東的夫人是江青，江青之前有個楊開慧，楊開慧早年就被敵人抓去殺害了。其實毛澤東在楊開慧和江青之前還有過一位明媒正娶的元配夫人羅一秀。

　　羅一秀出生於 1889 年 10 月 20 日，比毛澤東大四歲。

1907 年，18 歲的羅一秀坐著花轎，吹吹打打地嫁給了毛澤東，毛澤東身材魁梧，雖比羅一秀小四歲，但個子比羅一秀高出許多。

羅一秀的娘家住在韶山楊林橋，毛澤東則居住在韶山南岸，兩地相距僅六公里。

羅一秀的父親羅鶴樓是一個胸有文墨，有田產的殷實人家，與毛家有點遠親關係，因而兩家早已熟悉。

毛澤東的父親毛順生（即毛昭昌），家中有二十畝良田，兼作穀米生意，並開有自己的商號。

毛順生為了做穀米生意，長年在外奔波，妻子身體又不好，家中又請了長工和短工（臨時工）。家中大小事情繁重，妻子難以照顧，所以毛順生早就打算找一個年齡稍大而能幹賢慧的兒媳來當家，執掌門庭，因此早就看中了羅一秀了。

羅鶴樓與妻子毛氏生育過五子五女，不幸五個兒子和第二、第三個女兒相繼夭折，只剩下三個女兒。大女兒羅一秀從小受到父親的良好教育，性格溫靜，勤儉純樸，相貌也端莊大方。毛順生則有三個兒子，這是羅鶴樓同意這門親事的一個主要原因。

羅一秀過門以後，她孝敬公婆，體貼丈夫，料理家務，上上下下打點得井井有條，在鄉里頗為鄰里稱道，是個精明能幹的當家人。毛順生認為自己沒有選錯，夫妻倆對羅一秀十分喜歡，全家都叫她「一秀」或「大妹子」。幾年中日子過得十分溫馨和樂。

毛澤東和一秀成親之後，每當農忙時，毛澤東以半子的身份到岳父母家幫助幹農活，羅氏夫婦對這個女婿也十分器重。

1911 年春，毛澤東到長沙求學時，正值春耕插秧的農

忙季節，毛澤東還到岳父家的水田裡插了一排每橫四束的筆直秧苗才走。

不幸的是三年之後，羅一秀因患急性痢疾去世，其時她只有21歲。新婚不久遽然永別，毛澤東心中的悲愴是可想而知的，一個17歲的少年要承受如此大的痛苦，該有多麼的殘酷。

毛澤東的一首〈虞美人・枕上〉是妻子羅一秀去世之後不久做的，絕不是無病呻吟：

「堆來枕上愁何狀，江海翻波浪」，這既是毛澤東喪妻的切膚之痛，也是一個有志少年在選擇人生道路上的內心痛苦。

「夜長天色總難明，寂寞披衣起坐數寒星」，這寫出毛澤東心裡的徬徨與無奈。

1950年，毛岸英回韶山時曾受毛澤東的囑託，特地去看望堂舅羅石泉（羅一秀的堂兄），叫毛岸英送給舅父一些錢。

1959年毛澤東自己回韶山時，還請他的連襟毛華村吃過飯。

這些原卻是鐵錚錚的事實，但不知爲什麼後來毛澤東向斯諾回憶起他的這次婚姻時突然說出：

我十四歲的時候，父母給我娶了一個二十歲的女子，可是我從來沒有和她一起生活過——後來也沒有，我並不認爲她是我的妻子。

這段話裡，有幾處明顯的與事實不符：

一是羅一秀嫁到毛家時是在1907年，那時一秀十八歲，其時毛澤東十四歲，比毛澤東大四歲。在毛澤東和斯諾談話時，是斯諾聽錯，或是記錯，要不就是毛澤東僅憑記憶隨口說的。

二是「我從來沒有和她一起生活過」，也不對頭。羅一秀嫁給毛澤東以後，為毛家支撐門庭，前後整整三年。後人為了給毛澤東此話做注解，說毛澤東從來沒有和她一起生活過。並說毛澤東拒絕和新娘住在一起，發誓不碰她一個指頭，這些都是畫蛇添足的話，不是事實。

但問題是毛澤東為什麼向斯諾否認明媒正娶的羅一秀是他的妻子，言不由衷，出爾反爾，這其中的原因確實值得令人玩味。會不會是後來毛澤東身份地位改變了的緣故？

□ 魯迅和朱安不幸的婚姻

解放以後，魯迅先生是以文化革命旗手的面貌出現在我們面前的。大多數國人都只知道他的夫人是許廣平，殊不知魯迅在許廣平之前還有一位元配夫人朱安。

魯迅在日本求學時，原來是學醫的，有一次魯迅看電影，看到外國人侵略中國時，中國人被砍頭的鏡頭，周圍圍著不少中國人，麻木地在那裡觀看。魯迅頓時覺得要救中國應該首先喚起中國人民的覺醒，因此棄醫從文。

這時魯迅母親已經為魯迅訂了婚，媳婦叫朱安。朱安於 1878 年出生在紹興城內的一戶殷實人家。她的祖父中過舉，在揚州當過官，家庭頗為氣派，庭院有兩棟每棟各有三進的許多大大小小的房間，以及池塘，花圃等組成。朱

安是魯迅叔祖母玉田夫人同一家族的人。

　　朱安四、五歲時，家裏為她纏足，當時認為腳纏得愈小愈尊貴，在婚嫁時就愈有面子，朱安的三寸金蓮為朱家贏得不少榮譽。因為當時沒有一位有體面身份的男人會討一個大腳的老婆的。

　　朱安老家藏書不少，有書房，但這和朱安無緣，因為有了男兒的大戶人家，照例女孩子是沒有機會唸書的，人們篤信：「女子無才就是德」的信條。

　　朱安是一個瘦弱的女子，矮小的身材，纏著一雙像江浙一帶端午節時常見的尖尖粽子的小腳，走路時一步一搖，不識字，沒有文化。

　　1901 年，魯迅即將從中學畢業，周母打算讓兒子成家。不料就在這時，魯迅拿到赴日留學的獎學金，於是希望又落空了。

　　魯迅去日本學習，已經使朱家憂心忡忡。魯迅還從日本寫信回來，要母親向朱家提出讓朱安放足，進學堂讀書，朱家更是嚇了一大跳。朱安自幼纏足，那時已有十多個年頭了，骨已折斷，無法恢復正常。至於入學讀書，更是匪夷所思。進校學習的都以少女為主，沒有二十多歲的大姑娘。1903 年，魯迅回國探親，他剪了辮子，穿一身西裝。周家雖沒有迎娶的意思，但也沒有提出退婚，弄得朱家如雲裡霧裡。

　　1906 年，魯迅母親盼早抱孫子，寫信催促兒子回國結婚成家，日期定在七月二十六日。朱安比魯迅大三歲，當時女子比男子大是一種時俗。魯迅是個孝子，很聽母親的話，如期回國奉命完婚，一切婚禮按照傳統進行：大紅花轎、吹吹打打、前後有媒人和陪嫁娘，一樣不少。新娘則穿著傳統禮服，裝上假辮子。第二天，朱安照例由新郎陪

伴回門，也向周家參拜了祖先，完成了所有儀式。可是婚後第二天晚上，魯迅睡到母親房間裡去了，三天後就動身回到日本。

朱安離開了自己富裕的家庭，來到生活頗為拮据的周家，朱安毫無怨言，為了節省開支，她把陪嫁的使女送回娘家。朱安是周家小字輩中的第一房媳媳，她義無反顧地挑起家中大大小小的事務。她性情溫和，與人和睦相處，周母在周家有絕對權威，但她很喜歡朱安。

朱安漸近中年，無一兒半女，她做為周家的長媳，總覺得未完成延續香火的責任。然而魯迅和朱安仍然長期分居，朱安內心的痛苦只她自己一人知道。朱安從小接受三從四德的教育和庭訓：「在家從父，出嫁從夫，夫死從子。」，她這種思想很是根深蒂固。朱安雖然沒有文化，但她知禮明義，賢良方正，她孝敬婆婆，對魯迅慎言慎行，一往情深，照顧魯迅飲食起居唯恐不周。她對待大家庭的小字輩也非常愛護，是一位賢妻良母型的女子。但魯迅對她總是異常冷漠，不理不睬，所以整個家庭充滿了一片灰暗。

魯迅母親當然看到了這一切，但她畢竟為自己兒子完成了一件婚姻大事，對她來說也就心滿意足了，只等以後抱孫子了。

其實朱安也有苦衷，她哀怨地說：「老太太嫌我不會生育，沒有兒子，但大先生終年不和我講話，住在一起，怎麼會生兒子呢？」

有一次，她趁回娘家的機會，背著父母給遠在北京的魯迅寫了一封信，建議他納妾，說一來生活有人可以照顧，二來也希望將來可以生下一男半女。朱安當然不會收到魯迅的回信的，平時魯迅信只寫給母親。

1919 年 12 月 24 日，魯迅決定舉家移居北京。1923 年 7 月，魯迅和周作人兄弟反目，魯迅搬出八道灣。魯迅給朱安兩條出路：一條是繼續留在八道灣，與周作人他們住在一起；一條是回紹興老家。在舊社會女人離開丈夫是最不光采的事，朱安要求：大先生以後總要有人照顧生活的，她願意負起這份責任。就這樣，他們搬進磚塔胡同。

後來魯迅肺病復發，生了一場重病，魯迅臥床數月，朱安竭盡全力照顧，使魯迅轉危爲安。朱安非常珍惜這段日子，雖然兩人仍然分居。

隨著魯迅聲譽日高，家中來客不斷增多，朱安都一一接待，來客都知道她和魯迅的實際婚姻關係，但他們對朱安總算客氣，稱她爲「師母」。

魯迅和朱安的這種無情無愛的婚姻，就像一潭死水，沒有一絲波紋，既沒有歡樂，也沒有吵架。直到 1927 年 10 月，魯迅和許廣平同居以後，才結束這場二十多年沒有愛情的婚姻關係，這不能怪朱安，也不能怪魯迅，他們都是舊社會的受害者。

1926 年 7 月，魯迅接受廈門大學聘任，和許廣平一道乘車南下。1930 年，魯迅和許廣平的兒子海嬰出生，他們寄了一張三人合照回北京，朱安看了以後，自然心潮起伏，但她表現出大家閨秀的氣度，對他們表現出無限關懷和親善態度，絲毫沒有妒忌或責難。

魯迅於 1936 年 10 月 19 日病逝上海，惡耗傳來，實在突然，朱安已習慣了命運給她的打擊，她在客廳上擺設了魯迅平時喜歡吃的幾碟小菜，供了香燭。不久魯迅的朋友、同事和學生絡繹而來，新聞記者也不斷登門採訪，她一一接待。

待一切事情沈寂下來以後，朱安就面臨生活開支的困

難。周作人只肯負擔周母部份的開支，沒有支援可憐的親嫂。體弱多病的朱安已步入老年，到 1944 年已負債數千元，這時周作人慫恿朱安把魯迅的藏書和遺物賣掉，最後朱安未這樣做，因此魯迅的遺書和文物得以全部保存到今天，不能不說是朱安的功勞。

1945 年抗戰勝利，周作人被判為漢奸，八道灣的房子要充公，朱安面臨掃地出門的危險，幸好魯迅的舊友和學生據理力爭，把屬於魯迅他們部分的產權爭了回來。

後來朱安的健康每況愈下，1946 年，許廣平回北京收拾魯迅的藏書和文物。襟懷坦白的朱安在 1947 年 3 月簽署同意把有關魯迅的遺產藏書和文物、著作權的全部權益轉移給周海嬰。

朱安於 1947 年 6 月 29 日終於走完了孤獨清苦的人生之路，在無愛無望中在北京病逝，比魯迅晚 11 年，終年 69 歲。朱安一生未育，所以沒有自己的親人。逝世前，她腦子仍然十分清楚，把後事要穿的衣服一一列出了清單，留言要把自己遺葬在魯迅墓旁邊，以實現自己生為周家婦，死亦同墳墓的願望，但結果未能如願，最後葬在北京她婆婆周母的墓旁，繼續陪伴她陪伴了一生的周老太太，真個是「生也婆婆，死也婆婆，生死相依。」

朱安逝世前對魯迅的評價很客觀公正。她說：「周先生對我不算壞，彼此間沒有爭吵，我應該原諒他。」

對許廣平的評價呢？

她說：「許先生待我很好，她理解我的想法，她是個好人。」

縱觀朱安的一生，幼年時備受封建社會的摧殘，纏了足，又沒上學。婚後生活猶如一潭死水，沒有半點樂趣；老年時又陷入生活的困境。所以有人說：朱安的一生不可

謂不淒苦，但她沒有遷怒於旁人，光是這一點，也就值得大家懷念和尊敬了。

口 郭沫若和元配張瓊華

郭沫若的一生中結過多次婚，大家最熟悉的恐怕是日籍夫人安娜和于立群，可是在安娜和于立群之前郭沫若最早還有一位元配夫人張瓊華，恐怕知道的人就不多。

郭沫若老家在四川，離山明水秀的樂山不遠。郭家家境富裕，是一大戶人家，遠近有名。郭沫若在 10 歲以前父親就給他定了親，但不到四年，對方在郭沫若唸小學時就生病死了。

這時郭沫若已長成為一表人才，而且聰慧過人，因此附近主動前來提親的絡繹不絕，竟有四、五十家之多。郭沫若的叔母捷足先登，為他介紹了一位名叫張瓊華的姑娘。張姑娘是這位叔母的表妹，論輩份，張瓊華長郭沫若一輩。

據叔母的介紹，說女子人品好，在讀書有文化，這正合郭沫若的要求，郭母不等郭沫若的同意便把婚事定下來。

張瓊華 1890 年出生，比郭沫若大二歲，郭沫若很孝敬父母，為免得引起父母的不快，雖然未曾謀面，事後也就同意了。郭沫若 19 歲那年，家中給他做主，接女方過來完婚，婚期定在陰曆正月 15 日，花好月圓的元宵夜，這是大

吉大利的日子。

　　婚禮的場面很氣派。轎門打開了，伸出一只尖尖的小腳，原來是三寸金蓮。郭沫若不禁「啊」地嘆了一聲。喝交杯酒時，挑去新娘的頭巾，郭沫若昏昏然好像什麼也沒有看清楚，只看見一副露天的「猩猩鼻」，在他面前直端端地伸了出來。「活啦！糟糕！」郭沫若不禁又是一聲喊叫。

　　郭沫若的堂嫂大概生得很漂亮，郭沫若小時候就很崇愛她。說：「堂嫂的兩只手掌帶著粉裳花的顏色，我在這時突然起了一種美的念頭，我很想去捫觸那位嫂子的那粉紅的柔嫩的手。……但她哪知道我那時那樣的一個孩子也起了一個怪異的念頭。」郭沫若想像中的新娘也該像堂嫂那樣。現在現實破滅了，我們可以想像，洞房花燭夜，郭沫若和張瓊華也和戲劇「碧玉簪」中王玉林和李秀英相差無幾。五天以後，郭沫若就以繼續求學為名，到了成都。這一走就長達 27 年。

　　張瓊華深受舊社會、舊禮教的：「嫁出去的女兒就像潑出去的水」、「嫁雞隨雞，嫁狗隨狗」、「嫁夫從夫，夫亡從子」的影響，從一而終。她和郭沫若結婚以後就一直沒有離開過郭家。

　　張瓊華只怨自己命苦，從不怨恨郭沫若，而且一直想念他。她獨守空房，潔身自好，孝敬公婆，照應郭沫若的弟妹，擔當起全部家事，深受全家敬愛。

　　她和郭沫若結婚時用過的家具，她一件件都擦拭得乾乾淨淨，光亮如新。郭沫若在家時讀過的書，用過的文房四寶，做的作業本和手稿，學校發的畢業證書，都按照原來位置放好，她取出一幀郭沫若的相片，把它端端正正地掛在最顯眼的地方。

郭沫若從日本寄回第一封家信時，張瓊華喜出望外，趕忙跟小姑到公婆房裡聽公公宣讀，信很長，除向父母問候之外，還問及家中其餘的人，張瓊華默默地聽著，多麼希望丈夫信中能提到她，可是可失望了，唯獨沒有她，彷彿家裡根本沒有她存在。

郭母怕張瓊華傷心，叫她自己寫封信給郭沫若，她回房寫了封很有禮貌的信，可是郭沫若收到信後，僅在給別人的信中托人傳語說：「來函已收，請代我說我沒有空，不再另寫回信，希望好好服侍我父母。」

1916 年，郭沫若在日本留學時與佐滕富子（即安娜）同居，遭到佐滕富子父母的強烈反對，為此佐藤富子離開了家庭，脫離了父女關係。郭沫若父親知道以後，極為氣憤，郭父要郭沫若向張瓊華陪罪道歉，否則脫離父子關係，斷絕通信聯繫。這時郭沫若才給張瓊華寫信，郭沫若信中說：

「……我們都是舊禮教的犧牲品，我絲毫不怨恨你，請你也不要怨恨我罷！可憐你只能在我家作一世之客，我也不能解救你…。」

一直到安娜生下第一個兒子以後，郭沫若父親才開始原諒他。

郭沫若母親是個明白人，張瓊華做為郭家兒媳，幾十年如一日孝敬公婆，整個大家庭上上下下安排得井井有條。郭母知道郭沫若在日本娶了一個妻子，她擔心張瓊華將來無依無靠，她在臨終時指著張瓊華，用有氣無力的聲音對丈夫說：

「他日八兒（八兒即郭沫若）歸來，必善視吾張氏媳，毋令失所。」

最後連呼數聲：「八兒！八兒！」才嚥了氣，全家上

下失聲痛哭，尤其是張瓊華更是哭得淚人兒一般，自有一番心事在心中。

　　抗戰爆發以後，郭沫若告別日本的妻兒，回國參加抗日工作，不久郭沫若又與于立群相識並同居。

　　1938 年，郭沫若以國民黨政治部第三廳廳長的身份，主持戰時文化工作，偕于立群一起來到重慶。

　　重慶離故鄉樂山不遠，郭沫若離家 27 年未曾還鄉，母親 1932 年去世時，他也未能再見上一面，有負母親的養育之恩，問心有愧。

　　此時郭父已八十六歲，臥病在床，神志不清，張瓊華和郭沫若四姐日夜服侍左右。郭沫若跪在床榻前叫「爸爸！爸爸！」，老人仍無反應。四姐天賦特高，她向郭父指指郭沫若，然後用手指做了一個「八」字，伸到老人眼前，高叫：

　　「你的八兒回來了。」

　　本來昏迷的郭父，聽到「八兒」的叫聲，看到「八」的手勢和跪在床前的郭沫若，老人竟慢慢地眼開雙眼，終於認出了郭沫若。

　　這時全家大小，都齊集到病房裡來了。郭沫若立起身來，當著臥床的父親和全家人，向張瓊華一鞠到地，對她多年來替他侍候父母表示深深的感謝：

　　「母親的遺信我已知道。多謝！多謝！」

　　張瓊華年近五十，頭上已滋長出絲絲白髮，面色也因勞累過度而變得枯黃，往昔的紅顏早已一去不復返了，她的青春就在漫長的等待中白白地消耗掉了。郭沫若的一鞠躬，使她感到了極大的安慰，好像是對她二十多年中空守閨房，恪守媳婦之道的極大報償。

　　郭沫若到郭母墳前祭掃，然後在家中小住幾天，他看

到自己的照片端端正正地掛在牆上；看到當年同張瓊華結婚時用過的家具、書本、文房四寶……一件件都照原樣放得整整齊齊，二十多年來全部完好無損。從這一切上面，看到了張瓊華那一顆善良、金子般的心，深深感到自己害了人家。

　　為了向張瓊華表示感謝和懺悔，郭沫若給她題了兩首詩，短跋中特別寫上了「書付瓊華」四個字。

　　1939 年 7 月 6 日，郭沫若父親病故，郭沫若攜帶于立群和剛出生不久的兒子漢英回家奔喪，主持喪事，國民黨黨國要人、社會賢達以及親朋好友送的輓聯、祭幛不知其數，這回郭沫若覺得自己盡了一片孝心。

　　郭沫若在家住了個把月，張瓊華主動把當年自己和郭沫若結婚用的「洞房」、長期居住的房間讓給郭沫若和于立群住，自己搬到另外房間。

　　于立群剛生下漢英三個月，正在哺乳期，缺少奶水，張瓊華托人買了雞、買了魚，親自燒了給于立群喝。

　　張瓊華對漢英也十分愛護、喜歡。張瓊華婚後一直獨守空房，自己沒有生育過，她把漢英視做自己的親骨血，經常把漢英抱在懷裡，逗著他玩，表現出張瓊華心胸的無比寬厚仁慈。

　　解放以後，張瓊華搬到樂山城安度晚年，這時張瓊華已是六十多歲的人了。樂山是個山清水香的地方，地處岷江、青衣江和大渡河三江的會合點上。烏龍山、凌雲山夾江對峙，橫臥江心。山上有著名的大佛寺和烏龍寺，山下有漢代岩墓群等古跡。我國最長的、唐代開鑿的石刻彌勒佛造像，高 58.7 米，就在凌雲山沿江的山崖上。這裡是最適宜於居住的城市之一。

　　張瓊華喜歡清靜，家中收拾得明窗淨几，塵灰不染，

乾乾淨淨，她一生儉樸不尙虛榮，粗茶淡飯，頤養天年。

郭沫若在北京安家落戶以後，張瓊華也到北京去看望過他們。郭沫若一則盡地主之誼，二則他對張瓊華也問心有愧，所以接待尙算熱情。請于立群陪她遊覽了一些名勝古蹟，爲她選購衣料。但張瓊華清心寡欲，一生無所求，僅選了一只小鍋和一些零星用品。

郭沫若在 1978 年去世，終年 86 歲。張瓊華和郭沫若從結婚時算起，她在長達 66 年的歲月中，與郭沫若見面的日子累加起來還不足一百天，住在一起的時日還不足五天。這眞是人間的一大悲劇。郭沫若如泉下有知，應該給張瓊華立個牌坊，或寫個「節婦吟」的劇本！

1979 年 6 月，第一屆郭沫若研究學術討論會在樂山舉行，那時張瓊華正好住在樂山，不少代表都想親眼看一看會議議題中心主人的元配夫人。在一條僻靜的小巷裡，他們見到了張瓊華。出乎代表們意料的是張瓊華面龐相當端正，絲毫沒有郭沫若筆下描寫的「露天的猩猩鼻孔」直端端地伸了出來的感覺，倒是感覺到張瓊華的鼻子相當勻稱自然。代表們不知道郭沫若爲什麼要用那樣凌厲的筆鋒來醜化她，把一碗髒污水朝無辜的少女身上潑去，並且寫入自傳，目的爲何？莫不是郭沫若不滿於自己封建的買辦婚姻，口誅筆伐、株連無辜，把張瓊華寫得醜陋不堪，來證明自己是眞正的受害者？謬矣！

張瓊華一生既孤獨又凄苦，然而她對郭沫若仍然情深義重，至死不渝。反觀郭沫若，他則以怨報德。所以儘管人們對郭沫若的「女神」傳頌不已，但對郭沫若的感情世界則多有貶詞。

1980 年，張瓊華與世長辭，走完了她凄風苦雨將近一個世紀的人生道路，享年 90 歲。

□ 李宗仁和元配李秀文

李宗仁廣西桂林人，字德鄰，原爲國民黨元老。從廣西陸軍學校畢業後，歷任國民黨軍長、集團軍總司令、安徽省主席、北平行轅主任、副總統、代總統等職。因與蔣介石政見不一，1949年12月去了美國，

在國外僑居了 16 年之後，於 1965 年 7 月回到祖國大陸，1969 年 1 月 30 日在北京病逝，終年 78 歲。

1948 年 4 月，國民黨在南京進行了在大陸最後一屆的總統選舉，李宗仁參加競選副總統。記得當年報紙報導說：李宗仁的夫人在南京長江路國民大會堂爲李宗仁助選，請代表們投宗仁一票。說郭德洁眞不愧爲李宗仁的賢內助，夫唱婦隨。選舉結果，李宗仁大獲全勝，當選爲副總統。郭德洁爲李宗仁的當選立下了汗馬功勞。

那時我們年紀都很小，以爲郭德洁是李宗仁的元配夫人，後來才知道情況不是這樣。在郭德洁之前，李宗仁有過一位元配夫人，她叫李秀文，李宗仁和郭德洁結婚的時候，他並沒有與李秀文離婚。李宗仁、李秀文、郭德洁三人關係非常和睦融洽，幾十年中，大家從未發生過半點不愉快的事情，直到郭德洁（1966 年）、李宗仁（1969 年）先後去世，李秀文一直對郭德洁情同姐妹，親如手足。1973 年，李秀文以 82 高齡之身，在美國定居了 21 年以後，不

遠萬里從美國飛回祖國定居，受到許多中央領導人的接見，身體一直硬朗，成爲一位傳奇人物。

李秀文生於 1891 年農曆 4 月 24 日，是廣西臨桂縣林頭村人。她出身農家，家裡人口又多，生活就不免窘迫。

李秀文 20 歲時嫁給李宗仁。李宗仁生於陽曆 1881 年 8 月 13 日，兩人同年。李宗仁也是廣西人，就住在附近的浪頭村。原也是莊稼人。結婚時李宗仁還在陸軍小學習武。新婚之夜，李宗仁知道李秀文不識字，就對她說：「要識字！要識字！不識字便等於盲人，信也看不懂，被人騙也不知道。只要你肯學，我教你。」於是李秀文既是李宗仁的妻子，又成了李宗仁的學生。

李秀文的婆婆十分能幹，善於安排家務。李秀文受到很大教益。李秀文到李家不論家務農活，都盡量搶著幹。她性格開朗，不計較得失，更不在人前背後搬弄是非。家中小姑小叔子多，家中衣著一時照料不到，李秀文就把自己陪嫁時帶去的布料拿出來給婆婆，給他們做衣裳，深得婆婆喜愛。

李宗仁在外帶兵作戰數年，從排長升爲連長，又由連長升爲營長，駐防在新會，並兼任縣長，開始把李秀文接了出來。

1918 年，李秀文生了一個兒子，名叫李幼鄰，他是李宗仁唯一的兒子。

1923 年，李宗仁駐紮在桂平，李秀文前去探望。這時李宗仁娶了郭德洁，最初李秀文自然心裡感到酸楚，但她繼而一想，做官人家有個三房四妾也是常事，況且丈夫戎馬在外，出生入死，也需要有個貼心人照顧，自己沒有文化，不善應酬，又帶著孩子，隨軍十分不便。如此一想，感到丈夫所做亦無可非議。且喜郭德洁深明禮儀，視李秀

文爲大姐，對她事事尊重，並無頤指氣使之處。李宗仁爲李秀文的到來擺酒接風，郭德洁把盞敬酒。這樣李秀文心中僅有的一點怨氣也就煙消雲散了。之後，大家和睦相處，並無芥蒂。

　　後來北伐戰爭開始，李宗仁把李秀文和兒子送到香港。這時她與李宗仁名爲夫妻，但實際上名存實亡，已不同居。

　　郭德洁終生未育，對李秀文的兒子李幼鄰也十分疼愛，每次兒子去看望父親，郭德洁總是傾其所有，拿出來給李幼鄰吃。後來李宗仁送孩子去了美國，並在美國成家立業。

　　1947 年 5 月，李宗仁任北平行館主任，寫信給他兒子李幼鄰，要他帶媳婦珍妮和孫女回國團聚。這時李秀文住在上海。李幼鄰從 1937 年出國至 1947 年回家，與父母整整分離十年，當年一人出國，如今妻子和二個女兒一家回來，使李秀文倍感高興。

　　李幼鄰在上海住了一個多月，李宗仁邀請李秀文和兒子、兒媳一起到北京度假，李宗仁親自開車到車站迎接，一家三代，同吃團圓飯，其樂融融。李宗仁又親自陪他們遍遊北京名勝古蹟。郭德洁對李幼鄰和珍妮一家也十分親切，送了許多貴重的首飾給珍妮。

　　1948 年 4 月 29 日，李宗仁當選副總統。這時李幼鄰在香港經營電器，生意火紅，回大陸帶母親到香港居住。誰知這一走，李秀文輾轉香港、巴西、而後去了美國，直到二十多年以後才回到大陸定居，這是後話。

　　1948 年 11 月，李宗仁也去了香港，因胃出血住院。12 月初，李幼鄰陪父親先期去美國治病，然後爲母親辦理去美國定居手續。

　　李幼鄰的妻子和女兒原是美國國籍，回國手續好辦，李秀文是屬華人探親，當時香港領事館遲遲不肯簽證。最

後只有李秀文一人留在香港。

　　1952 年，年已 62 歲的李秀文在兒子的陪伴下越洋過海，飛往古巴。

　　1954 年 2 月，李幼鄰獲准為美國公民之後，立即赴古巴看望母親，並委託律師替母親申請到美國定居。一直到 1958 年 5 月 11 日，李秀文才辦好簽證，由兒子陪同乘飛機飛赴紐約。

　　不久，李宗仁也來到了美國與李秀文相見，他們一別也已十年。李秀文見李宗仁比過去蒼老多了，頭髮已經灰白，面容憔悴，畢竟是長期共過患難的老夫老妻，心中不免一陣心酸。李宗仁一生，身經百戰，戎馬倥傯，現在浪跡天涯，落落寡歡，李秀文倍加感傷。李宗仁強做歡顏，對李秀文說：「妳何必為我擔憂，我過去保護妳太少了，心中過意不去，如今連自己也保護不了，現在能夠重逢，也算不錯了，應該高興才是。願你在此與兒子、媳婦、孫女多享受一點清福，共享天倫之樂。我是老大徒悲傷啊！」李宗仁說這番話時，自有一番滋味在心頭。李秀文為避免李宗仁回憶起傷心事，著實對李宗仁安慰了一番。

　　這時，李宗仁住在新澤西洲，相當冷清，所以每隔幾天就來和李秀文及兒孫們團聚。李宗仁已無官一身輕，是個自由人了。對李宗仁來說，在海外當寓公的這段時間才真真享受到天倫之樂。

　　1965 年，李宗仁決定回國定居，驅車去紐約和李秀文及兒子、媳婦、孫女等告別，誰能料到，這一別就成永訣。

　　半年後，李宗仁從大陸寫信給李秀文，告訴她回國後受到政府和人民的熱烈歡迎：周總理親自趕到上海虹橋機場迎接。到北京時，周總理、鄧穎超、彭眞、賀龍、陳毅和郭沫若等黨和國家領導人親到機場迎接。隨後受到毛澤

東主席、劉少奇主席、朱德委員長和鄧小平總書記等領導
人的接見和宴請。說這一切是終生難忘的。信中又告訴她
政府安排他到全國各地參觀訪問，了解新中國突飛猛進的
建設成就。

　　李宗仁在最後的一次給李秀文的信中說，他回到了廣
西南寧、桂林等地參觀訪問，說想不到自己過去未完成的，
立志要把廣西建設成一個模範省的願望，如今已由共產黨
完成，人民生活無憂無慮，安定團結。

　　李宗仁在這封最後信中，告訴李秀文：郭德洁因癌症
惡化，經醫治無效，病逝北京。

　　隨後 1969 年，李宗仁也因病在北京辭世，終年 78 歲。

　　1973 年，李秀文思鄉心切，通過中國駐聯合國代表團
協助。代表團向她表示：你回國觀光、探親、旅遊、定居
都可以，悉聽尊便，來去絕對自由。李秀文要求回國定居。
她離開祖國已經二十一個年頭了，現在終於圓了這個夢。

　　在聯合國中國代表團的安排下，82 歲的李秀文和兒子
李幼鄰立即動身回國，終於結束了在異國他鄉的漂泊生活，
回到了生她養她的故土桂林。

　　李秀文在這年 10 月 21 日到達廣州，中央統戰部派人
到機場迎接，隨後在廣州參觀訪問。

　　三天以後，飛抵北京，受到統戰部童小鵬、劉仲容、
羅長青、程思遠、鄧穎超、廖承志……等的熱烈歡迎，接
見和宴請。

　　在北京參觀訪問了十天，於 12 月 10 日由統戰部陪同
回到家鄉桂林。幾天以後，自治區統戰部領導親自把李秀
文送回修飾一新的故居。把她的侄孫一家從南寧調回桂林，
以便照顧。中央還特地匯來一萬元的安家費，並派了兩位
保健醫生，以便隨時檢查和護理。

　　春節過後，兒子李幼鄰才戀戀不捨地離開老母返回美國。後來，李幼鄰成為「促進中美邦交正常化大會」的籌備人之一，為促進中美建交正常化，經常在紐約和華盛頓之間來回奔走號召，做出了極大的貢獻。

　　李秀文回國後，心身都很健康。92歲時還能拖地板，點播種子，種豆角，種絲瓜，除草除蟲，澆水，其樂陶陶。這位傳奇的九十多歲的李宗仁元配小腳夫人，身體能夠如此硬朗，實在稀罕。

囗 胡適和元配江冬秀

　　胡適博學多才，學貫中西，是一位集史學、哲學、考據、文學、詩歌、教育於一身的中外聞名的學者。他提倡白話文，進行文學改革，開一代風氣之先，名噪一時，聲名遠播。他留學美國，他一生中先後獲得了35個博士頭銜，堪稱吉尼斯世界紀錄之最。**蔣介石曾請他競選總統、副總統，組織「文人政府」，他都拒絕了。他曾任北京大學校長，國民黨駐美國大使，和中央研究院院長。**

　　二十世紀前半葉，胡適的名字往往與「新」、「洋」聯繫在一起的。他給人的印象是西裝革履，或著長袍，戴著18K金絲邊眼鏡，講一口純正的英語，風度翩翩，慈祥

可親，令人一見傾心的學者。

　　胡適十分厭惡封建社會遺留的遺風習俗，他痛心疾首地批評「辮子」和「小腳」。他認為這是封建社會最典型的遺物，非鏟除不可。去除「辮子」，問題不大，一刀下去，惡陋盡除，然而「小腳」，就不那麼簡單，要想把小腳放大，難以畢其功於一役，而且幾乎不大可能。但月老跟他開了一個大玩笑，竟繫錯了紅頭繩，偏偏把這位風流倜儻、瀟脫放逸的洋博士和「三寸金蓮」拴在了一起，成為終生的伴侶。不但如此，胡適青年得志，名震一時，他善於寫文章，發表演說，他一生著作等身，更數不清發表過多少次像磁石一樣，吸引撥動人心的演說。在擔任駐美大使的任上，為了宣傳抗日，爭取美國政府和廣大人民群眾的同情和支持，他每年不下百次在美國政府各種會議上、各個大學、各民間團體、各階層群眾的大會上，發表慷慨激昂，神采飛揚的演說，然而他的太太雖不能說她目不識丁，但識字確實無多，但胡適並不嫌棄，每次發表演說，總帶他的小腳太太在場，甚至陪伴左右。用今天流行的話來說，那真是一道絕妙的「風景線」。「胡適大名垂宇宙，夫人小腳亦隨之」。胡適泰然自若。當時人們眼中總覺得憋扭，在學者群也成為人們熱門的話題，稱為民國史上的一大「奇觀」。

　　胡適是安徽績溪上莊人。績溪原屬徽州府，離風景秀麗的黃山不遠。他的太太江冬秀也是安徽人，家住與績溪相鄰的旌德縣江村，江村和上莊相距很近。江冬秀比胡適大幾個月。當胡適在上海讀書時，由母親作主，給他訂了婚。

　　1908 年，江家辦了嫁妝，胡家備了新房，母親寫信叫兒子回來結婚，胡適以父親亡故，家業中落，自己學業未

成，難以養家糊口為由拖延下來。後來又去美國留學，一拖就是十幾年。

　　胡適對這件婚事也出現過一些翻復和波折；江冬秀雖出身名門，但當時重男輕女，她僅在私塾裡讀了一、二年書，因日後荒廢，所以識字不多。又從小纏足，是一位十足的鄉下姑娘。胡適自己出國留學，得了博士學位，寫了很多文章，在美國也有一些名氣，他對這椿婚事心裡也十分矛盾。江冬秀沒有文化，不會寫信，又是一雙小足，心中自然不很樂意。而且當時美國大學裡有幾個才女與胡適很要好，她們人品好，才學高，很是匹配。但胡適很孝敬母親。胡適四歲時，父親就去世了，母親 23 歲就開始守寡。胡適有六個同父異母的哥哥和姐姐，胡適母親不僅年輕守寡而且還要充當後母，支撐整個家庭。加上家道衰落，家中經濟拮据，生活艱難，胡適母親過著漫長而痛苦的日子，其唯一的精神支柱就是自己的親骨肉胡適。她把全部的希望都寄托在胡適身上。為了胡適，她願意忍受一切痛苦、犧牲了自己的青春，貢獻了她自己的一切，在她去世之前，她整整過了孤獨而淒涼的 23 年。

　　在胡適的心裡，也覺得自己多年留學在外，遠離家中，不能侍奉母親，家庭生活又十分困難，幸而江冬秀時常過去陪伴母親，得以減輕母親的寂寞，稍以寬慰。如若再違抗母命，有負於母親和她所喜歡的江冬秀。

　　胡適接到母親寄來的照片，見江冬秀陪伴左右，甚是感激，便在照片背面題詩。詩的前一半是寫母親的，後半首詩則寫江冬秀的，詩曰：

　　　　……

　　　　圖左立冬秀，樸素真吾婦。軒車來何遲，勞君相待久。十載遠行役，遂合此意負，歸來會有期，與君

老畦畝。築室楊林橋，背山開戶牖。闢田可十丈，種菜亦種韭，我當授君讀。此中有真趣，可以壽吾母。

這是胡適對愛情的浪漫暢想曲。表示要和江冬秀終老田園，在楊林橋邊蓋房，闢園種菜種韭，他教江冬秀讀書識字，江冬秀則為他置酒，讓母親高興長壽，好一幅農家「耕趣圖」。

胡適在結婚前，除了照片，從未見過江冬秀一面。母親把婚期定在 12 月 30 日，胡適如期回來了，這年胡適 27 歲，胡適是新派人物，他要革除舊式婚俗，舉行文明結婚，因此看熱鬧的人很多。

胡適在大門口貼著自己寫的大紅喜聯：

三十夜大月亮，

念七歲老新郎。

其實江冬秀比胡適大好幾個月，在當時更稱是老姑娘了。胡適是個風趣、幽默，有雅興的人，他在〈新婚雜詩〉中寫道：

記得那年，你家辦了嫁妝，我家備了新房，只不曾捉到我這個新郎。

這十年來，換了幾朝帝王，看了多少興亡。

銹了你嫁奩中的剪刀，改了你多少嫁衣新樣。

更老了你和我人兒一雙？——

只有那十年陳的爆竹，越陳偏越響！

胡適和江冬秀的婚姻，全憑「父母之命，媒妁之言」，結婚前甚至連面都沒有見過，是地地道道的舊式封建包辦婚姻。胡適之所以沒有背棄舊婚約，背叛這起不理想的婚姻，完全是為了母親。

胡適婚後，胡母總算一塊石頭落了地，十年的宿願成了事實，緊鎖的愁眉也開始舒張，露出了笑容，現在只等

來年含飴弄孫了。

　　胡適和江冬秀成親以後，胡適對她處處遷就，使母親感到高興。胡適的內心是何等矛盾、痛苦和淒涼。這椿舊式婚姻竟維持到「從一而終」，共同生活了四十多年，過了一輩子，其中的酸、甜、苦、辣，只有胡適自己一人心知肚明。

　　胡適為了母親犧牲自己，和江冬秀結婚，胡適在國內外錯過了幾次完全匹配，唾手可得的美滿婚姻，對方有的為胡適終身未嫁，有的因憂鬱抱病而亡。對胡適和江冬秀這椿婚姻，胡適同事和朋友都有人反對，甚至拍着桌子罵，認為胡適是開創一代新風的宗師，江冬秀不是胡適的理想太太，兩人的知識水準相差太大了，兩人沒有一點起碼的共同基礎。

　　胡適在美國時，就要求江冬秀不要纏足，要學習文化。江冬秀偶有點滴進步，就使胡適高興不已。胡適聽到江冬秀已不纏足，就立即寫信鼓勵，希望她在家鄉提倡放足，為一鄉除此惡習，無奈江冬秀足骨早已變形，無法改變的了。江冬秀歪歪斜斜地給胡適寫信，胡適接信後給她批改錯別字，並寫信大大鼓勵一番。胡適內心的隱痛，明眼的人是不難看出來的。

　　江冬秀畢竟是農村出身的沒有文化的女子，許多習性很難改變，時不時向胡適作河東獅吼，胡適大有「忽聞河東獅子吼，柱杖落地心茫然」之感。她對胡適管束很嚴，但胡適胸量寬暢，氣度很大，一向不加以以計較。所以當時流傳胡適怕老婆的笑話：

　　有次胡適接到朋友自巴黎寄來的十幾個法國銅幣，因銅幣上有 P.T.T 三個字母，P.T.T 的發音正好與「怕太太」相似，胡適就戲贈幾位好友，成立「怕太太會」，把銅幣

作爲會員的證章。

　　胡適原來喜歡飲酒，且酒量頗大，江冬秀勸他少喝酒。胡適在北平時，朋友忽然看到他手上戴了一個金戒指，都覺得奇怪，經過打聽，才知道他太太要他戒酒，特地爲他打一個金戒指，要他在宴會中，手端起酒杯，就可碰到戒指，而想起太太的戒條。胡適接受了這個好意的勸告，就謝絕了一切敬酒。

　　江冬秀沉迷於打牌，胡適也勸太太「戒牌」。開始時，江冬秀也爽快答應了，只是江冬秀牌癮太大，不久就開戒了。

　　胡適家中座客常滿，來的都是江冬秀的牌友、室內煙霧迷漫，吆喝之聲不絕於耳。從早到晚，牌桌上，幾雙手忙個不停，吃飯的時間到了，江冬秀就把預先做好的飯熱一下，大家就著牌桌吃，食畢，把碗筷一丟，又繼續作戰，動作之嫻熟、迅速與敏捷，絕不亞於前方戰士的作戰。江冬秀一打牌，家中必定「高朋滿座」，胡適無處可以逃身，只好退居臥室，要想安靜地讀點書，做點學問或者寫點文章都不可能，只好長期伺候太太。

　　江冬秀還有一好，就是找不到麻將「搭子」時，就看金庸武打小說，所以在胡適的書櫃上，金大俠的輝煌巨著居然雄居胡適的《脂硯齋重評石頭記》、《水滸傳考證》……等等之上。胡適一生未完成的著作頗多，有的只出版了上半部，有的則在考證之中，胡適當年的壯志鴻圖，在這樣的環境下，也難以施展其抱負了。

　　1958 年，胡適從美回國任台灣中央研究院院長。在1962 年，臨死前兩天，胡適爲了太太打牌，囑託秘書王志雄幫他在台北買一處房子，胡適對王志雄說：

　　我太太打麻將的朋友多，這裏是台灣大學的宿舍，南

港我住的也是公家宿舍，傅孟眞先生（筆者注：傅孟眞即
傅斯年先生，傅係中央研究的前任院長）給中央研究院留
下來的好傳統，不准在宿舍打牌。今天我找你來，是要你
在我出國期間，在台北和平東路溫州街的附近，幫我買一
所房子，給我的太太住。

胡適爲人處事十分謹愼小心。中央研究院前任院長立
下的規矩，他遵照執行。公家宿舍不准打牌，而自己院長
寓所內部常常聽到牌聲，於心不安。胡適爲什麼託秘書在
台北購房，因爲太太的牌友都住在台北，坐計程車趕到南
港（註：南港爲台灣中央研究院所在地）來也很不方便，
胡適對他的太太眞是夠好的了。可是江冬秀長年沉醉於牌
桌，我行我素，不管胡適，胡適多麼希望江冬秀能學點文
化，自己也能靜靜地潛心學術研究。人們總覺得江冬秀有
負於胡適對她的期望，江冬秀實在對不起胡適，不然，胡
適的成就會比現在大得多。

1920 年，胡適和江冬秀的生日正好撞在一起，（筆者
註：胡適是陽曆 1891 年 12 月 17 日出生的，江冬秀則是農
曆 1890 年 11 月 8 日出生，所以江冬秀比胡適長好幾個月。
估計 1910 年這年的農曆 11 月 8 日，正好是陽曆 12 月 17
日，所以兩人的生日正好碰在一起。在 1920 年，江冬秀整
整大胡適一歲，而其他年份，就不一定了，這是農曆和陽
曆的差別造成的。）胡適當天寫了一首贈江冬秀的詩，題
目是〈我們的雙生日（贈冬秀）〉：

他干涉我病裡看書，
常說：「你又不要命了！」
我也惱她干涉我，
常說：「你鬧，我更要病了！」
我們常常這樣吵嘴——

每回吵過也就好了。

今天是我們的雙生日，

我們訂約今天不許吵了！

我可忍不住要做一首生日詩，

她喊道：「哼！又做什麼詩了？」

要不是我搶得快，這首詩早被她撕了。

這是胡適寫的幽默詩，我們也可中從看出他和江冬秀婚後毫無默契或共同愛好，江冬秀不懂得讀書的樂趣，更不理解胡適從事的工作。胡適在病中，她更有理由不准他讀書。胡適多麼希望自己的太太在「雙生日」那天和他一首詩，來個夫唱婦隨，增添閨房的樂趣，無奈江冬秀胸無點墨，只會吆喝，不會作詩，要不是胡適搶得快，看樣子江冬秀真會把胡適的詩一把搶去撕得粉碎。胡適自知不可能同江冬秀訂約：「永不吵架」，他退而求其次，求她「今天不許吵」，能平平安安地過一天生日就心滿意足了。看來胡適這個最低要求也沒有能夠達到。胡適的確是好脾氣。可惜江冬秀辜負了胡適的期望。胡適在美國留學期間，幾乎每信必叫江冬秀讀書識字，但江冬秀一輩子都沒有做到，四、五十年來，顯然沒有多大長進。據說胡適去世以後，台灣的一家雜誌曾影印過江冬秀晚年的手跡，聽說那幾個字彎彎扭扭「實在不敢恭維，是見不得人的。」胡適的思想學問，她無能力欣賞。就連她丈夫提倡的新式標點符號，她都不會用、弄錯。說她的文化程度只停留在勉強能看懂金庸武打小說，恐怕估計還是過高的。

在胡適眾多的朋友和弟子眼中，這位小腳太太簡直潑辣得有點瘋狂。胡適自己工作太忙，江冬秀又無一點現代醫藥常識，而且沈緬於牌桌，弄得愛女素斐不幸夭折，使胡適心身受到極大打擊，這從胡適的〈憶亡女〉一文中可

以看得出來。

江冬秀和胡適無論從文化程度、性情修養，社會地位等方面都極不相稱。由於胡適的遷就、容忍、他們兩人才能白頭到老，共同度過四十多個春秋。他們的生活一直爲世人所關注。

然而正如古人所說：「智者千慮，必有一失；愚者千慮，必有一得。」江冬秀固然有不少缺點，但她也有一些可貴之處，她沒有多少文化，更不懂胡適的學術研究，但她反對胡適走政治道路，支持胡適搞學術研究。江冬秀對宦場腐敗有相當認識，她不希望胡適做官。假如胡適想做官，那眞易如反掌。蔣介石幾次要他競選過副總統，甚至總統，要他在國民政府中做官，組織「文人政府」，都未爲所動，倒眞記住了江冬秀的關照，一一辭謝，使胡適在政治生活中沒有陷得很深。胡適唯一的一次出任駐美大使，是胡適長期在歐洲時，蔣介石和國民黨政府連續數次打電報給胡適，請他出任駐美大使，胡適曾打定主意：二十年不談政治，二十年不入政界。胡適早年在政治上雖然也搭過一點邊，但始終沒有正式做官。胡適幾次接到電報後，都沒有回電，覺得現在接受，對不住江冬秀。但是目今國難當頭，民族危機深重，不爲國家出力，羞爲炎黃子孫，經過反複考慮之後，胡適接到蔣介石的第三封電報以後才回電，電文謂：

國家際此危難，有所驅策，義何敢辭。唯自審廿餘年來閑賴已慣，又素無外交經驗，深恐不能擔負如此重任，貽誤國家，故遲疑至今，始敢決心受命。

另一方面，胡適同時給江冬秀寫信，說：

那二十年中「不談政治」一句話早就拋棄的了。「不入政界」一句話，總算不曾放棄。……今日以後的二十年，

在這大戰怕不可避免的形勢裡，我還能再逃避二十年嗎？……我只能鄭重向你再發一願：至遲到戰爭完結，我一定回到我的學術生涯去。

胡適在 1938 年 12 月就任駐美大使時寫了一首詩，以表明自己當時的心跡：

偶有幾莖白髮，

心情微近中年。

做了過河卒子，

只能拼命向前。

五○年代，大陸曾掀起批判胡適反動學術思想的運動，這首詩成了胡適上了國民黨的賊船、死心塌地跟國民黨走的鐵證。其實這是「欲加之罪，何患無辭」，我們完全錯怪了他。我們只要稍為翻閱一下中國的抗日戰爭史就可以知道：胡適就任駐美大使時，那時正時廣州已經失守，武漢三鎮也已陷落的危急關頭，蔣介石想利用胡適在美國的聲望，要他在美國政府和群眾方面上下疏通，商量借款，爭取美國的支援。這是胡適平生第一次也是唯一的一次做官，他是在民族危難，國家生死存亡之時，在最困難的時候，當了這任最難當、最倒霉的外交官。他不負眾望，上下四處講演游說，說服了美國政府和公眾，借到了一筆國民黨有史以來最大的幾億元的貸款。

詩中說的：「…心情微近中年，……，只能拼命向前。」是說明胡適自己違背江冬秀勸他不要做官的期望，想為國家為民族努力做好工作，鞠躬盡瘁，死而後已。這首詩道出了胡適身不由己，出乎無奈的心情。

如果把「做了過河卒子，只能拼命向前。」解釋為為國民黨死心塌地效力，反對共產黨，那是牛頭不對馬嘴的。許知，1938 年時，共產黨還沒有成為氣候，連在什麼地方

也講不清楚，要反共也無從反起。

　　1946 年時，胡適舊「詩」重題，詩後還寫了跋，在跋中，胡適說了下面一段話：

　　　　「後來共產黨的文人就用「過河卒子」一句話，加上很離奇的解釋，做攻擊我的材料，這最後兩句詩也就成了最著名的句子了。」

　　我想胡適說的也是，我們一些文痞往往喜歡斷章取義，無限上綱。那年批判胡適的反動學術思想固然如此，在後來的「反右」、「文革」運動中又何嘗不是如此。中間造成多少冤、錯、假案。如果胡適當年生活在大陸，可能（不是可能，而是一定）在劫難逃。他的兒子胡思杜在大陸教書，在「反右」運動中，不是也被迫自殺了嗎？我們應該吸取教訓才是。

　　當然，胡適也有不利於共產黨的言論，但縱觀胡適一生，他並不反共，他到死都沒有參加國民黨。他與共產黨沒有刻骨仇恨、勢不兩立、或什麼利害衝突。相反，書生氣十足的胡適，倒四處介紹毛澤東是他的學生，聽過他的課，並寫信向他請教……。胡適常以此引為自傲。胡適當年是北大的名教授，而毛澤東只是北大圖書館的一名助理員。毛澤東當年對胡適是很崇拜的，說他是陳獨秀和胡適的忠實讀者和崇拜者。但後來毛澤東鄙視胡適，對胡適稱毛澤東是他的學生十分反感。前「恭」後倨，這是與毛澤東的地位與身份改變，今非昔比有關。

　　江冬秀對家務管理有一些辦法，是一位很能幹的當家。胡適從駐美大使卸任以後，在紐約做寓公，這位小腳太太比我們的胡適博士更能適應新的環境。胡適一生襟懷坦白，清廉公正，對人有求必應，善樂好施。這裡有一個小插曲：有一次，一個做大餅的小販，在賣餅之餘，還愛讀書，他

冒昧寫信給胡適請教問題，胡適馬上給這位素昧平生的朋
友寫了回信，信說：

> 袁颿先生：
>
> 　謝謝你 10 月 26 日的長信。
>
> 　……
>
> 　……
>
> 　……
>
> 　如有我可以幫你小忙的事，如贈送你找不著的書
> 之類，我一定很願意做。
>
> 　　祝你安好。
>
> 　　　　胡適。四八、十、廿五夜

　胡適並請他到中央研究院作客，從此這位小販就成了
胡適的朋友。後來這小販鼻孔內長了一個小瘤，以為是鼻
癌，又無錢診治不起。胡適知道後，馬上給台大醫院高天
成院長寫了一封信，說：

> 　……
>
> 　這是我的朋友袁颿，一切治病費用由我負擔……。

　胡適自己並不富有，為了節省開支，連自己住醫院也
常提早出院。胡適一生借錢人家不計其數，但從不想人歸
還，有時手頭一鬆，家中開支就捉襟見肘，入不敷出。在
北平時，有次胡適半開玩笑地說：「糧庫缺糧了。」（筆
者註：胡適在當時北平住的地方叫米糧庫。）不得不打電
話或電報向出版社預支稿費，以度窘境。

　在任駐美國大使時，胡適除薪津之外，國民黨另外給
他家中補給，他一概不要。四年任期屆滿，胡適沒有回到
台灣，留在紐約作寓公，他兩袖清風，別無長物，只靠幾
部可以抽版稅的書過日子。胡適 1957 年起任台灣中央研究
院院長，1962 年 2 月在召開研究院的第五屆院士大會上，

突然倒下，經搶救無效去世。後來在處理遺物時，除了書籍和文件之外，家中餘款僅 135 美元。這是後話。

在胡適生活艱難的時期，江冬秀這位小腳太太發揮了農家姑娘勤儉治家的作風，辭退了佣人，親自提籃上街買菜，下廚做飯。

紐約小偷很多，他們打聽到胡適的大名和家庭住址，以為他家中必定藏金臥銀，富不可擋。有次小偷來光顧了，小偷翻箱倒櫃，搜索一遍，竟都是一些舊衣服，正在發愣之際，被小腳太太發現了，她絲毫沒有畏懼，悄悄地從後面走近小偷，對他大喝一聲：「滾！」小偷被這突如其來的一聲大喝，心裡自然軟了半截，又看到這位腰粗膀圓、上下穿著一身黑衣黑褲像相撲運動員的女子站在他的背後，一時心慌意亂，手足無措，急忙踉踉蹌蹌地從後門抱頭鼠竄逃走了。

胡適事後知道，稱讚小腳太太膽略過人。江冬秀成了胡適的一把保護傘，一道安全屏障。

胡適和江冬秀的婚姻，真如一幅長軸的畫卷，豐富多采。爭爭吵吵，和和好好，風雨同舟四、五十年。

□ 茅盾和元配孔德沚

茅盾原名沈雁冰，是現代中外知名的享有重要地位的文學家，著有《子夜》、《林家鋪子》、《蝕》……等多種小說。曾任中國文聯副主席，中華人民共和國成立後的第一任文化部長和政協副主席。他的夫人叫孔德沚，他們五歲時雙方家長為他們定了「孩兒親」。

沈家和孔家住在同一個村庄——烏鎮。茅盾的祖父沈恩培與孔德沚的祖父孔繁林原來是世家。烏鎮有一家錢隆盛南

貨店，是鎮上唯一的一
家貨色齊全的賣香蕈、
木耳、蝦米、海參、燕
窩，以及各種瓜子、花
生米等乾貨的南貨店。
店主母和茅盾的母親很
要好。孔繁林常帶孫女
孔德沚到錢隆盛買東
西，碰巧沈恩培也帶五

歲的孫子茅盾去了，當沈恩培和孔繁林談話時，店主和這
對小兒女說長道短，店主忽然轉過身來對他們說：「你們
兩家定了親吧！」孔、沈兩家既是知己，而且門當戶對，
雙方都笑著同意了。

　　沈恩培回家對兒子沈永錫說明，沈永錫也同意了，但
茅盾母親覺得兩邊都小，長大後將來是好是壞，誰也講不
清楚，難以預料。沈永錫卻認為正因為女方年紀小，定了
親，我們可以作主，要求女方不纏足，要讀書。茅盾父親
贊成這樁親事，其中還另有一個原因：他自己中了秀才以
後，媒人曾持孔繁林女兒的庚帖來說親，不料鎮上的算命
先生硬說女的要剋夫，因而此事就未成功。那孔繁林的女
兒是十六、七歲的人了，聽說自己命要剋夫，認為永遠嫁
不出去了，就心中憂鬱，不久成病，終於不治去世。茅盾
父親一直耿耿於懷，覺得欠了人家一筆債似的，所以不願
拒絕茅盾的這次婚事，只告訴孔家不要纏足，要教女兒識
字。但孔家很守舊，認為不纏足是男方長輩的意思，女婿
才五、六歲，誰知道將來長大後要不要放足的老婆。所以
仍把已經纏了半年足的女兒繼續纏著。

　　後來女方的大姨看到小外甥女纏足後哭哭啼啼的痛苦

樣子，就私下解開纏足的布條。雖然如此，小足已經纏了半年，腳背骨雖未折斷，但腳底已成弓形，與天足大有別矣！至於讀書，岳母雖是名門閨秀，知書識字，但她深信：「女子無才便是德」的古訓，不但沒有心思教，也不肯教。後來鎮上辦了個女塾，茅盾父親又請媒人傳過話去，說將來妝奩可以隨便些，讀書得花點錢，讓女兒上學，但女家仍是不理。

　　茅盾在北大畢業後進入商務印書館編譯所，母親認為工作一帆風順，將來前途無量，所以問茅盾一個不識字的老婆如果你不要，我託人去退媒。茅盾一心掛在事業上，對老婆識字問題不很看重，認為將來過門以後娘家管不著她，母親可以自己教她，也可以進學校。這樣第二年（即1918 年）春節後，母親就為茅盾辦了婚事。婚後第二天茅盾試探性的詢問孔德沚時，方知她只認得一個「孔」字和一到十這幾個數字。茅盾曾在北京讀過書，現在則在上海工作，但孔德沚也不知道北京離烏鎮近，還是上海離烏鎮近。茅盾母親真沒料到孔家竟如此守舊閉塞。

　　三朝回門時，新娘子與母親吵了一次嘴，新娘子責怪父母不讓她讀書，說女婿和婆婆都是讀過許多書的人，說自己在沈家就像個手下人，你們誤了我一生一世了。

　　後來茅盾母親就教孔德沚讀書寫字，上午教一篇文言文，下午作文，由母親親自修改、評論。後來又送到振華女校學習，孔德沚非常專心，但僅讀了一年半，就因生母病重，停學回娘家伺候湯藥去了。後因怕跟不上同學而輟了學。後來茅盾母親覺得媳婦一人在家感到寂寞，就答應茅盾把孔德沚帶到上海。

　　茅盾為黨的事業奮鬥了一生，是一位光榮的老共產黨員。所以有人說，他的黨齡是光榮的黨的同齡人。有了中

國共產黨，就有沈雁冰這個黨員。黨的第一次全國代表大會以後，「上海市閘北寶山路商務印書館編譯所沈雁冰先生轉鍾英女士收」，就是黨中央的長期秘密通訊處。黨的許多重要機密都從這裡傳遞出去。直到大革命前夕，茅盾離開商務印書館去武漢編《國民日報》為止，時間長達六年之久，這個通訊聯絡處從未被敵人發覺，出過一次事故。這裡當然也有孔德沚的一份功勞。孔德沚利用婦女的特殊身份掩護了許多黨中央的機密文件和戰友。

在上海，孔德沚革命意識與日增加，眼界也開闊了，參加了革命，加入了共產黨。她工作很有魄力，參加婦運工作很積極，朋友也多起來了，除了女學生、家庭婦女之外，還和高級知識分子及革命老前輩如宋慶齡、何香凝等交往。

孔德沚為了讓茅盾安心工作和寫作，自己就不工作了，回家當了家庭主婦。她的勤儉的作風是出了名的。

解放以後，茅盾當了開國以後的第一任文化部部長，她可以享受配備廚師的，可是這位部長夫人不肯要，依然穿了打著補丁的衣服下廚炒菜煮飯，仍舊保持著勤儉節約的習慣。

文革開始以後，茅盾這位文化部第一任部長、蜚聲海內外的文壇著名作家被迫靠邊了。

孔德沚深恐茅盾會受到批鬥，她受不了這樣沉重的打擊，從此就在惶惶不可終日中度過，精神深受刺激，所患的高血壓和糖尿病也更加嚴重了。茅盾為了減輕孔德沚看病的勞累，自己買來注射器，消毒盒和化驗糖尿病的玻璃管。孔德沚學會自己驗查尿糖，茅盾學著給她打針。茅盾成了夫人的護理員。後來病情急劇惡化，醫生們認為是心臟病和糖尿病所致。

直到 1970 年 1 月 17 日，北京醫院診斷是尿中毒，是腎炎晚期引起的，但搶救爲時已晚，此時已延誤了治療的最後時機。到 29 日，終於在急診室裡去世了。茅盾拿了夫人的換洗衣服回來時，孔德沚遺體已送進太平間，茅盾不覺失聲痛哭。

事後，茅盾對兒孫們說：「想想眞叫人難過，她的一生辛辛苦苦，克勤克儉，爲了這個家而貢獻自己。先是爲了我，後來加上你們大家。她是十分愛你們的，直到瞑目，她都在惦記、想念你們。依照她的工作能力和上進心，她是能夠幹出一番事業來的。但爲了我們這個家，她放棄了。這是無私的奉獻，是一種崇高的精神，雖然我們是包辦婚姻，但我們有共同信仰和追求，我們是互敬互愛的……。」

孔德沚的去世，是茅盾在「文化大革命」期間的雪上加霜。爲了操辦孔德沚的後事，茅盾身心交瘁，終於病倒了。後來雖然病好，但元氣已是大傷。此後時病時好，好好壞壞，到了 1981 年 3 月 27 日，終因病情加重搶求無效與世長辭。臨終前，他把自己 25 萬元稿費全都拿出來，作了設立一個長篇小說文藝獎金的基金。

我們老一代的這位文壇巨匠就這樣走完了他的一生。終年 85 歲。

□ 王淦昌和元配吳月琴

王淦昌是位令人尊敬的物理學大師，兩彈元勛。他的愛情生活也使我們羨慕不已。

五〇年代，王淦昌先生是北京中國科學院原子能研究所（它的前身是中國科學院近代物理研究所）的副所長。那時我也正在這個研究所工作。但不久，王淦昌先生就奉命

去蘇聯杜布納的聯合原子
能研究所工作，並擔任那
裡的副所長。杜布納聯合
原子能研究所是蘇聯發起
建造並提供給當時的各人
民民主國家統一使用的研
究所，像後來擔任過中國
科學院院長的周光召等人
都在那裡工作過。

在中國科學院原子能研究所時我很少見到他。倒是我
調到「核工業部上海核工程研究設計院」擔任浙江秦山核
電站的設計，並去四川宜賓核燃料廠駐廠時，王淦昌先生
來參加核電站反應堆核燃料組件的鑑定，才有更多的機會
接觸，在招待所裏喝茶聊天，促膝談心，這時我才有機會
進入他豐富多彩的內心世界。

王淦昌先生的婚姻是「外婆之命，媒妁之言」的包辦
婚姻，也是封建社會的產物。

王淦昌是江蘇常熟人，家道原來小康。王淦昌4歲時，
家中的頂樑柱，從醫的父親不幸去世了。幾年以後，他的
母親也丟下他病故。外婆鑒於小外孫無父無母，決定給他
定下這門親事。

女方吳月琴比王淦昌大三歲，識字不多，纏著一雙小
腳。王淦昌13歲時，胸前掛著大紅繡球，一蹦一跳地到村
外大路上去迎接女方吹吹打打抬來的花轎。這時，王淦昌
還不完全懂事。

王淦昌不久到上海唸中學。1925年又以優異的成績考
取北京的清華大學。吳月琴善良、賢慧，人又能幹，成天
忙裡忙外，挑水劈柴做飯：衲鞋，洗洗漿漿，成天忙個不

停。吳月琴深明道理，在送王淦昌去北京清華大學唸書時，一個人在門口偷偷抹淚，她無公無婆，自己已經懷有身孕，想想實在可怕。

王淦昌清華大學畢業以後，先做吳有訓教授的助教。在吳有訓的鼓勵下，他考取了德國柏林大學的公費研究生。王淦昌的大哥反對他出國留學，因爲當時王淦昌已是三個孩子的爸爸了，希望王淦昌留在國內，自己來支撐門庭。王淦昌也猶疑了，決定留下來，不去留學。他把這一想法跟吳月琴講了。不料吳月琴卻說：「你放心去好了，家裡有我哩！只要學成早日回國就是了。」

王淦昌在柏林大學師從舉世聞名的梅特涅教授。四年後，就獲得了柏林大學的博士學位，按時回到國內。先去青島大學任教，後來應竺可楨校長的邀請到浙江大學任教。王淦昌很快就把吳月琴接了出來。

在德國時，王淦昌已著手研究中子。回國以後，國內沒有這方面的實驗設備和條件，他只好做一些理論性的探索工作，後來他把研究結果寫成一篇〈關於探索中微子的一個建議〉的論文發表在美國的《物理學評論》上，被美國的同道、物理學家阿倫看到了，他按照王淦昌論文中的方法，以〈王淦昌──阿倫實驗〉的名義一舉俘獲了中微子，從而獲得瑞典皇家科學院授予的諾貝爾獎。知道此事的人無不爲王淦昌婉惜。

隨著抗日戰爭的步步深入，日軍步步緊迫，不久日寇已兵臨杭州城下。浙大進行了幾次內遷，第一站先遷建德，最後遷到貴州的湄潭，這時吳月琴又臨盆了。王淦昌看著妻子生小孩痛苦不堪的情景，心裡倍感不安。不幸的是王淦昌這時又患了肺結核病，學校經濟拮据，連教工的工資也發不出，因此一家的重擔全落在吳月琴的身上。

　　吳月琴眞不愧爲勞動人民的農家子女，有著堅韌不拔的性格，有著一雙勤勞的手，她把屋前屋後的荒山坡全部開墾出來，種上了菜，並養了一群雞。天剛發亮，吳月琴就邁著一雙小腳，在山坡上鋤地澆水，勞動開了。竺可楨校長看到吳月琴種的綠油油的菜地和成群咯咯叫的母雞，不禁大聲對王淦昌道：「想不到你的小腳太太如此能幹，讓她給浙大教職員工家屬傳傳經，生產自救，讓人看看：教授的太太用一雙手擊退了日本鬼子。」

　　王淦昌聽到校長對自己妻子的讚揚，心中不禁洋洋得意。

　　吳月琴不知又從哪裡聽來羊奶對治療肺結核病很有用處，便從農民那裡買來三隻小羊，趕到山坡上去放牧。

　　王淦昌感激之餘，對妻子說：「你太辛苦了，明天我負責放一隻羊。」

　　吳月琴哪裡肯依，教授放羊，豈不讓人貽笑大方。王淦昌眞情地說：「我上課的教室外面，全是青青的綠草，我把牠帶到那裡去，準能讓它吃飽。」

　　就這樣，王淦昌上課時，一手拿著講義，一手牽著小羊，這在抗戰史上留下了一段佳話。

　　五〇年代，王淦昌調往北京中國科學院近代物理研究所工作，亦即後來的中國科學院原子能研究所，任副所長。

　　面對美國的核爆炸和核威脅，中國打算建設自己的「曼哈頓」工程。

　　1956 年，王淦昌、周光召和丁大釗等一批物理學家奉命前往蘇聯莫斯科近郊的杜布納聯合原子能研究所工作。王淦昌被任命爲聯合原子能研究所的副所長。在短短的三年中，1960 年，以王淦昌爲首的一批中國物理學家利用該研究所的高能電子加速品發現了世界上第一例反西格馬負

超子（$\tilde{\Sigma}^-$），第一次觀察到基本粒子相互作用中產生的帶奇異夸克的反粒子，震驚了全世界。從而獲得 1962 年國家發明創造一等獎，爲我國核科學技術的發展做出了重大的貢獻。

不久，王淦昌就奉命回國參加原子彈的研究工作。這是當時國內最高級、最核心的機密工作。參加工作的所有人員都要絕對保守機密，隱姓埋名，切斷一切海外聯繫。

王淦昌二話沒說，全部接受，而且改名爲王京，此後聞名海內外的科學家王淦昌就從報紙上消失了，從此銷聲匿跡。往後幾年，王淦昌幾進幾出羅布泊，爲加快中國原子彈研究所作出了重大貢獻。

這時吳月琴一人留在蘇聯。丈夫原說過幾天就回來的，可是一去就毫無音訊，向人打聽，人家也說不清楚，她苦等了半年多才一個人踏上歸國之路。回國後，吳月琴發現自己的丈夫大大地變了，出差外地也不肯直告，神秘兮兮，平時講話也躲躲閃閃，吞吞吐吐，後來發現丈夫連名字也改了，她不禁著急的問丈夫：

「你怎麼了？」

「沒什麼，我一切都很好。」王淦昌悠閑地回答。

1964 年 10 月 6 日，我國西部地區驚天動地的一聲巨響，巨大的火球，吐著火舌，不斷地翻滾著，瞬間一片蘑菇雲冉冉上升，直插雲霄。我國第一顆原子彈爆炸成功了。

不久，全國上映了一部「我國第一次原子爆炸成功的紀錄片」。

一天，王淦昌陪著妻子去看電影，放映正片之前，加映這部「我國第一次原子爆炸成功的紀錄片」。吳月琴在銀幕上看到自己丈夫，詫異地問身邊的丈夫：

「淦昌，你怎麼會在那裡？」

「我從蘇聯回來就參加這項工作。」王淦昌平靜地回答。

「那你爲什麼不告訴我？」吳月琴問。

「我不能說，因爲這是國家的機密，是周總理規定的。關於試驗原子彈的事情，總理連鄧穎超都不告訴。」

這時吳月琴才嬌嗔地點了點王淦昌的頭，說：

「你呀！你呀！我還眞擔心你害了狂癲病了呢？」

不久，文化大革命開始了，在那是非黑白顛倒、人鬼不分的年代，王淦昌被戴上了「資產階級反動學術權威」的帽子，以六十多歲之身，被下放到中國南部一個偏僻的小縣勞動，已快七十歲的吳月琴聽說丈夫要離開北京到南方去，不管子女怎麼勸說，她二話沒說，毅然決然毫不猶豫地遷了戶口，辦了離京手續，陪丈夫一起去那遙遠的地方，爲王淦昌撐起一片安全的保護傘。

1997 年 8 月 7 日的傍晚，王淦昌被一輛冒冒失失的自行車撞倒在地，造成右腿股骨脛骨骨折。騎車人逃之夭夭，爲此各大報紙都發出了消息，譴責騎車人撞倒了一位物理學大師。

當年上海文匯報是這樣發佈這一消息的：

標題是：〈「連頭都不回揚長而去的騎車小伙，知否撞了「氫彈之父」？〉

內容是：「90 歲高齡的我國『氫彈之父』王淦昌教授被自行車撞傷，造成右股骨脛骨骨折。據悉至少需要 3 至 4 個月，王老的傷骨才能整合。

8 月 7 日下午 6 時許，王老在離家不遠的路上散步，被一輛疾駛的自行車撞倒在地，而騎車小伙子連頭也未回揚長而去。臥床不起的教授對這位撞倒自己的年輕人並無譴

責話語，只是希望他能完善自己的道德和良知，增加責任心，為社會多添一份溫暖。」

　　年已 90 歲的王淦昌經過醫院的悉心治療，五個月後居然奇跡般地又能重新站起來。在這五個月中，93 歲的吳月琴老太太，每隔二、三天就到醫院去看望自己的老伴。老夫老妻親親密密、恩恩愛愛，讓醫院工作人員都羨慕不已。

　　當王淦昌完全恢復行動功能時，不幸的厄運降臨到吳月琴身上。94 歲高齡的吳月琴在一個晚上摔碎了大腿股骨，1998 年 7 月終於乘鶴而去。一百天之後，王淦昌也悠然長逝，追隨已赴天國的、手牽手共同扶持、恩愛一個世紀的小腳太太，為後人留下一曲恩愛夫妻的世紀絕唱。

口 餘　話

　　一、在舊社會，男女雙方結婚年齡，不少地方都是女方大於男方的，細究原因，不外乎女方年齡大一點，早懂事，可以幫助料理家務，照顧家庭。女方年齡大一些，可以作為一個勞動力使用，下地幹活，這在農村更是如此。另外，女方年紀大一點，成熟早，可以早點生兒育女，讓父母早抱孫子。當時我們江浙一帶流行著這樣一句口頭禪，叫做「有錢討個大老婆，早生兒子早享福。」討大年齡的媳婦，居然還是家中經濟富裕的象徵哩！

　　本文介紹的幾位名人，雖然情況與上面所說的並不完全相同，但受當時舊習俗的影響則一，女大男小，並不為怪。所以他們的小腳太太，年齡都比他們大；羅一秀比毛澤東大四歲，朱安比魯迅大三歲，張瓊華比郭沫若大二歲，李秀文和江冬秀都比李宗仁和胡適大一歲，吳月琴也比王淦昌大三歲。在今天看來，似乎有點不可思議。

　　二、由於舊社會封建閉塞，交通不便，結婚男女雙方家庭相距都比較近。過去常聽人們聊起：「三代不出村」。意思就是說：祖孫三代的對象都在同一個村子的很多，那時到遠一點的地方去找對象的很少，到鄰縣鄰省去找的更是鳳毛麟角，我們這幾位名人也沒有跳出這個圈子。按照現在的標準來看，這樣的婚姻方式，近親、或有相同血緣關係結婚是相當多的。

　　三、從民國初年到「五・四」前後，是民主思想和封建思想，新舊體制劇烈交鋒的時代，舊社會遺留的一些奇風異俗，污流濁水已開始滌蕩，但未完全鏟除。我們介紹的這幾位名人，都是新派人物，但他們處於當時當地的現實社會之中，就不能不受舊社會，舊風俗，舊環境的影響。結果顯而易見，他們的元配夫人都是舊式的，識字不多，文化程度不高的小腳太太。只是她們各自的遭遇不同，結果最後的命運不一，有的產生許多令人扼腕嘆息，嘆為觀止，可歌可泣的故事。

　　四、毛澤東、魯迅、李宗仁、胡適、郭沫若、茅盾、王淦昌等人都是我國上世紀三、四〇年代時名噪一時的風雲人物。魯迅和胡適是我國新文學、新文化的革命旗手，郭沫若和茅盾都是中國文壇的高手。毛澤東是共和國的主席，李宗仁是我們泱泱大國一個時期的代總統、總統。郭沫若和胡適都是多才多藝的一代人物，他們在學術研究方向有很多共同之處，他們都是詩人、文學家、歷史學家、哲學家、思想家、社會活動家。有相同的考古、考證癖。王淦昌則是我國近代物理學大師，功勳科學家，中央授獎的二十三位「二彈一星」的元勳之一。盡管他們所取的成就不一，但他們青年時期所處的時代則基本相同。他們的婚姻無一例外的都是「父母之命，媒妁之言」的包辦婚姻，

他們娶的都是舊式的纏足姑娘，論文化，論知識，她們與我們這些名人相去甚遠，簡直有天壤之別。但是陰差陽錯，月老繫錯了紅頭繩，讓他們與我們這些名人「栓」在一起。由於一些客觀的原因，和人們的人生觀，世界觀，處世為人的不同，這些名人與他們的小腳夫人的婚姻生活就折射出各種各樣的色彩，有的手牽手，甜甜蜜蜜地走過一個世紀，有的則差強人意，更有的則風風雨雨，淒淒慘慘切切，孤苦伶仃，獨守空房，空度年年，虛度了寶貴的一生，她們的結局大相逕庭，各不相同。

綜上所述，我們這些名人，思想是「新」的，但婚姻是「舊」的，所以舊社會給他們造成的遺憾也是令人同情的。

假如我們來分析一下：羅一秀和毛澤東的婚姻應該算是好的，如果當年羅一秀不早逝，毛澤東會不會走出韶山沖就很難說了。即使往後毛澤東得志，帶羅一秀走出韶山沖，但羅一秀和毛澤東能否白頭偕老也是一個難以預料的未知數。我們以為魯迅和朱安婚姻的破裂是無法避免的。況且魯迅到北京定居以後，他把朱安和母親一起接到北京，盡了做丈夫的責任。魯迅和朱安的婚姻，既沒有情愛，也沒有仇恨，沒有歡樂，也有沒爭吵。他們的關係，就像一潭死水，沒有掀起半點漣漪。這樣的婚姻，既不能怪魯迅，也不能怪朱安，他們都是封建時代的犧牲者。

魯迅死後，朱安的生活一直由許廣平供給，直到朱安1947 年 6 月去世，可見許廣平也對得起朱安了。魯迅是1936 年去世的，魯迅比朱安早走 11 年。

郭沫若和張瓊華，他們同樣是舊式婚姻，與魯迅頗為相似，但我們認為郭沫若對待婚姻的態度就大不如魯迅。郭沫若事先知不知道張瓊華沒有文化，又是一雙小腳，這

倒也罷了。後來郭沫若離家，一去就是 27 年，不但沒有片
紙隻字寄給張瓊華，就連張瓊華附在公公家中書中給他的
信也沒有一個字的回音。後來他在日本和佐藤富子（即安
娜）同居了，他父母對他意見很大，要和他斷絕關係，一
直到安娜生下一個兒子，父親對他才稍爲好轉，要他寫信
給張瓊華陪禮道歉。郭沫若竟然寫了一封「……可憐你在
我家做了一世過客，……你不要怨恨我，我也無法解救你
……。」的無情無義的信把一個端端正正的、好好的一個
張瓊華，被他在自傳裡描寫成一個醜八怪、「黑貓」。說
成親那天，他被人指導著把紗帕揭開──「活啦，糟糕
……，我沒有看見什麼，只看見一個露天的猩猩鼻孔！」
郭沫若眞是活見鬼了，郭沫若要娶的是他長期來心中癢癢
的像堂嫂那樣的人，如果郭沫若承認他對張瓊華存心挑剔
也罷了，何苦在自傳裡的〈黑貓〉一節中醜化張瓊華，說
成他是「隔著口袋尋貓兒，交訂的要白貓，拿回家來才是
黑的。」照現在的行情來說，法院該判郭沫若誹謗罪，應
該賠償名譽損失。同時還應該判處重婚罪，因爲郭沫若與
日木佐藤富子（安娜）結婚時，他並未和張瓊華離婚呀！

　　過去舊社會，封建地主，惡霸人家養個三房四妾也是
有的。但郭沫若過去一直以新人物、民主人士面目出見，
高喊反封建、反獨裁、要民主、要自由，批評這個，批評
那個。郭沫若後來偏偏又丟掉與他生死相愛，女方不惜與
家庭鬧翻，脫離父女關係，離開家庭，爲他養兒育女的佐
藤富子（安娜），而與于立群同居，這就是郭沫若的不是
了。這固然與當時客觀條件，所處的社會環境有很大的關
係，但亦難免爲後人垢病，對郭沫若毀譽參半，褒貶不一
也是意料中之事，不足爲怪的。

　　與李宗仁相比，就更能看出郭沫若對愛情缺乏嚴肅性。

　　李宗仁是國民黨的軍閥，是個軍人，是一介武夫，可以說是一個粗人。他曾位極人臣，而且是一度官居一人之下，萬人之上，但他在婚姻問題上處理得相對比較好。他對大字不識一筐的結髮小腳太太一往情深，即使他長期在外征戰，戎馬一生中娶了郭德洁，也此心不變。一而再地接李秀文出來，與他們住在一起，共同生活。李秀文和郭德洁有時住在一起，有時分居兩地，李宗仁時時時加以照顧、看望，李宗仁倒能一碗水端平，這是人們值得稱道的。

　　胡適和江冬秀的婚姻也是舊社會舊制度的產物。江冬秀既缺乏文化，識字不多，又纏著一雙小足，成天沉醉在圍城裡，樂此不疲，不知胡適的學術研究是何物。江冬秀性情倔強，胡適奈何她不得，胡適是提倡白話文、寫新詩的開山鼻祖，是學富五車、中外知名的飽學之士。很多人認為江冬秀不是胡適的理想太太，傳說當時有人拍桌子批評胡適，這種情況是少有的。可是胡適卻認為這不是江冬秀之過，而是舊家庭、舊社會之過。胡適胸襟寬暢，善於化解家庭矛盾，把夫妻間的一些難堪的事情，化成幽默，以解除自己心中的煩惱，不然，胡適似有天大本事，也不可能後來著作等身。

　　陳獨秀和胡適都是新文化運動的兩面旗幟，當時傳說陳獨秀個人行為不甚檢點。他在擔任北大文學院院長時期，竟在北京城內尋花問柳。據說在妓院因爭風吃醋，抓傷某妓女的下身。陳獨秀的這些風流韻事，成了守舊派攻擊的把柄，而胡適成了鮮明的對照。胡適不肯背棄舊婚約一事，不論新、舊人物均讚不絕口，有口皆碑。都鄙薄陳獨秀而推崇胡適。陳獨秀終因私人行為不檢點，遭人攻擊，被迫離開北大，而胡適後來成了北大的校長。

　　我想後人所以尊重胡適，除他的學問、道德、文章之

外，在對待婚姻生活方面，恐怕也是一個重要的因素。

茅盾和孔德沚是典型的包辦婚姻，五歲時就給雙方祖父母包辦了，茅盾這椿婚事有點與胡適類似。茅盾北大畢業後在上海工作，眼界也開闊了，但他沒有嫌棄沒有見過面的小腳太太，尊從父母意見與孔德沚結了婚。婚後，茅盾方知孔德沚只認識「孔」字和「沈」字。茅盾也沒有嫌棄。婚後不久就把她帶到上海。當茅盾出任文化部部長和文聯、作協副主席及後來政協的副主席以後，在各種交際場合和宴會中，茅盾毫無難色地把孔德沚介紹給自己的同事和朋友，這是難能可貴的。

本文介紹的這些名人中，最值得稱道的是王淦昌和吳月琴的婚姻了。盡管他們也是「外婆之命，媒妁之言」的包辦婚姻。不懂事的王淦昌 13 歲時就結了「娃娃婚」，吳月琴比王淦昌大三歲，與其說吳月琴是王淦昌的新娘，不如說吳月琴是他的大姐姐。然而王淦昌沒有因為女大於他或者女方沒有文化或小足而嫌棄她。他們琴瑟和鳴，夫唱婦隨。王淦昌在外求學或遠離家鄉去了德國，而吳月琴一人在家裡操理家務，照顧三個小孩，支撐一個家。

王淦昌得了博士學位，留學回來到大學任教。他立即把自己的糟糠之妻接出去。他是浙大年輕的名教授，成為人人尊敬的學者，身邊追求他的女學生不乏其人，其中有位南京女學生，說人品、說學業，都是學生中的佼佼者，她緊盯王淦昌不放，王淦昌都能平心靜氣，開誠佈公的加以引導，最後這位女才子在畢業時向王淦昌揮淚道別。

在抗日戰爭年代，學校到處搬遷，吳月琴也跟隨丈夫顛沛流離到處流浪。當生活發生困難時，吳月琴發揮自己勞動特長，進行墾荒，生產自救，成了浙大出名的勞動大嫂。王淦昌沒有因為自己妻子沒有文化而自慚形穢，相反

地因她而感到光榮。王淦昌去蘇聯杜布納聯合原子能研究
所工作期間，擔任副所長，王淦昌也把吳月琴帶在身邊。
該研究所有 14 個國家成千的科學家參加工作，在各種應酬
和接待賓客的會見中王淦昌高高興興地把吳月琴向同事和
來賓們介紹。

　　王淦昌和吳月琴這對老人，相互支持，相濡以沫，手
牽手甜甜蜜蜜地走過一個世紀，成為我們原子能研究所的
楷模，真值得我們向他們學習。

名人沉浮錄 ／ 馮澤君著. -- 初版. -- 臺北市
：臺灣商務，2004[民 93]
面： 公分.

ISBN 957-05-1883-9（平裝）

1. 中國－傳記

782.29 93009435

名人沉浮錄

定價新臺幣 360 元

著 作 者 馮 澤 君
責 任 編 輯 葉幗英
校 對 者 董倩瑜 楊福臨
美 術 設 計 江美芳
發 行 人 王 學 哲
出 版 者
印 刷 所 臺灣商務印書館股份有限公司
臺北市 10036 重慶南路 1 段 37 號
電話：(02)23116118 · 23115538
傳眞：(02)23710274 · 23701091
讀者服務專線：0800056196
E-mail：cptw@ms12.hinet.net
網址：www.commercialpress.com.tw
郵政劃撥：0000165 － 1 號
出版事業
登 記 證：局版北市業字第 993 號

· 2004 年 7 月初版第一次印刷

ISBN 957-05-1883-9（平裝） 28338000

讀者回函卡

感謝您對本館的支持，為加強對您的服務，請填妥此卡，免付郵資寄回，可隨時收到本館最新出版訊息，及享受各種優惠。

姓名：＿＿＿＿＿＿＿＿＿＿＿＿＿＿＿　　性別：□男 □女

出生日期：＿＿＿年＿＿＿月＿＿＿日

職業：□學生　□公務（含軍警）　□家管　□服務　□金融　□製造
　　　□資訊　□大眾傳播　□自由業　□農漁牧　□退休　□其他

學歷：□高中以下（含高中）　□大專　□研究所（含以上）

地址：□□□＿＿＿＿＿＿＿＿＿＿＿＿＿＿＿＿＿＿＿＿＿

＿＿＿＿＿＿＿＿＿＿＿＿＿＿＿＿＿＿＿＿＿＿＿＿＿＿＿

電話：（H）＿＿＿＿＿＿＿＿＿＿（O）＿＿＿＿＿＿＿＿＿

E-mail:＿＿＿＿＿＿＿＿＿＿＿＿＿＿＿＿＿＿＿＿＿＿＿＿

購買書名：＿＿＿＿＿＿＿＿＿＿＿＿＿＿＿＿＿＿＿＿＿＿＿

您從何處得知本書？

　　□書店　□報紙廣告　□報紙專欄　□雜誌廣告　　□DM廣告
　　□傳單　□親友介紹　□電視廣播　□其他

您對本書的意見？ （A/滿意 B/尚可 C/需改進）

　　內容＿＿＿　　編輯＿＿＿　　校對＿＿＿　　翻譯＿＿＿
　　封面設計＿＿＿　價格＿＿＿　其他＿＿＿＿＿＿＿＿＿

您的建議：＿＿＿＿＿＿＿＿＿＿＿＿＿＿＿＿＿＿＿＿＿＿

＿＿＿＿＿＿＿＿＿＿＿＿＿＿＿＿＿＿＿＿＿＿＿＿＿＿＿

＿＿＿＿＿＿＿＿＿＿＿＿＿＿＿＿＿＿＿＿＿＿＿＿＿＿＿

臺灣商務印書館

台北市重慶南路一段三十七號　電話：（02）23116118・23115538
讀者服務專線：0800056196　傳真：（02）23710274・23701091
郵撥：0000165-1號　E-mail：cptw@ms12.hinet.net
網址：www.commercialpress.com.tw

100臺北市重慶南路一段37號

臺灣商務印書館　收

對摺寄回，謝謝！

傳統現代　並翼而翔

Flying with the wings of tradition and modernity.